하늘의 권능이 임하는

부르짖는 기도 1

정원 지음

Cry Aloud!

영성의 숲

서문

저는 지금까지 기도에 대한 8권의 저서를 썼습니다.

기도의 따뜻함과 아름다움을 보여주기 위하여 첫 번째 책인 [아름답고 행복한 기도의 세계]를 썼으며 그 후속편으로 [주님의 마음에 이르는 기도]를 썼습니다. 이 책은 기도의 목적과 방향이 주님과의 연합이며 주님의 마음에까지 이르러야 한다는 것을 보여줍니다.

그 다음에 주님께 나아가는 다양한 기도의 방법과 원리를 소개하는 [주님의 임재를 경험하는 길]을 썼으며 그 이후에 [예수 호흡기도]를 썼습니다.

[예수 호흡기도]는 기도가 호흡이지만 또한 호흡도 기도가 될 수 있으며 이를 통해서 주님의 실제와 영적인 풍성함을 경험할 수 있는 실제적인 은혜의 통로라는 것을 보여줍니다.

그리고 마지막으로 [대적기도] 시리즈를 4권에 걸쳐 썼습니다. 이것은 우리의 삶 속에 스며들어서 우리를 괴롭히고 있는 악한 세력들을 주님의 이름과 능력으로 초토화시켜서 승리와 자유를 얻는 기도입니다.

이 모든 기도의 책들은 독자님들로부터 많은 호응을 받았습니다. 그것은 기도에 대한 이러한 안내가 단순한 이론의 나열이 아니고 매우 구체적이고 실제적이어서 삶 속에 쉽게 적용할 수 있고 또 그렇게 기도를 적용한 이들이 많은 자유함과 승리와 변화들을 경험했기 때문입니다. 특히 [예수 호흡기도]와 [대적기도]시리즈는 폭발적이라고 할 정도의 호응을 얻었습니다.

그러나 제게는 마음속에 늘 부담이 있었습니다. 예수 호흡기도나 대적기도나 여러 기도의 방법과 원리가 필요하지만 그 중에서 무엇보다 더 기초가 되는 것은 이 책, 즉 부르짖는 기도와 발성기도였기 때문입니다. 순서로 보았을 때 이 책이 우선적으로 쓰여져야 했었습니다. 이 부르짖는 기도와 발성기도의 기초 위에서 다른 기도에의 발전과 적용이 필요했던 것입니다.

이제 늦었지만 가장 기본적이고 강렬한 기도인 부르짖는 기도에 대한 책을 내면서 저는 비로소 부담을 내려놓게 되었습니다.

그 동안 예수 호흡기도나 대적기도를 적용하던 이들이 삶 속에서 일어난 많은 변화와 간증을 이야기하고 감사를 표하곤 했었지만 일부 잘 되지 않는다고 하는 이들도 있었습니다. 그러한 경우의 대부분은 이 기초적인 기도인 부르짖는 기도와 발성기도가 제대로 훈련되지 않았기 때문이라고 할 수 있을 것입니다. 기초가 없이 그 다음단계에 가려고 하면 거기에는 문제와 어려움이 있을 수 있으며 간단한 것들도 실제적인 적용이 잘 되지 않을 수 있는 것입니다.

부르짖는 기도와 발성기도는 아주 아름답고 놀라우며 강렬한 권능이 흐르는 기도입니다. 다른 기도와 마찬가지로 이 기도에도 많은 오해와 잘못된 적용과 오류들이 있습니다.

이제 그러한 오류를 바로잡고 바른 부르짖는 기도와 발성 기도의 원리와 요령에 대해서 배우고 경험할 때 모든 그리스도인들은 놀라게 될 것입니다. 무기력하고 연약하며 피상적인 믿음을 가지고 있는 이들은 문자 그대로 심령에서 생수가 터져 나오며 놀라운 하늘의 권능과 기쁨이 임하는 것을 경험하게 될 것입니다. 부르짖는 기도의 경험을 통한 그 심령의 후련함과 행복감은 경험하지 않으면 말로 설명이 불가능한 것입니다.

저는 모든 그리스도인들이 이 놀라운 기도를 새롭게 발견하고 사용하게 되기를 기대합니다. 그렇게 될 때 오늘날 흔히 볼 수 있는 무기력한 교회의 모습, 무기력한 신앙생활의 모습에는 혁명적인 변화가 나타나게 될 것입니다. 성도의 삶은 풍성해지며 천국의 권능과 실제를 누리게 될 것입니다.

부디 이 기도를 배우고 시작하십시오. 당신은 놀라운 권능의 사람이 될 것입니다. 할렐루야!

2005. 12. 정원

핸디북판 서문

 대적기도 시리즈에 이어서 부르짖는 기도도 핸디북 시리즈로 내게 되었습니다. 부르짖는 기도 1권과 동일한 내용을 간편한 휴대를 위하여 작은 사이즈에 담았습니다.
 대적기도 핸디북 시리즈가 많은 호응을 받은 것처럼 이 작은 책도 영적 성장의 아름다운 동반자가 되기를 기대합니다. 곧 이어서 부르짖는 기도 2권과 예수 호흡기도의 핸디북판도 나올 예정입니다. 주님의 은총이 독자 여러분들과 함께 하시기를 기원합니다.

2009. 6. 정원

하늘의 권능이 임하는 부르짖는 기도 1권

1부 부르짖는 기도의 원리와 능력

1. 한국 교회의 중요한 특성인 통성 기도 · 12
2. 부르짖는 기도는 성경의 명령이며 약속이다 · 17
3. 부르짖음에서 하늘의 구원이 시작됨 · 23
4. 문제가 있을 때마다 부르짖었던 이스라엘 · 33
5. 원망하는 사람들은 부르짖지 않는다 · 44
6. 잘못된 부르짖음은 효력이 없다 · 53
7. 신약에 있는 강렬하고 뜨거운 기도 · 57
8. 부르짖는 기도는 수준이 낮은 기도인가? · 64
9. 부르짖는 기도에 하나님이 응답하시는 이유 · 71
10. 소리를 질러야만 하나님이 들으시는가? · 78
11. 소리에서 구원이 시작된다 · 81
12. 소리는 물질계에서 구원과 복을 가져온다 · 90
13. 소리는 그 내용을 증폭시키는 힘이 있다 · 99
14. 소리는 사람을 움직인다 · 107
15. 여리고 성은 소리로 인하여 무너졌다 · 111
16. 악한 영들은 소리를 무서워한다 · 115
17. 오늘날의 기독교는 너무 소리가 없다 · 125
18. 생명이 있는 곳에는 소리가 있다 · 132
19. 소리의 공간을 확장시켜라 · 141
20. 소리를 내지 못하는 사람들의 증상들 · 148

21. 소리가 약한 사역자의 회복 · 159

22. 아름다운 소리와 심령의 소리는 다르다 · 174

23. 부르짖는 기도를 통하여 영혼이 깨어난다 · 180

24. 말씀은 문자가 아니고 소리이다 · 192

25. 통성 기도는 영감으로 하는 기도이다 · 201

26. 발성이 부족하면 우울한 사람이 된다 · 207

27. 발성이 부족한 묵상은 어두운 의식을 가져온다 · 221

28. 나쁜 기운을 소리로 토할 때 속이 치유된다 · 226

29. 발성기도와 묵상기도의 관계와 순서 · 240

30. 부르짖는 기도는 생기가 넘치는 사람을 만든다 · 253

31. 조용한 예배, 조용한 교회에는 활력이 없다 · 259

32. 소리에는 치유가 있다 · 271

33. 소리의 힘은 영혼을 제압한다 · 283

34. 제자 훈련과 해외 선교의 중심과 전제 · 294

35. 발성이 결여된 깨달음에는 영적인 실제가 없다 · 315

36. 발성이 충만할 때 응답이 선명하다 · 329

37. 발성의 기초 위에서 다른 것들이 풍성함의 도구가 된다 · 354

38. 부흥이 있는 곳에는 소리가 있다 · 365

39. 악한 영들은 소리를 빼앗아간다 · 382

40. 부르짖는 기도는 훈련과 경험을 통해서 발전해간다 · 404

하늘의 권능이 임하는 부르짖는 기도 2권

2부 부르짖는 기도의 실제

1. 말하는 것을 훈련하라
2. 강력한 성경 읽기를 훈련하라
3. 이중적인 언어를 사용하지 말라
4. 언어로 부르짖는 것과 소리로 부르짖는 것
5. 부르짖는 기도 소리의 원리
6. 부르짖는 기도의 요령
7. 부르짖는 기도로 나쁜 기운을 토하라
8. 낮은 소리와 높은 소리로 부르짖기
9. 부르짖는 기도와 묵상 기도의 특성, 의미, 조화
10. 부르짖는 기도의 과정과 현상들
11. 무리하게 부르짖으면 탈진이 온다
12. 부르짖음으로 충전하기
13. 다양한 상황에서의 부르짖는 기도
14. 배로 부르짖는 것과 심령으로 부르짖는 것의 차이
15. 부르짖는 기도의 열매들
16. 부르짖는 기도에서 조심해야 할 것들
17. 오래 부르짖어도 변화되지 않는 사람들
18. 부르짖는 기도의 과정과 단계
19. 통성 기도, 부르짖는 기도의 인도와 요령
20. 거친 소리에서 아름다운 소리로 발전해가라

21. 부르짖는 기도는 내면을 열고 하늘을 여는 기도이다

22. 부르짖는 기도는 영혼을 정화시키는 기도이다

23. 부르짖는 기도는 주를 구하며 갈망하는 기도이다

3부 부르짖는 기도 경험자들의 간증

1. 부르짖는 기도를 통해 경험한 주님 -H전도사-

2. 저의 부르짖는 기도 경험 -G자매-

3. 부르짖는 기도 너무 좋아요 -Y전도사-

4. 부르짖는 기도의 능력 -I사모-

5. 부르짖는 기도로 인한 변화들 -Y자매-

6. 부르짖는 기도와 사람의 영에 대한 분별 -Y자매-

7. 천국의 놀라운 보화 부르짖는 기도 -H형제-

8. 부르짖는 기도에 얽힌 이야기들 -H형제-

9. 나의 삶을 변화시킨 부르짖는 기도 -H자매-

10. 부르짖는 기도로 많은 변화가 일어났습니다! -P자매-

11. 마음과 삶을 바꾸는 부르짖는 기도 -M자매-

12 승리의 삶을 가져다주는 부르짖는 기도 -K자매-

13. 부르짖는 기도로 인한 내적인 변화 -K자매-

14. 자유로운 삶으로 인도하는 부르짖는 기도 -S집사-

15. 부르짖는 기도로 생긴 삶의 열매들 -J자매-

16. 부르짖는 기도를 통하여 변화 된 삶 -K집사-

17. 부르짖는 기도와 직장생활 -O자매-

18. 부르짖는 기도일지 -C형제-

19. 부르짖는 기도를 통하여 받은 축복 -O권사-

20. 부르짖는 기도로 자신감이 넘치는 삶을! -K자매-

21. 부르짖는 기도를 통한 삶의 변화 -N전도사-

22. 마음을 강하게 하는 부르짖는 기도 -C형제-

23. 부르짖는 기도와 생활의 변화 -J형제-

24. 내 영혼을 변화시킨 부르짖는 기도 -H형제-

25. 부르짖는 기도와 변화된 삶 -L집사-

26. 생사의 갈림길에서 드리는 부르짖는 기도 -P목사-

27. 군대에서의 부르짖는 기도 경험들 -J형제-

28. 부르짖는 기도를 통한 삶의 변화 -L자매-

29. 부르짖는 기도 에피소드 -J자매-

30. 부르짖는 기도 훈련 실습 결과 및 소감 -H전도사-

31. 부르짖는 기도와 함께 한 시간들 -H전도사-

1부

부르짖는 기도의
원리와 능력

부르짖는 기도는 가장 기초적인 기도이며
강렬하고 놀라운 기도입니다.
이 기도를 알지 못하는 이들은 대체로
영적인 능력이 부족하며
영적인 감각도 둔감합니다.
그러나 그러한 이들도
이 기도를 배우고 시도하게 되면
누구든지 전에 알지 못했던 놀라운 세계가
자신의 안에서 시작되는 것을 경험하게 되며
잠자고 있던 영성이 깨어나
권능과 은총과 영광으로 충만한 삶을
누릴 수 있게 될 것입니다.

1. 한국 교회의 중요한 특성인 통성 기도

한국 교회의 열정과 부흥은 교회사에서 유례가 없는 것이었습니다. 한국 교회는 짧은 역사에도 불구하고 질적으로 양적으로 폭발적인 발전을 이루었습니다.

모든 도시와 마을에 수없이 많은 십자가가 세워졌고 많은 기도원이 세워지고 크고 작은 많은 집회들이 있었으며 많은 성도들이 기도원을 찾아다니고 집회에 참석하며 전도와 봉사에 힘썼고 은혜를 사모하였습니다. 밤에 보는 도시의 거리에는 온통 붉은 십자가로 가득하게 되었습니다.

그러한 한국 교회의 열정과 부흥의 비결은 무엇이었을까요? 그것은 바로 열정적인 부르짖는 기도이며 통성 기도였습니다.

한국 교회의 기도 열기는 세계적으로 유명한 것이었습니다. 미국의 유명한 목회사역자가 이런 말을 한 적이 있습니다. "나는 한국의 대형 집회에서의 뜨거운 통성 기도 열기를 결코 잊지 못할 것이다. 그것은 마치 하늘이 열리는 것과 같았다."

이처럼 통성 기도와 부르짖는 기도는 한국 교회 기도의 중요한 특징이었습니다. 이 기도는 세계의 수많은 사역자들에게 매우 강렬한 인상을 심어주었습니다. 많은 유능한 사역자들이 한국 교회에서 통성 기도를 배웠습니다.

'The Call'이라는 부흥과 회복을 위한 대형 집회를 주도하고 있는 미국의 루 잉글 목사님도 고백하기를 자신은 한국 교회에서 통성 기도와 부르짖는 기도를 배웠다고 하였습니다.

'The Call' 집회는 아주 뜨겁고 강렬한 집회인데 이 집회에는 항상 전체 참석자들의 간절한 부르짖는 기도가 동반되었고 그것은 놀라운 감동과 희열과 결단을 불러일으키는 것이었습니다.

과거에 한국 교회의 많은 집회에는 감격이 있었고 회개가 있었으며 열정적인 통성 기도와 부르짖음과 눈물이 있었습니다. 부흥회에는 항상 많은 인파가 몰려들었으며 그것은 천국의 축제와 같았습니다.

하지만 과거의 그러한 열기는 이제 슬픈 지난날의 추억이 되고 말았습니다. 오늘날에는 한국 교회에서 그러한 열정과 열기를 찾아보기 어렵습니다. 오늘날 대부분의 교회들은 과거처럼 뜨겁지 않습니다. 예배에서 감동과 희열과 눈물과 천국의 영광을 경험하는 것은 아주 보기 드문 일이 되고 말았습니다.

오늘날의 집회는 과거처럼 뜨겁지 않습니다. 지금의 부흥회는 과거처럼 감동적이지도 않으며 사람들도 잘 모이지 않습니다.

예배를 드리는 사람들의 얼굴은 따분함으로 가득합니다. 주일에 교회에 오는 많은 성도들의 모습에는 집회 가운데 임하실 하나님의 영광에 대한 기대를 찾아볼 수 없습니다. 주일 예배를 드리는 것은 그저 무덤덤한 일상의 습관이 되어 있을 뿐입니다.

대부분의 예배들은 조용하게 드려집니다. 많은 성도들이 졸거나 공상을 하면서 시간을 보냅니다. 예배가 끝나면 그들은 다시 평범하게 일상의 삶으로 돌아갑니다. 예배를 드릴 때나 예배를 마치고 난 후나 주님과 천국에 대한 간절하고 뜨거운 열망과 사모함을 발견하는 것은 아주 힘든 일이 되고 말았습니다.

도대체 어디에서부터 이렇게 한국교회는 시들해지게 된 것일까요? 왜 한국교회는 과거의 그 아름다운 열정과 뜨거움을 잃어버리고 있는 것일까요? 1988년의 올림픽을 치르고 난 후에 한국 교회는 숫자적으로도 마이너스 성장을 하고 있습니다. 많은 사람들이 이제 더 이상 교회에서 흥분과 매력을 느끼지 않습니다. 어디에서부터 한국 교회는 그 동력을 잃어버린 것일까요?

그것은 아주 간단한 것입니다. 한국교회는 소리를 잃어버렸습니다. 외침을 잃어버렸습니다. 오늘날 교회에서, 집회에서 통성으로 기도하고 부르짖어 기도하는 목소리를 듣는 것은 점점 힘들어지고 있습니다.

지금도 전혀 없어진 것은 아니지만 이 시대의 많은 그리스도인들은 통성 기도를 할 줄 모릅니다. 부르짖어 기도할 줄 모릅니다. 그러한 기도를 한심스럽고 유치한 것으로 생각합니다. 교회에서, 신앙생활에서 소리를 잃어버린 것이 얼마나 무서운 일인지에 대해서 충분히 인식하고 있는 이들은 거의 없습니다.

예전에 새마을 노래의 가사에도 "새벽종이 울렸네, 새 아침이 밝았네" 하는 내용이 있었습니다. 믿지 않는 자들에게도 새벽이 되면 교회에서 새벽기도회를 알리는 종소리가 들리고 교회에서 부르짖어 기도하는 모습이 일반적인 것이었습니다. 그러나 이제 교회는 새벽에 종소리를 울리지 못합니다. 세상의 악한 영들은 그 소리를 빼앗아가 버렸습니다. 오늘날 교회는 아주 고요하고 잠잠하며 공중 권세를 잡고 있는 흑암의 권세를 깨뜨리는 데에 아주 무력합니다.

오늘날의 무기력한 한국 교회의 모습, 열정을 잃어버린 그리스도인들의 모습.. 그것의 첫째 이유는 이 기도의 소리를 잃어버린 것에서 기인한 것이라는 사실을 분명히 인식해야 합니다. 기도의 부르짖음과 소리의 외침을 잃어버린 것이 영적으로 얼마나 무기력과 연약함을 가져오게 되는지 이제 계속 이야기할 것입니다.

오늘날 부흥이 되지 않아서 괴로워하고 힘들어하는 많은 사역자들이 있습니다. 교회들이 있습니다. 이들이 이 부르짖는 기도를 배우고 경험하게 되면 모든 것이 달라지는 것을 느끼게 될 것입니다.

초점을 잃고 힘이 없던 성도들의 눈은 빛나게 됩니다. 무기력한 심령은 강건하고 충만한 심령으로 바뀌게 됩니다. 그리고 예전에 경험했었던 영적인 부흥과 감동, 말로만 들었던 뱃

속에서 솟아나는 생수의 강을 경험하게 될 것입니다.

부흥과 능력과 하늘의 역사는 부르짖는 기도에서 옵니다. 세계가 놀랐던 한국 교회의 부르짖는 기도를 다시 회복하고 일으킬 때 한국 교회는 예전 이상의 열정과 동력과 권능을 다시 회복할 수 있을 것입니다.

부르짖는 기도는 하늘 문을 여는 기도이며 영적인 권능의 세계가 열리는 열쇠가 되는 기도입니다. 이 기도가 회복될 때 한국 교회는 과거의 영광을 되찾게 될 것입니다.

2. 부르짖는 기도는 성경의 명령이며 약속이다

부르짖는 기도는 한국 교회의 전유물이 아니며 한국 교회만의 독특한 기도 문화가 아닙니다. 부르짖는 기도는 성경적인 기도이며 성경이 가장 많이 강조하고 있는 기도입니다.

성경에는 부르짖어 기도하라는 수없이 많은 명령이 있으며 부르짖는 기도에 대한 응답의 약속과 그 사례에 대한 수 많은 언급이 있습니다.

"너는 내게 부르짖으라 내가 네게 응답하겠고 네가 알지 못하는 크고 은밀한 일을 네게 보이리라" (렘33:3)

이 말씀은 하나님께서 선지자 예레미야에게 하신 말씀입니다. 타락하고 무너져 가는 조국 이스라엘의 모습을 보면서 슬퍼하고 너무 많이 울어 흔히 '눈물의 선지자'라고 불리는 예레미야에게 하나님은 그의 기도에 응답하실 것과 크신 은총을 베풀어주실 것을 약속하셨습니다.

그런데 그러한 응답을 받기위한 중요한 조건이 바로 부르짖는 기도였습니다. 아무리 암울한 상황일지라도 부르짖어 간절히 기도하기만 하면 하나님께서는 응답하시며 역사하실 것을 약속하신 것입니다.

"**너희는** 내게 부르짖으며 내게 와서 기도하면 내가 **너희들의** 기도를 들을 것이요 너희가 온 마음으로 나를 구하면 나를 찾을 것이요 나를 만나리라" (렘29:12,13)

하나님께서 우리를 만나주신다는 것은 인간에게 주어진 가장 놀라운 은총이며 약속입니다. 그러나 거기에는 조건이 있는데 그것은 전심으로 하나님을 찾는 것입니다.

하나님은 이 우주의 왕이시며 주인이시기 때문에 그분의 가치를 모르고 함부로 경홀히 대하는 이들에게는 나타나시지 않습니다. 그러므로 마음의 중심을 다해서 간절하게 하나님을 구하고 원해야 합니다.

그리고 그렇게 전심으로 하나님을 찾는 방법이 바로 부르짖으며 기도하는 것입니다. 그렇게 간절하게 부르짖으며 하나님을 찾을 때 하나님께서는 우리를 만나주신다고 약속하신 것입니다.

오늘날 사람들은 하나님을 간절히 구하지 않습니다. 하나님 자신을 만나고 경험하기 위해서 전심으로 기도하지 않습니다. 그저 자신의 일상에 필요한 여러 가지 문제들을 위해서 기도할 뿐입니다.

그러나 그 어떠한 기도보다도 중요하고 아름다운 기도는 하나님 자신을 구하는 기도입니다. 하나님은 모든 아름다움과 풍성함의 근원이시므로 하나님을 알고 경험할 때 그 모든 풍성함은 자연히 따라오는 것이기 때문입니다. 그것은 나무를 얻을 때 그 나무에 있는 모든 열매를 일일이 하나 하나씩 따지 않아도 자연히 얻을 수 있는 것과 같은 것입니다. 그러므로 하나님을 구하고 사모하는 것은 영혼의 눈을 뜬 그리스도인들의 공통적인 특징입니다.

아직 영적으로 어리고 미숙한 이들은 여러 가지의 현실적인 많은 것들을 위해서 기도하지만 주님을 알기 위해서 구하지는 않습니다.

그러나 조금씩 영혼이 눈을 뜨고 주님의 임재와 천국의 영광을 조금이라도 경험하는 이들은 점차로 문제 해결이나 환경의 변화가 아닌 주님 자신을 구하게 됩니다. 하나님 자신에 대한 갈망이 일어나기 시작하는 것입니다. 그리하여 간절하게 하나님을 찾는 기도를 드리게 됩니다.

어떻게 그 하나님을 알고 찾으며 경험할 수 있을까요? 바로 그 구하고 사모하는 방법이 곧 부르짖어 기도하는 것입니다. 그러한 기도에 하나님은 가까이 임하시며 놀라운 하늘의 은총이 임하게 됩니다.

이것이 성경의 약속입니다. 온 우주보다 크며, 가장 귀하고 놀라운 분을 얻고 알기 위해서 부르짖어 기도하라는 것입니다.

"그는 곤고한 자의 곤고를 멸시하거나 싫어하지 아니하시며 그의 얼굴을 그에게서 숨기지 아니하시고 그가 울부짖을 때에 들으셨도다"(시22:24)

"내가 놀라서 말하기를 주의 목전에서 끊어졌다 하였사오나 내가 주께 부르짖을 때에 주께서 나의 간구하는 소리를 들으셨나이다"(시31:22)

"네가 고난 중에 부르짖으매 내가 너를 건졌고 우렛소리의 은밀한 곳에서 네게 응답하며 므리바 물 가에서 너를 시험하였도다"(시81:7)

고통스럽고 절망적인 상황에서 부르짖는 기도에 하나님이 응답하시며 도우셨다는 말씀의 사례를 일일이 들면 몇 권의 책으로도 모자랄 것입니다.

부르짖는 기도에 대한 이러한 언급은 헤아리기 힘들 정도로 많습니다. 또한 직접적으로 부르짖는 기도에 대한 언급이 아닌 다른 표현도 그 뉘앙스를 보면 역시 부르짖는 기도에 대한 내용이라고 볼 수 있는 것이 많이 있습니다.

"나의 환난 날에 내가 주께 부르짖으리니 주께서 내게 응답하시리이다"(시86:7)

"환난 날에 나를 부르라 내가 너를 건지리니 네가 나를 영화롭게 하리로다"(시50:15)

환란 날에 대한 반응에 대하여 두 본문의 표현은 다소 차이가 있습니다. 위의 본문은 환난 날에 주님께 부르짖는 것에 대하여 언급하고 있으며, 아래의 본문은 환난 날에 하나님을 불러야 한다고 표현합니다. 위에서는 부르짖는 것을, 아래에서는 단순히 이름을 부르는 것을 말하고 있습니다.

이 두 가지 표현에서 부르짖는 것과 부르는 것은 다른 표현이지만 그러나 이 말씀의 분위기나 문맥을 보면 별로 차이가 없는 것을 알 수 있습니다. 하나님은 우리가 환난을 당했을 때 하나님을 부르며 부르짖을 것을 요구하고 계시는 것입니다.

아래의 본문에서 하나님을 부르라고 한 것은 부르짖는 것과 전혀 다른 조용한 분위기의 부름을 말하는 것일까요?

그것은 그렇지 않습니다. 어떤 사람이 물에 빠져서 죽게 되었다고 합시다. 그는 목숨을 건지기 위해서 소리를 지를 것입니다. 아마 "사람 살려! 사람 살려!" 하고 외치겠지요. 그가 아무리 내성적이고 조용한 성품의 사람이라고 할지라도 조용하고 부드럽게 말을 하지는 않을 것입니다.

"안녕하세요? 거기 지나가시는 분, 지금 바쁘세요? 혹시 실례가 되지 않는다면 저 좀 건져주셔도 되겠습니까?" 그가 만약 이런 식으로 말을 한다면 그것은 어울리지 않는 것입니다.

그러므로 환난 때에 주를 부르라는 명령은 "주여!" "나의 하나님! 아버지!" 하고 간절히 외치며 부르짖으라는 것이지 조용하고 차분하게 주의 이름을 부르라는 것이 아닙니다.

하나님은 우리에게 환난이 임했을 때 조용히 묵상하라고

하지 않으셨습니다. 전심을 다해서 간절한 마음으로 부르짖으며 하나님을 부르라고 하신 것입니다. 그리고 그러한 부르짖음에 주님은 응답하시겠다고 하셨습니다.

성경에 언급된 대부분의 기도는 부르짖는 기도입니다. 물론 잠잠히 묵상하며 기도하라는 말씀도 있지만 부르짖는 기도에 대한 내용과 사례가 훨씬 더 많으며 명백하게 하나님께서는 부르짖어 기도하라고 명령하시고 있는 것입니다.

그런데 이렇게 명백한 하나님의 명령인 부르짖는 기도를 왜 우리는 현실에서 발견하기가 어려운 것일까요? 왜 사람들은 환난이 올 때에 부르짖어 기도하지 않는 것일까요? 부르짖으면 하나님이 응답하시고 건져주신다고 약속하셨는데 왜 사람들은 간절하게 부르짖지 않는 것일까요? 그것은 심히 이상한 일입니다.

우리는 부르짖는 기도를 다시 찾아야 합니다. 회복해야 합니다. 직접 주님께 부르짖으며 하늘의 영광과 권능을 경험해야 합니다. 이 기도가 회복될 때 우리는 실재하시는 하나님의 영광을 맛보게 될 것입니다.

3. 부르짖음에서 하늘의 구원이 시작됨

이미 살펴본 것처럼 부르짖는 기도는 하나님의 명령이며 이 부르짖는 기도에 대해서 응답하시겠다는 수많은 약속이 언급되어 있습니다.

성경은 이 약속의 말씀이 실제로 역사와 현실 속에서 수없이 이루어졌음을 보여줍니다. 부르짖는 민족은 곧 응답과 회복을 얻었고 부르짖어 기도하는 개인은 엄청난 시련과 고통 속에서도 하나님의 들으심을 얻었고 승리할 수 있었습니다.

"내가 여호와를 기다리고 기다렸더니 귀를 기울이사 나의 부르짖음을 들으셨도다 나를 기가 막힐 웅덩이와 수렁에서 끌어올리시고 내 발을 반석 위에 두사 내 걸음을 견고하게 하셨도다" (시40:1, 2)

이것은 다윗의 신앙고백입니다. 다윗은 그의 고백처럼 정말 기가 막힐 것 같은 시련을 많이 겪었던 사람입니다. 그는 죽음이 코앞에 있는 것 같은 막다른 골목에 이른 적이 한두 번이 아니었습니다.

그러나 다윗은 부르짖는 사람이었습니다. 그는 그러한 위기가 올 때마다 부르짖음을 들으시는 하나님께 부르짖고 간구하였습니다. 그리하여 하나님의 들으심을 얻었으며 기가 막힐 웅덩이와 수렁에서 건짐을 얻었던 것입니다.

이 시편의 말씀은 많이 알려진 말씀입니다. 이 말씀을 가사로 하여 만든 유명한 찬양도 있습니다. 나는 사람들이 그 찬양을 부르는 것을 많이 들었습니다. 그러나 사람들은 이 가사를 부르면서도 막상 가사의 내용대로 부르짖어 기도하지는 않는 것 같습니다.

부르짖음에 대한 응답의 역사는 개인의 삶에서 뿐 아니라 민족 전체의 역사에서도 나타납니다.

이스라엘은 모세와 여호수아의 인도를 통해서 마침내 약속의 땅 가나안에 들어갔습니다. 그러나 여호수아의 사후에 강력한 영적 지도자가 등장하지 않자 그들은 영적으로 도덕적으로 타락하고 부패하여 하나님을 자주 떠나곤 하였습니다. 그리고 그 결과로 이방 민족에게 많은 시달림을 당하게 되었습니다.

"이스라엘 자손이 여호와의 목전에 악을 행하여 자기들의 하나님 여호와를 잊어버리고 바알들과 아세라들을 섬긴지라" (삿 3:7)

어떻게 이스라엘 민족은 하나님을 잊어버릴 수가 있었을까요? 애굽에서 그 놀라운 기적과 은총을 베풀어 그들을 인도하신 하나님을 말입니다. 설사 자기들이 직접 경험한 것이 아닐지라도 조상들의 역사에 대해서 배우고 들었을 텐데 어떻게 그 하나님의 역사와 하나님을 잊어버릴 수가 있었을까요?

그것은 하나님과 하나님의 일에 대한 기억이 두뇌에 속한 것이 아니기 때문입니다. 그것은 심령에 새겨지는 것입니다. 말씀은 머리로 기억하고 인식하며 암기해서 되는 것이 아닙니다. 그것은 심령으로 먹고 마시며 누리는 것입니다.

그렇기 때문에 영혼의 감각이 깨어있지 않고 어두운 이들은 하나님과 하나님의 일을 쉽게 잘 잊어버립니다. 악한 영들이 그들의 기억을 가져가 버리는 것입니다. 그리하여 사람들은 죄를 짓고 세상을 사랑하며 사소한 일에도 근심에 잠깁니다. 그들이 과거에 경험했던 하나님의 선하심과 함께 하심을 잊어버리기 때문입니다.

우리는 어떻게 하나님의 말씀과 하나님에 대한 기억을 찾을 수 있을까요?

그것은 기도와 예배를 통해서 가능합니다. 우리가 부르짖어 기도하며 하나님께 나아갈 때 하나님께서는 우리에게 임하십니다. 그때 우리의 영혼은 깨어나게 되며 우리들은 하나님과 영성의 진리에 대한 것들을 다시 기억하게 되는 것입니다. 그리하여 두려움에서 벗어나고 죄에서 벗어나며 어두움에서 벗어나게 됩니다.

영혼이 깨어날 때 영적인 것에 대한 우리의 기억도 같이 깨어나게 되는 것입니다. 이처럼 영적인 진리에 대한 기억은 두

뇌에 기록되는 것이 아니라 심령에 새겨지는 것입니다. 이렇게 하나님의 은혜를 잊어버리고 하나님을 잊어버린 그들은 고통스러운 환경 속으로 들어가게 됩니다.

"여호와께서 이스라엘에게 진노하사 그들을 메소보다미아 왕 구산 리사다임의 손에 파셨으므로 이스라엘 자손이 구산 리사다임을 팔 년 동안 섬겼더니" (삿3:8)

불순종의 결과 그들은 메소보다미아 왕의 노예가 됩니다. 하나님께서는 애굽에서 바로왕에게 종노릇하던 이스라엘 자손을 모세를 통하여 건지셨으나 그들은 하나님을 배반합니다. 하지만 그 결과는 다시 예전과 같이 종의 위치로 돌아가고만 것이었습니다.

주님께서는 이렇게 말씀하시고 계신 것입니다. "너희가 나를 섬기며 나에게 순종하며 사는 것이 싫으냐? 그렇다면 다른 이들의 종이 된 삶을 살아보아라."

이스라엘 백성이 다른 왕의 노예가 되어 사는 삶을 현대적으로 어떻게 이해할 수 있을까요? 그것은 그리스도인들이 마음 중심으로 주님을 섬기지 않을 때 주님이 아닌 다른 세상의 영들, 악령들을 섬기며 그들의 지배를 받고 사는 것과 같은 것입니다.

오늘날의 많은 그리스도인들은 명목상으로만 주님을 섬기며 마음 속으로는 세상을 사랑하면서 살고 있습니다.

그리하여 그 결과로 각종 죄의 습관에 사로잡히고 온갖 좋지 않은 것들에 중독이 되어 헤어나지 못하며 근심과 염려와 두려움, 분노 등에 시달리고 경제적으로, 신체적으로 환경적으로 많은 고통을 겪고 있습니다. 이러한 것이 이스라엘 백성이 이방의 왕을 섬기고 지배를 받는 삶과 비슷한 삶인 것입니다.

여기서 사실은 분명해집니다. 그리스도인들이 주님을 진심으로 섬기지 않으면 그들은 세상의 왕, 즉 지옥의 왕을 섬기며 그들의 지배를 받고 살게 되어 지옥적인 삶을 살 수 밖에 없다는 것입니다.

아무튼 이스라엘은 하나님을 떠남으로 인하여 혹독한 시련을 겪게 됩니다. 그들은 악한 왕의 압제로 인하여 고통이 심해지자 비로소 정신을 차리고 다시 하나님께로 돌아가 그 악한 왕에게서 벗어나고 싶었습니다.

그 해결의 방법은 무엇일까요? 그것은 아주 간단한 것이었습니다.

"이스라엘 자손이 여호와께 부르짖으매 여호와께서 이스라엘 자손을 위하여 한 구원자를 세워 그들을 구원하게 하시니 그는 곧 갈렙의 아우 그나스의 아들 옷니엘이라 여호와의 영이 그에게 임하셨으므로.." (삿3:9,10)

이스라엘 백성들은 아주 간단한 구원의 방법을 실행했습니다. 그것은 하나님께 나아가 부르짖어 기도하는 것이었습니다. 그리고 하나님은 그 부르짖음을 들으셨습니다. 그리하여 하나님의 신을 받은 지도자를 세워주셨고 그를 통하여 이스라엘은 노예 상태에서 벗어나게 되었습니다.

이것은 한두 번 있었던 기도 응답의 결과가 아닙니다. 이스라엘의 역사는 이런 패턴의 계속적인 반복이었습니다. 그들은 상황이 좋아지고 살만하면 항상 하나님을 떠났습니다. 그렇게 하면 예외 없이 그들은 다시 다른 민족과의 전쟁에 패해서 그들의 노예가 되었습니다. 그리하여 다시 고통스러운 상황이 되면 그들은 다시 염치없이 하나님께 나아와서 부르짖었습니다.

이러한 일이 반복되면 하나님께서 다시는 더 이상 구원해 주지 않으실 것 같기도 한데 하나님은 항상 그들이 부르짖을 때마다 다시 위기에서 건져주셨습니다. 이러한 동일한 일들이 끊임없이 반복되고 있는 것입니다. 성경에서도, 우리의 삶에서도 말입니다.

"이는 그들이 대적에게 압박과 괴롭게 함을 받아 슬피 부르짖으므로 여호와께서 뜻을 돌이키셨음이거늘" (삿2:18)

"이스라엘 자손이 여호와께 부르짖으매 여호와께서 그들을 위하여 한 구원자를 세우셨으니 그는 곧 베냐민 사람 게라의 아들 왼손잡이 에훗이라" (삿3:15)

"야빈왕은 철 병거 구백 대가 있어 이십 년 동안 이스라엘 자손을 심히 학대했으므로 이스라엘 자손이 여호와께 부르짖었더라 그 때에.." (삿4:3, 4)

이스라엘은 항상 범죄한 후에 상황이 나빠지면 하나님께 나와서 부르짖었습니다. 왜 꼭 문제가 생긴 후에야 하나님께 나아가는 것인지 안타깝기 짝이 없지만 그것은 오늘날의 그리스도인들도 마찬가지입니다.

그러나 어쨌든 간에 어렵고 고통스러운 위기의 상황에서 이스라엘은 부르짖었으며 하나님은 그들의 부르짖음을 들으셨던 것입니다. 그들의 부르짖음은 항상 구원이 시작되는 시점이었습니다.

그들이 부르짖을 때 하나님께서는 항상 새로운 지도자, 구원자를 세우셨습니다. 단순히 능력이 있고 영리하고 힘이 센 사람을 세우신 것이 아니라 하나님의 신을 부으신 사람을 세우신 것입니다. 구원은 결코 사람에게서 나는 것이 아니라 하나님에게서, 하늘에서 나는 것이었기 때문입니다.

"여호와께서.. 한 구원자를 세워 그들을 구원하게 하시니.. 여호와의 영이 그에게 임하셨으므로.." (삿3:9, 10)

"여호와의 영이 기드온에게 임하시니 기드온이 나팔을 불매.." (삿6:34)

"삼손이 레히에 이르매 블레셋 사람들이 그에게로 마주 나가며 소리 지를 때 여호와의 영이 삼손에게 갑자기 임하시매.."(삿 15:14)

이스라엘을 구원한 지도자는 공부를 많이 한 사람도 아니었으며 힘이 센 사람도 아니었으며 지혜로운 사람도 아니었습니다. 그들은 단순히 하나님의 영을 받은 사람들이었습니다. 하나님은 그들을 세우셨으며 하늘의 권능을 부어주셔서 그들로 하여금 이스라엘을 구원하도록 하셨습니다.

그들의 능력은 하늘에서 온 것이었습니다. 그들은 인간적인 탁월함을 가지고 있었던 것이 아니라 하나님에게서 능력을 받은 사람들이었습니다.

이스라엘이 부르짖을 때 하나님께서는 구원을 준비하셨습니다. 하늘의 권능을 풀어 사람에게 임하게 함으로써 악한 영들의 세력을 깨뜨리고 전쟁에서 승리하게 하셨으며 구원의 역사를 이루신 것입니다.

부르짖는 기도는 이와 같이 구원을 이루는 힘이며 하늘에 있는 구원의 능력, 권능과 은총을 풀어놓는 원천적인 힘인 것입니다.

여기에서 언급하고 있는 구원이란 우리가 오늘날 말하는 '구원받았다'는 개념과 다른 것입니다. 이것은 영혼의 구원, 교리적인 구원에 대한 언급이 아니라 포괄적인 구원과 해방과 승리를 의미하는 것입니다.

신약에서도 병에서 놓여나는 것을 구원이라고 표현하기도 합니다. 누가복음 8장 48절을 보면 주님께서 "딸아 네 믿음이 너를 구원하였으니 평안히 가라 하시더라" 하고 말씀하십니다. 이것은 그녀가 혈루증의 질병에서 벗어난 것을 의미하고 있는 것입니다.

분명한 것은 구원과 회복이 하늘에 있다는 것입니다. 그것은 하나님의 손에 있습니다. 사람의 열심과 지혜와 노력에 있는 것이 아닙니다. 구원과 승리와 능력과 회복은 오직 하늘에서 옵니다.

그 하늘에 있는 구원을 끌어당기는 것이 무엇일까요? 바로 부르짖는 기도입니다. 사람이 겸손하게 엎드려서 하늘을 향하여 부르짖을 때 하나님께서는 그 부르짖음을 들으시고 하늘의 구원과 권능을 풀어놓으십니다.

그것은 성경의 약속이며 이스라엘의 역사 속에서 입증된 사실입니다. 그것은 또한 우리의 것이 될 수 있습니다. 이 말씀은 결코 과거의 역사로 끝난 말씀이 아닙니다.

오늘 우리도 부르짖어 기도함으로 하늘의 구원과 권능을 끌어당길 수 있습니다. 하늘의 은총이 임하게 할 수 있습니다. 그것은 하나님의 약속이기 때문입니다.

그러므로 부디 이 부르짖는 기도에 대해서 배우십시오. 이것을 적용하며 시도하고 경험하십시오. 당신도 이스라엘 백성들처럼 구원과 회복을 경험하게 될 것입니다. 이스라엘 백성이 그랬듯이 당신도 주님께 무엇인가를 잘못했을지 모릅니다. 그래서 상황이 어렵게 되었을지도 모릅니다.

하지만 걱정하지 마십시오. 성경의 가르침을 따라 당신도 부르짖어 기도하십시오. 그러면 주님께서는 당신의 부르짖음을 듣고 당신을 용서하시며 하늘 문을 열어주실 것입니다. 그리고 하늘의 구원과 권능이 당신에게 임하게 하실 것입니다.

이 약속의 말씀이 당신 것이 되게 하십시오. 그것은 당신에게 무한한 축복이 될 것입니다. 할렐루야.

4. 문제가 있을 때마다 부르짖었던 이스라엘

이스라엘의 역사는 고난의 역사입니다. 그들은 그들의 주변에 있는 이민족들을 통하여 많은 어려움을 겪었습니다.

그들은 고난이 올 때 어떻게 반응하며 그 어려움을 극복했을까요? 그것은 바로 부르짖음이었습니다.

이스라엘은 고난이 있고 고통이 있을 때마다 부르짖었습니다. 개인적으로 부르짖고 국가적으로도 부르짖었습니다. 그러므로 이스라엘의 역사는 곧 부르짖음의 역사라고 할 수 있습니다.

그들은 이 부르짖음을 통해서 민족의 위기를 극복하고 다시 회복하곤 하였습니다. 그들이 부르짖을 때마다 하나님이 응답하시고 역사하셔서 그들을 구원해주셨기 때문입니다.

"여러 해 후에 애굽 왕은 죽었고 이스라엘 자손은 고된 노동으로 말미암아 탄식하며 부르짖으니 그 고된 노동으로 말미암아 부르짖는 소리가 하나님께 상달된지라 하나님이 그들의 고통 소리를 들으시고 하나님이 아브라함과 이삭과 야곱에게 세운 그의 언약을 기억하사 하나님이 그들을 기억하셨더라" (출2:23-25)

이 말씀은 하나님께서 최초로 이스라엘 민족에게 임하시며 역사하시고 구원을 베푸시는 단초가 되었던 시점을 보여주고 있습니다.

약속의 자녀들인 이스라엘은 기근으로 인하여 잠시 애굽에 왔다가 그만 거기서 정착을 하게 됩니다. 그들은 약속의 자녀들이며 약속의 땅이 있었지만 먹고사는 문제 때문에 애굽에서 살게 되었던 것입니다.

그러나 자기가 있을 땅이 아닌 곳에서 이스라엘의 편안함이 계속 유지될 수는 없었습니다.

초기에 총리인 요셉으로 인하여 이스라엘 자손들에게 호의를 베풀었던 애굽과 바로는 점차 강대한 세력으로 성장해 가는 이스라엘 민족에게 두려움을 느끼고 견제하며 그들을 괴롭히기 시작했던 것입니다.

애굽인들의 학대로 인하여 이스라엘은 비로소 하나님께 부르짖게 됩니다. 그리고 그 고통으로 인한 부르짖는 소리는 하나님께 상달이 되었다고 성경은 말합니다.

이스라엘은 약속의 자손이었습니다. 하나님은 그들의 조상인 아브라함과 이삭과 야곱에게 언약을 맺었습니다.

하지만 부르짖기 전까지 그들에게 하나님의 언약은 이루어지지 않았습니다. 그들은 하나님의 백성이었지만 여전히 고통과 어려움 가운데 있었습니다.

여기서 성경은 분명히 말합니다. 그들의 부르짖는 소리가 하늘에 상달되었으며 하나님은 그 부르짖음을 들으시고 그 언약을 기억하셨으며 이스라엘에게 구원의 역사를 베풀기 시작하셨다는 것을 말입니다. 만약 이스라엘 백성들이 고난 중에 있었으면서도 부르짖지 않았다면 어떻게 되었을까요? 하나님의 능력은 그들에게 나타나지 않았을 것입니다.

이 이스라엘 백성의 부르짖음 이후에 바로 이어지는 장면이 모세가 하나님의 영광을 경험하는 사건입니다. 여기서 중요한 사실을 알 수 있습니다. 그것은 모세가 하나님을 만나는 사건이 그의 개인적인 영성이나 갈망 때문이 아니라 이스라엘 백성이 부르짖은 결과로 이루어졌다는 것입니다.

사사기의 반복되는 사건에서도 알 수 있듯이 하나님은 이스라엘 백성이 고통을 겪고 부르짖으면 그들의 부르짖음을 들으시고 그들을 구원할 수 있는 지도자를 물색하시곤 하셨습니다. 모세도 그러한 물색의 결과로 하나님께 뽑히게 되었던 것입니다.

오늘날에도 변치 않는 이 사실을 기억해야 합니다. 즉 주를 믿는 사람이 어려움을 겪고 부르짖을 때 하나님은 그를 도울 수 있고 구출할 수 있는 사람을 찾으시고 세우신다는 사실입니다. 그러므로 모든 상황에서 부르짖음은 문제 해결의 지름길이며 하늘이 열리고 도움이 오는 유일한 문인 것입니다.

세계 최강대국이었던 애굽에 임하신 하나님의 기적의 역사, 그것은 이스라엘 백성의 부르짖음에 대한 하나님의 응답이었습니다. 당시에 애굽 군대는 세계 최강이었으며 그 나라는 결코 무너질 수 없는 제국인 것처럼 보였습니다.

그러나 연약하기만 한 것 같은 이스라엘 백성의 부르짖는 기도 하나로 인하여 이 제국은 치명적인 타격을 입게 되었습니다. 바로왕의 부하인 애굽 대신들의 말처럼 애굽이 거의 망하게 되었던 것입니다.

세계 최강대국의 운명을 좌지우지할 정도로 놀라운 능력을 가지고 있는 것이 바로 부르짖는 기도입니다. 그것은 나라를 세울 수도 있고 망하게 할 수도 있습니다. 이스라엘 백성의 애굽 탈출은 결국 부르짖는 기도를 통하여 시작된 것입니다.

이 뿐만이 아닙니다. 이스라엘은 언제나 문제가 있을 때마다 항상 부르짖었습니다.

하나님의 기적을 보고 극심한 두려움에 사로잡혀 이스라엘 백성을 보내었던 바로는 막상 이스라엘 백성이 다 떠나자 분노에 사로잡힙니다. 그리하여 그들을 다 죽이려고 군대를 데리고 이스라엘을 추적합니다.

이스라엘 백성은 여자와 어린아이, 노인들과 함께 많은 짐을 가지고 나아가고 있으니 걸음이 느릴 수밖에 없는데 말과 병거를 가지고 중무장한 애굽의 정예 군대는 순식간에 이스라엘 백성을 따라잡습니다.

누가 보아도 이스라엘 백성들의 떼죽음이 눈앞에 다가온 듯이 보입니다. 이것은 이스라엘 백성이 애굽을 벗어나서 최초로 겪게된 위기였습니다. 이스라엘 백성들은 어떻게 반응했을까요? 역시 아주 간단합니다. 그들은 부르짖었습니다. 그들은 부르짖는 것 외에는 아무런 무기가 없었습니다. 그러나 그 무기는 이 세상에서 가장 강력한 무기였던 것입니다.

"바로가 가까이 올 때에 이스라엘 자손이 눈을 들어 본즉 애굽 사람들이 자기들 뒤에 이른지라 이스라엘 자손이 심히 두려워하여 여호와께 부르짖고"(출14:10)

그들을 멸하려고 쳐들어오는 애굽의 군대 앞에서 아무 대책이 없었던 이스라엘 백성은 하나님께 다시 부르짖었습니다. 그러나 이들의 부르짖음은 믿음으로 충만한 부르짖음은 아닌 것 같습니다. 그들은 하나님께는 부르짖으면서 동시에 그들의 지도자인 모세에게는 불평을 토하였습니다.

"그들이 또 모세에게 이르되 애굽에 매장지가 없어서 당신이 우리를 이끌어 내어 이 광야에서 죽게 하느냐 어찌하여 당신이 우리를 애굽에서 이끌어 내어 우리에게 이같이 하느냐 우리가 애굽에서 당신에게 이른 말이 이것이 아니냐 이르기를 우리를 내버려 두라 우리가 애굽 사람을 섬길 것이라 하지 아니하더냐 애굽 사람을 섬기는 것이 광야에서 죽는 것보다 낫겠노라"(출14:11,12)

이러한 이들의 불평은 거짓말입니다. 이들은 모세가 하나님의 이름과 능력으로 그들에게 왔을 때 아주 기뻐하였습니다.

"모세와 아론이 가서 이스라엘 자손의 모든 장로들을 모으고 아론이 여호와께서 모세에게 이르신 모든 말씀을 전하고 그 백성 앞에서 이적을 행하니 백성이 믿으며 여호와께서 이스라엘 자손을 찾으시고 그 고난을 감찰하셨다 함을 듣고 머리 숙여 경배하였더라" (출4:29-31)

이것이 불과 얼마 전 그들의 모습이었습니다. 그랬던 사람들이 이제 상황이 어려워지니까 공연히 모세에게 책임을 전가하고 있는 것입니다. 그러나 모세는 상관하지 않고 백성들에게 믿음과 용기를 심어줍니다.

"모세가 백성에게 이르되 **너희는 두려워하지 말고 가만히 서서** 여호와께서 오늘 너희를 위하여 행하시는 구원을 보라 **너희가 오늘 본 애굽 사람을 영원히 다시 보지 아니하리라 여호와께서 너희를 위하여 싸우시리니 너희는 가만히 있을지니라**" (출14:13,14)

모세는 그렇게 백성들을 안심시키면서 하나님께 부르짖었습니다. 그런데 이 때 하나님께서 말씀하십니다.

"여호와께서 모세에게 이르시되 너는 어찌하여 내게 부르짖느냐 이스라엘 자손에게 명령하여 앞으로 나아가게 하고 지팡이를 들고 손을 바다 위로 내밀어 그것으로 갈라지게 하라 이스라엘 자손이 바다 가운데서 마른 땅으로 행하리라" (출14:15,16)

여기서 하나님께서 '너는 어찌하여 내게 부르짖느냐' 하고 말씀하신 것은 어떤 의미일까요? 이 상황에서는 부르짖을 필요가 없다는 말씀일까요?

아닙니다. 부르짖음은 모든 구원이 필요한 상황에서 행해져야 합니다. 다만 이 때는 이미 부르짖음이 충분하며 하나님이 역사하시는 시간이 되었기 때문에 이제는 부르짖는 것을 멈추고 믿음으로 행해야 하는 것을 말씀하고 계시는 것입니다.

우리는 문제가 있을 때 마음에 어려움이 있을 때 하나님께 나아가서 부르짖을 수 있습니다. 그러나 어느 순간이 되면 마음속에서 '이제 되었다! 이제는 더 이상 부르짖지 말아라. 지금은 나의 시간이다. 내가 역사하리라. 이제는 부르짖지 말고 믿음을 시인하며 감사와 찬양을 드려라' 하는 메시지가 떠오를 때가 있습니다.

그렇게 되면 우리는 더 이상 부르짖을 필요가 없습니다. 이제는 응답과 구원이 가까워진 것이기 때문에 주님의 인도하심을 따라 믿음의 행동을 하면 됩니다.

그러한 것은 부르짖는 기도의 결과이며 응답이라고 할 수 있는 것입니다. 그러한 응답은 부르짖어서 오는 것이며 가만히 있을 때 오는 것이 아닙니다. 그러므로 우리는 하나님의 들으심과 응답이 올 때까지 부르짖어야 하며 처음부터 가만히 있어서는 안 됩니다.

모세의 상황이 바로 그러했으며 모세가 받은 응답이 바로 그러한 것이었습니다. 그리고 이 말씀과 감동에 모세는 그대로 순종합니다. 그리고 바로 그 장면에서 그 유명한 홍해가 갈라지는 기적의 역사가 나타났던 것입니다. 부르짖음, 그리고 나서 행해진 믿음의 행동으로 인하여 말입니다.

애굽에서 부르짖음으로 구원은 시작되었고 홍해에서 다시 부르짖음을 통하여 이스라엘은 위기를 벗어났습니다.

그러나 죽음의 위협을 벗어났어도 위기는 여전히 있었습니다. 홍해를 벗어나서 수르 광야로 들어갔으나 이번에는 마실 물이 없었습니다.

물을 얻지 못하여 삼일을 고생한 후에 간신히 물을 찾기는 했으나 이번에는 그 물이 너무나 써서 도저히 마실 수가 없었습니다. 그들은 물이 너무나 썼기 때문에 쓰다는 의미로 그곳의 지명을 '마라'라고 불렀습니다.

이번에는 어떻게 위기를 극복했을까요? 해답은 역시 부르짖음이었습니다.

"모세가 여호와께 부르짖었더니 여호와께서 그에게 한 나무를 가리키시니 그가 물에 던지니 물이 달게 되었더라"(출15:25)

사람들은 흔히 마라의 쓴 물이 달아진 것을 기억합니다. 그리고 쓴 물을 달게 한 것이 어떤 나무였으며 이 나무는 그리스도의 십자가를 상징하는 것이라고 잘 알고 있습니다. 그리스도의 십자가를 상징하는 나무가 우리 인생의 쓴 물을 다 치유하여주시는 것을 상징하는 것을 잘 알고 있습니다.

그러나 그 나무를 발견하기 전에 부르짖는 기도가 선행되었다는 사실을 기억하는 이들은 많지 않습니다. 십자가를 상징하는 나무, 십자가의 은혜도 부르짖는 기도를 통하여 나타났고 밝혀졌던 것입니다. 마실 물이 없었던 사건은 신 광야를 거쳐 르비딤에 갔을 때도 재연되었습니다. 이번에도 백성들은 원망하고 모세는 부르짖습니다.

"거기서 백성이 목이 말라 물을 찾으매 그들이 모세에게 대하여 원망하여 이르되 당신이 어찌하여 우리를 애굽에서 인도해 내어서 우리와 우리 자녀와 우리 가축이 목말라 죽게 하느냐
모세가 여호와께 부르짖어 이르되 내가 이 백성에게 어떻게 하리이까 그들이 조금 있으면 내게 돌을 던지겠나이다.. 여호와께서 모세에게 이르시되.. 너는 그 반석을 치라.." (출17:3-6)

모세가 부르짖자 하나님께서는 지팡이로 반석을 쳐서 물이 나오게 하십니다. 역시 이 상황에서도 부르짖는 기도를 통해서 위기가 극복되었던 것입니다.

이스라엘의 구원과 여정은 결코 쉽게 이루어진 것이 아니었습니다. 계속적으로 하나의 위기를 넘기면 다시 다른 어려움이 닥쳤습니다. 그것을 통과하면 다시 다른 시련이 찾아왔습니다. 그것은 매우 힘들고 어려운 여정이었습니다.

그러나 그 위기를 그들이 무사히 넘기고 약속의 땅 가나안

에 들어가게 된 것은 모세와 백성의 부르짖음으로 인한 것이었습니다.

어느 때는 백성이 부르짖었고 어느 때는 모세가 부르짖었으며 때로는 같이 부르짖었습니다. 그리고 그들의 부르짖음을 하나님이 들으시고 구원해주셔서 그들은 무사히 다음 단계의 여정을 향하여 나아갈 수 있었던 것입니다.

위기 때에 부르짖는 것은 이스라엘의 역사였습니다. 삶이었습니다. 그들에게 있어서 부르짖는 것은 종교의식이 아니었습니다. 그것은 고상한 취향이 아니었습니다. 그것은 실제적으로 하늘 문을 열고 하나님의 권능과 구원을 경험하는 길이었습니다.

그들은 조금만 문제가 생겨도 부르짖었습니다. 사소한 일이 있어도 부르짖었습니다. 그들의 그러한 모습과 오늘날의 그리스도인들의 모습은 얼마나 차이가 있는지요!

오늘날의 그리스도인들은 잘 부르짖지 않습니다. 어떻게 부르짖어야 하는지도 모르며 부르짖을 생각도 하지 않습니다.

이스라엘은 문제가 조금 생기기만 해도 부르짖었습니다. 그들은 문제의 초기부터 바로 하나님께 나아갔습니다.

그러나 오늘날의 그리스도인들은 그렇게 즉각적으로 하나님께 나아가지 않습니다. 그들은 자기가 할 수 있는 모든 방법을 다 사용 한 후에 그래도 되지 않으면 그 때 비로소 하나님께 나아갑니다. 아픈 사람은 먼저 병원을 찾고 물질에 어려움이 있는 사람은 일단 모든 방법을 동원해서 돈을 구하러 다닙니다. 그러다가 한계에 부딪히면 그 때 비로소 하나님께 나아갑니다. 마지막으로 하나님께 나아가는 것입니다. 그리고 그렇게 나아갈 때도 부르짖는 기도를 할 줄 모릅니다. 이것은 성경의 사람들과 얼마나 차이가 있는 것인지요!

우리의 신앙 선배들은 조금만 어려움이 있어도 하나님께 나아가 부르짖었습니다. 그런데 우리는 많은 기도 거리를 가지고 있으면서도 왜 하나님께 부르짖지 않습니까? 이것이 바로 현대에 살고 있는 많은 그리스도인들의 눌림과 무기력과 고통과 패배하는 삶의 원인인 것입니다.

우리는 삶의 매 순간에 부르짖는 기도를 배워야 합니다. 어려움이 있을 때마다 하나님께 부르짖어야 합니다.

그것은 기복신앙이 아닙니다. 하나님은 우리에게 그것을 요구하시며 그것을 기뻐하십니다. 그리고 그러한 기도에 응답하는 것을 즐거워하십니다.

우리는 하나님께 부르짖어야 합니다. 이스라엘 백성과 모세, 그리고 많은 하나님의 사람들, 선지자들이 그렇게 했던 것처럼 하나님께 나아가 부르짖어야 합니다.

우리가 그렇게 범사에 하나님께 나아가 부르짖을 때 우리는 하나님의 실제적인 구원과 역사를 좀 더 많이 경험할 수 있게 될 것입니다. 할렐루야.

5. 원망하는 사람들은 부르짖지 않는다

이스라엘 백성들과 모세는 어려움이 있을 때마다 하나님 앞에 엎드려 부르짖었습니다. 그러나 그들의 행동이 항상 같았던 것은 아닙니다. 모세와 백성들의 태도에는 분명히 차이가 있었습니다.

마라에서 물이 없어 심한 갈증으로 고생하던 이스라엘 백성들은 원망과 불평을 해댑니다. 그러나 모세는 동일한 상황에서 하나님께 부르짖었습니다.

또한 가나안 땅을 탐지하고 돌아온 사람들의 대부분이 가나안 땅에 대해서 악평을 하자 이스라엘 사람들은 다시 원망의 화살을 모세에게 돌립니다. 왜 우리를 애굽에서 끌고 나왔느냐고, 이제라도 다시 애굽으로 돌아가자고 아우성을 칩니다. 그러자 모세와 아론은 하나님 앞에 엎드립니다. 엎드리는 것은 부르짖는 기도의 전형적인 자세로써 이제 모세는 분노한 백성들 앞에서 오직 하나님께 호소하고 아뢸 수밖에 없다고 생각한 것입니다.

문제가 생길 때마다 부르짖는 사람이 있습니다. 또한 문제가 생길 때마다 원망하고 불평하는 사람이 있습니다. 그것이 모세와 이스라엘 백성들의 차이였습니다. 하나님을 의지하는 사람은 부르짖습니다. 그러나 믿음이 연약한 자들은 상황이 좋아지면 찬양을 하고 감사를 하며 온갖 난리를 꾸미다가도 조금만 상황이 어려워지면 다시 원망을 합니다. 그것이 모세와 백성들의 차이였습니다.

우리는 여기서 분명한 원리를 하나 발견할 수 있습니다. 즉 하나님께 부르짖는 이들은 원망하지 않으며 하나님께 부르짖지 않는 이들은 원망한다는 것입니다.

그들은 푸념하고 원망하며 항상 다른 사람들에게 책임을 전가합니다. 그들은 고민하고 괴로워하기는 하지만 그 짐을 가지고 하나님께 나아가 맡기지는 않습니다. 그러므로 항상 괴로움 가운데 머물러 있는 것입니다.

하나님께 부르짖어 자신의 모든 짐을 맡기지 않는 이들은 항상 걱정 근심이 많습니다. 온갖 사소한 문제들에 대해서도 근심이 끊이지 않습니다. 하지만 문제와 짐을 부르짖어서 하나님께 맡기는 사람들은 항상 편안함을 느낍니다. 세상의 모든 사람들이 두려워해도 걱정하지 않습니다. 그것이 부르짖는 사람들의 특성입니다.

어떻게 우리는 우리의 짐을 하나님께 맡길 수 있을까요?

나는 어렸을 때부터 많은 부흥사들이, 많은 설교자들이 이런 이야기를 하는 것을 들었습니다.

왜 여러분의 짐을 하나님께 맡기고는 다시 가지고 와서 걱정하고 있느냐고.. 그러면서 부흥사들은 우스꽝스러운 제스처를 취하곤 했습니다. 자기의 짐 보따리를 풀어서 '아이고, 하나님. 제 짐을 좀 맡아주세요.' 하고 말하며 하나님께 드리는 흉내를 냅니다. 그리고 기도를 마친 후에는 다시 그 짐을 싸서 보따리에 싸서는 머리에 얹고 가는 흉내를 내면서 '아이고, 하나님. 이제 제 짐을 다시 가지고 갑니다..' 하고 말하며 가는 것입니다.

부흥사들이 과장스러운 제스처와 함께 이런 흉내를 내면 사람들은 깔깔거리고 웃었습니다. 그러면 부흥사들은 외치곤 했던 것입니다.

"여러분! 짐을 하나님께 맡겨놓았으면 그만이지, 그걸 왜 다시 찾아갑니까? 하나님께 여러분의 짐을 드렸으면 다시는 찾아오지 마세요!" 하고 말입니다.

그것은 좋은 이야기입니다. 하지만 실제로 그것은 간단하지 않았습니다.

사람들은 자기의 문제를 하나님께 기도하며 이야기합니다. 하지만 기도를 마치고 나면 자기 문제와 짐이 과연 하나님께 제대로 옮겨진 건지 아니면 여전히 문제가 자기에게 남아 있는 것인지 잘 알 수가 없는 것입니다.

그러므로 그들은 부흥사들이 뭐라고 하든 말든 동일한 기도를 계속 할 수밖에 없었던 것입니다. 지금 응답이 오고 있는 것인지, 가고 있는 것인지.. 자기의 기도가 하나님께 접수가 된 건지 아니면 접수가 되고 있는 중인지 알 수가 없었으니까요.

도대체 어떻게 우리는 우리의 짐을 하나님께 맡길 수 있습니까? 어떻게 우리의 문제를 천국의 법정에 확실하게 접수시킬 수 있습니까? 그것에 대한 해답은 아주 간단한 것입니다. 문제와 짐을 접수시키는 유일한 방식, 그것은 바로 부르짖는 기도이니까 말입니다.

하나님께서 그렇게 하라고 시키셨으니까요. 주님이 시키신 방식으로 답을 쓰면 되지 혼자서 문제를 풀려고 낑낑거릴 이유가 전혀 없는 것입니다.

부르짖어서 자신의 문제를 하늘에 접수시킨 사람은 자기 문제가 접수가 되었는지 아닌지를 정확하게 알 수 있습니다. 그것을 아는 것은 아주 쉬운 일입니다.

자신의 심령에 있는 짐들을 부르짖어 토하고 나면 심령이 아주 후련해지고 시원해집니다. 그것은 하늘의 창구에 서류 접수가 끝난 것입니다. 그 천국의 창구에서는 결코 뇌물을 받는 천사가 없습니다. 그러므로 일단 그렇게 접수가 끝나면 그 다음부터는 고충 처리반이나 응급 구조를 맡고 있는 천사들이 움직이게 될 것입니다.

하지만 아직 접수가 되지 않았을 때는 어떨까요? 아직 기도하는 자의 심령에 시원함이나 후련함이 임하지 않을 것입니다. 이것은 아직 우리의 기도와 부르짖음이 하늘에까지 오르지 않았으며 접수가 되지 않았다는 것을 의미하는 것입니다.

부르짖는 기도의 충분한 경험이 있는 사람들은 그 접수의 느낌이 어떤 것인지 압니다. 응답의 느낌이 어떤 것인지 압니다. 이제는 기도를 그만하고 쉬거나 이미 이루어진 것으로 믿고 감사를 드려야 할 것인지, 아니면 아직 기도가 부족한 상황이며 좀 더 마음과 심령을 하나님께 쏟아 부어야 할 상황인지, 이에 대해서 분별하고 느끼는 감각을 가지게 되는 것입니다.

그러나 직접적으로 부르짖는 훈련이 되지 않은 이들은 아무리 책을 많이 읽고 아무리 여기 저기서 영성훈련을 많이 받아도 막상 실제로 기도를 해보면 그러한 영의 느낌을 분별하는 것이 쉽지 않을 것입니다. 그것은 이론이나 학습에 의한 것이 아니라 개인적인 경험을 통해서만 알 수 있는 것이기 때문입니다.

오늘날 온갖 염려와 근심이 잠겨있는 이들이 많이 있습니다. 그들은 그러면서도 부르짖어 기도하지 않습니다. 하나님께 나아가지 않습니다. 그들은 자기의 고민을 들어줄 사람을 찾으며 상담자를 찾습니다.

그러나 진정한 도움을 줄 수 있는 상담자를 찾는 것은 어려운 일입니다. 오직 진정한 도움은 천지를 지으신 하나님으로부터만 오는 것이기 때문입니다.

"내가 산을 향하여 눈을 들리라 나의 도움이 어디서 올까
나의 도움은 천지를 지으신 여호와에게서로다" (시121:1, 2)

하나님만이 우리의 도움이 되십니다. 하나님만이 우리의 필요를 채우실 수 있습니다. 하나님께 나아가 부르짖어 기도하는 사람만이 그 하나님의 도우심을 입고 하늘의 은총과 응

답을 경험할 수 있는 것입니다.

나에게는 수많은 독자님들로부터 상담의 요청이 옵니다. 많은 이들이 나름대로의 고민과 문제를 가지고 도움을 호소해 옵니다.

그들의 이야기를 들으면 도저히 길이 보이지 않는 것 같습니다. 헤어나갈 방법이 보이지 않는 것 같습니다.

예를 들면 이런 문제들입니다. 사고로 남편이 죽었습니다. 아직 어리고 한참을 돌보아 주어야 할 어린 아이들이 여러 명입니다. 그런데 다행히도 부유한 시댁에서 경제적인 지원을 해줍니다. 그런데 문제가 있습니다. 경제적인 지원을 해주는 대신에 신앙적인 압력을 심하게 가하는 것입니다. 제사를 지낼 것도 요구하며 신앙을 갖지 못하도록 방해합니다.

자, 이럴 때 어떻게 해야 하겠습니까? 신앙을 선택하자니 현실적인 문제가 따르며 타협을 하자니 마음이 괴롭습니다.

이것을 간단하게 생각하지 마십시오. 그까짓 것 어차피 한 번 죽으면 그만인 인생인데 모든 인간적인 도움은 다 포기하고 하나님께 맡기십시오. 그렇게 말하면 간단합니다. 하지만 당사자에게 그것은 쉽지 않은 일입니다. 머리로는 알면서도 마음 속에 계속적으로 근심의 생각이 떠오르는 것입니다.

성경의 사람들도, 그리고 앞서간 믿음의 선배들도 항상 같은 문제에 부딪쳤습니다.

아브라함이 하나님의 말씀을 따라 가나안 땅에 갔는데 거기서 기근이 왔습니다. 자, 어떡하시겠습니까? 하나님의 말씀대로 순종하자니 굶어죽을지도 모릅니다. 떠나자니 마음이 찜찜합니다. 이것이 주를 따르고 있는 사람들의 현실적인 문제입니다.

사람들은 흔히 하나님께 순종하면 잘된다고 생각하지만 그렇게 간단하지 않습니다. 일시적으로는 더 복잡해지고 어려울 때가 많이 있습니다. 순종으로 인한 복이란 그러한 고뇌와 갈등과 전쟁이 있을 때 물러서지 않고 기도와 믿음을 사용하여 치열하게 싸워서 승리했을 때 이루어지는 것이지 가만히 있어도 알아서 찾아오는 것이 아닙니다.

이스라엘이 왜 애굽에 가서 살다가 나중에 나오느라고 그 고생을 합니까? 그것은 기근이 오자 먹고살겠다고 약속의 땅이 아닌 애굽으로 들어갔기 때문입니다.

그들의 가족인 요셉이 총리이니 대우도 좋은 편이고 문물도 많이 발달되어 있어서 살기도 좋으니까 거기에서 자리를 잡아버린 것입니다. 그런 식으로 타협을 하고 대충 사는 것이 편리할 때도 있습니다. 하지만 그것은 그 때 뿐이고 나중에 시간이 흐르고 나면 그만큼 대가를 지불해야 합니다.

자, 이러한 문제들은 우리가 살아가는 동안 평생 우리를 따라 다닐 것입니다. 여기서 우리는 어떻게 반응해야 할까요? 걱정하고 근심하고 고민하고 원망을 하면서 푸념을 하면서 살아갈 수도 있습니다.

그러나 또한 다른 방법, 하늘을 여는 방법을 사용할 수도 있습니다. 그것이 바로 부르짖는 기도입니다.

이스라엘이 홍해에 막혔을 때 그들의 뒤에는 애굽의 군대가 쫓아오고 있었고 앞에는 홍해가 있었습니다. 누가 보아도 살아날 길이 보이지 않았습니다. 그러나 그들이 부르짖었을 때 하늘이 열리고 응답이 떨어졌으며 그들은 새로운 자유와 승리와 은총을 경험하게 되었습니다.

우리의 해결책은 바로 이것입니다. 바로 부르짖어서 천지를 지으신 하나님의 도움의 손길을 경험하는 것입니다. 그 도움은 하늘에서 오기에 아무도 이 땅에서 그것을 막을 자가 없습니다.

오늘날의 그리스도인들이 현실의 어려움에 부딪칠 때마다 부르짖어서 스스로 하늘 문을 열 수 있다면 아마 많은 상담 기관이나 세미나와 각종 신앙적인 기법들이 필요하지 않을 것입니다.

오늘날 우리는 너무나 세련되고 복잡하게 믿고 있습니다. 단순히 어린 아이처럼, 원시적으로 하나님께 나아가 부르짖으면 하늘의 도움이 오는 데 말입니다.

원망하고 걱정하는 사람은 부르짖지 않습니다. 그러므로 그들은 평생을 근심하며 삽니다. 부르짖는 사람은 원망하거나 걱정하지 않습니다. 그러므로 그들은 어려움 속에서 하나님의 능력을 경험하게 되어 신앙의 새로운 차원으로 들어가게 됩니다.

근심하고 괴로워하는 것, 하늘을 향해서 부르짖는 것, 이 두 가지 중에서 어떤 것을 선택하겠습니까? 그 결정은 우리에게 달려 있는 것입니다.

될 수 있는 한 사람의 도움을 기대하지 마십시오. 인간적인 방법에 너무 의지하지 마십시오. 그러한 것은 우리에게 진정한 도움이 되지 않습니다.

오직 하나님께 나아가 하늘 문을 여는 부르짖는 기도를 드리십시오. 그 기도의 방법을 배우고 경험하십시오.

당신에게 하늘 문이 열리게 될 것입니다.

그리고 당신은 아무 것도 두려워하지 않게 될 것입니다.

온 세상에 근심과 염려가 가득하고 원망이 가득해도 당신은 두려워하지 않게 될 것입니다.

당신은 하늘 문을 열 수 있으며 전능하신 분이 당신과 함께 계시기 때문입니다.

6. 잘못된 부르짖음은 효력이 없다

부르짖는 기도는 하늘 문을 여는 중요한 비밀이며 열쇠입니다. 그러나 기도의 마음이 담겨져 있지 않은 단순한 부르짖음도 있습니다.

부르짖기는 하지만 하나님께 대한 믿음과 갈망이 동반되지 않은 부르짖음이 있는 것입니다. 그러한 부르짖음은 단순한 비명과도 같은 것이며 기도라고 할 수 없습니다. 그리고 그러한 부르짖음에는 아무런 유익이 없습니다.

"온 회중이 소리를 높여 부르짖으며 백성이 밤새도록 통곡하였더라 이스라엘 자손이 다 모세와 아론을 원망하며 온 회중이 그들에게 이르되 우리가 애굽 땅에서 죽었거나 이 광야에서 죽었으면 좋았을 것을 어찌하여 여호와가 우리를 그 땅으로 인도하여 칼에 쓰러지게 하려 하는가 우리 처자가 사로잡히리니 애굽으로 돌아가는 것이 낫지 아니하랴" (민14:1-3)

정탐꾼의 잘못된 보고를 들은 이스라엘 백성들은 부르짖으며 통곡하였습니다. 그러나 이것은 진정한 의미의 부르짖음이나 기도가 아니었습니다. 그들은 부르짖기는 했지만 그것은 기도가 아니었습니다. 그것은 원망이 담겨있는 부르짖음이었으며 단순히 그들의 고통이나 억울함을 표현한 것에 불과한 것이었습니다. 그들은 부르짖고 울면서 모세에게 원망과 불평을 퍼부었습니다. 그들의 태도에는 전혀 하나님께 대한 믿음이나 간구나 신뢰가 없었던 것입니다. 이러한 그들의 어리석은 태도는 그들이 40년을 광야에서 유랑해야 했던 원인이 되었습니다.

이렇게 쓸데없는 부르짖음이 있습니다. 그것은 기도가 아닙니다. 그것은 하늘을 열기 위해서 부르짖는 부르짖음이 아닙니다. 자신의 슬픔과 아픔을 주님께 호소하는 부르짖음이 아닙니다. 그러한 것은 그저 단순히 악을 쓰는 것에 불과합니다.

부르짖는 것이 아무리 좋다고 해도 이와 같이 하나님을 신뢰하는 마음과 기도가 담겨져 있지 않는 부르짖음에는 유익이 없습니다.

거기에는 하나님이 임하시지 않습니다. 하나님은 모세의 부르짖음에는 임하셨지만 이와 같은 백성들의 어리석은 부르짖음에는 응답하지 않으셨습니다.

그들의 어리석은 부르짖음, 불평과 완악한 태도에 대하여 오히려 진노하셨습니다.

"여호와께서 모세에게 이르시되 이 백성이 어느 때까지 나를 멸시 하겠느냐 내가 그들 중에 많은 이적을 행하였으나 어느 때까지 나를 믿지 않겠느냐"(민14:11)

부르짖는 것은 외적인 표현입니다. 그러나 그러한 외적인 표현 못지않게 중요한 것은 그 내적인 마음의 상태이며 동기입니다. 그 동기가 진실하며 아름답지 않다면 아무리 크게 소리를 지른다고 해도 그것은 소음에 지나지 않는 것입니다.

2부에서 좀 더 자세하게 다루겠지만 부르짖음에는 수준과 차원이 있습니다. 많은 훈련과 정화를 통하여 그 영혼이 아름답게 되어서 깊은 곳에서 강렬하면서도 아름다운 부르짖음이 나오는 사람도 있습니다.

또한 아직 영혼의 상태가 낮고 어둡고 거칠어서 부르짖어 기도하기는 하지만 그 부르짖는 소리가 요란하고 거칠며 소리를 통해서 어두운 악의 기운이 흘러나오는 사람들도 있습니다.

그러한 부르짖음에서는 그 사람의 안에 있는 정화되지 않은 악성이 흘러나오기 때문에 사람의 부르짖는 소리는 아주 듣기가 싫습니다. 그것은 듣는 사람을 아주 고통스럽게 합니다. 그러나 훈련되고 정화된 사람의 부르짖는 소리는 아주 듣기에 아름다우며 듣는 이들에게 감동을 줍니다. 그 부르짖는 소리 가운데 하늘의 영광이 임하며 권능과 생명이 충만하게 흘러나오는 통로가 됩니다.

모세는 많은 기도와 훈련을 통해서 하나님의 마음을 알고 나누는 하나님의 종이었습니다. 그러나 백성들은 급할 때에 부르짖기는 했지만 아직 이기적이고 육신적인 영적 상태에서 벗어나지 못한 상태였습니다. 그러므로 그들의 부르짖음은 육신적이고 본능적인 자기 마음의 표현에 지나지 않았고 그들에게 오히려 재앙이 되었던 것입니다.

모든 부르짖는 것이 다 좋은 것이 아닙니다. 잘못된 부르짖음도 분명히 있습니다. 단순히 악을 쓰는 소리도 있으며 소리가 듣기 싫은 부르짖음도 분명히 있습니다.

무조건 악을 쓴다고 해서 하나님이 들으시는 것은 아닙니다. 회개와 헌신, 신뢰가 동반되지 않는 부르짖음은 하나님께 상달될 수 없습니다.

그러므로 우리는 부르짖는 기도를 배우고 경험하며 무엇이 진정하고 아름다운 부르짖음인지, 그리고 하늘 문을 움직이는 것인지 분별하고 알아가야 할 것입니다.

7. 신약에 있는 강렬하고 뜨거운 기도

어떤 이들은 이렇게 생각할지 모릅니다. '부르짖는 기도? 좋다. 그것은 분명히 성경에 있다. 하지만 그것은 주로 구약에 있는 말씀이 아닌가? 그러므로 구약 시대에는 주로 부르짖어서 기도했지만 지금은 조용히 잠잠히 기도하는 것이 좋지 않은가? 예수님이 오시기 전의 기도와 오시고 난 후의 기도는 다른 것이 아닐까?'라고 말입니다.

그것은 오해입니다. 기도는 구약의 기도와 신약의 기도가 따로 있는 것이 아닙니다. 기도는 언제 어디서 드리든 똑같이 하늘에 계신 하나님께 드리는 것입니다.

부르짖는 기도에 대한 명령이나 응답의 사례가 주로 구약에 치우쳐 있는 것은 사실입니다. 그러나 그것은 기도의 의미에 있어서의 차이라고 볼 수 없습니다.

구약은 몇 천년의 역사를 기록하고 있는 것입니다. 그러므로 거기에는 많은 사람들의 일생이나 역사가 고스란히 기록되어 있습니다. 그러므로 한 사람이나 민족의 삶을 추적하면서 어떻게 하나님께서 그들에게 임하셨으며 응답하셨는가에 대한 많은 자료를 얻을 수 있습니다.

이에 비해서 신약은 역사가 짧습니다. 복음서의 대부분은 예수님의 공생애 기간인 3년여 정도의 사건에 대한 기록이 있을 뿐이며 신약의 역사서라고 할 수 있는 사도행전도 불과 몇십 년 정도의 상황과 사건들을 기록하고 있을 뿐입니다. 그러므로 부르짖는 기도의 사례나 응답의 사례를 그리 많이 찾을 수는 없습니다.

그러나 그럼에도 불구하고 신약에서도 역시 부르짖는 기도와 같은 강렬하고 뜨거운 기도의 사례들이 있으며 그러한 간절한 기도에 하나님께서 응답하신 역사를 볼 수 있습니다.

먼저 오순절 사건을 살펴보십시다. 성경은 당시의 분위기를 이렇게 묘사하고 있습니다.

"들어가 그들이 유하는 다락방으로 올라가니.. 다 거기 있어 여자들과 예수의 어머니 마리아와 예수의 아우들과 더불어 마음을 같이 하여 전혀 기도에 힘쓰더라" (행1:13,14)

이것은 성령님이 임하기 전의 상황을 보여줍니다. 오순절에 마가의 다락방에 모여있던 주님의 제자들은 단순히 그저 모여있는 것이 아니었습니다.

그들은 아버지의 약속하신 것을 기다리라는 주님의 말씀을 기억하고 있었습니다. 그들은 간절하게 기도하면서 기다렸던 것입니다. "전혀 기도에 힘쓰더라" 이것이 그 당시의 분위기였습니다. 성령의 능력은 이러한 분위기 위에서 임하였던 것입니다.

여기서 그들이 드렸던 기도는 간절한 통성 기도였을까요?

아니면 조용한 묵상 기도였을까요? 나는 여기에 답이 필요 없다고 생각합니다. 그것은 아주 자명한 것이기 때문입니다.

성령이 임했던 당시의 기도 분위기는 아주 뜨거운 것이었습니다. 그들은 모두 같이 모여서 뜨겁고 강하고 큰 소리로 기도했을 것입니다. 그리하여 아주 뜨겁고 간절한 분위기가 되었을 것입니다.

그 상황에서 조용한 묵상기도는 맞지 않는 것입니다. 묵상 기도는 뜨거운 기도가 아닙니다. 묵상 기도는 깊은 기도라고 할 수 있고 아름다운 기도라고도 할 수 있으며 달콤한 기도라고도 할 수 있습니다. 그러나 뜨거운 기도는 아닙니다.

만약 부흥 집회를 하고 있는 데 인도자가 모든 청중들에게 조용한 묵상 기도를 30분 정도 시킨다고 합시다. 그러면 그 분위기가 뜨거워질까요? 차분해질까요?

그것은 말하나마나 입니다. 분위기는 순식간에 가라앉게 될 것입니다. 묵상기도는 개인적으로 드리는 것이지 많은 사람들이 모여서 드리는 기도가 아닙니다. 그렇게 기도를 한다면 모임을 망치게 됩니다.

우리는 마가의 다락방에서 드렸던 기도가 아주 강렬하고 뜨거운 통성 기도였을 것을 충분히 짐작할 수 있습니다. 그들은 모두 뜨거운 마음으로 부르짖으며 주님의 약속을 기다렸을 것입니다.

그리고 그러한 그들의 열정과 간절함 속에서 마침내 날이 이르러 약속하신 성령님의 역사가 임하셨던 것입니다.

또 한 장면은 베드로가 감옥에 갇혔을 때의 일입니다. 헤롯왕은 유대인들의 비위를 맞추기 위해서 야고보를 죽이고 다시 베드로를 죽이기 위해서 감옥에 가두었습니다.

이것은 초대교회의 중대한 위기였습니다. 제자들은 이 때 베드로를 위하여 모여서 기도합니다. 성경은 이렇게 기록하고 있습니다.

"이에 베드로는 옥에 갇혔고 교회는 그를 위하여 간절히 하나님께 기도하더라" (행12:5)

여기서 드린 기도는 어떤 기도였을까요? 조용한 침묵 기도였을까요? 아마 그렇지 않았을 것입니다. 여러 사람들이 모여서 간절하고 뜨겁게 드리는 기도.. 그것은 통성 기도였을 것입니다. 그 상황에서 조용히 기도한다는 것은 자연스러운 것이 아닙니다. 이러한 간절한 중보기도의 결과 베드로는 감옥에서 벗어나게 되었습니다.

이와 비슷한 사건이 또 하나 있었습니다. 그것은 바울과 실라가 빌립보에서 복음을 전하다가 감옥에 갇힌 사건입니다.

이 때는 이들을 위해서 사람들이 중보기도 했다는 기록은 없습니다. 그러나 바울과 실라는 둘이서 감옥 안에서 기도와 찬양을 드렸습니다.

"한밤중에 바울과 실라가 기도하고 하나님을 찬송하매 죄수들이 듣더라 이에 갑자기 큰 지진이 나서 옥터가 움직이고 문이 곧 다 열리며 모든 사람의 매인 것이 다 벗어진지라"(행 16:25,26)

바울과 실라는 복음을 전하다가 감옥에 갇히게 되었으나 기가 죽거나 원망하기는커녕 오히려 하나님을 찬양했습니다. 복음을 전하다가 받는 핍박을 오히려 기뻐했던 것입니다.

이 때 이들이 드린 기도와 찬양은 침묵 기도나 묵상과 같은 것이었을까요? 그렇지 않았을 것입니다. 다른 죄수들은 모두 다 그들의 기도와 찬양에 귀를 기울였습니다.

감옥에 갇혔지만 원망하거나 근심하지 않고 기쁨으로 가득해서 드리는 기도와 찬양에는 그들이 이해할 수 없는 평안과 능력이 흘러나왔던 것입니다. 그리고 그 기도와 찬양의 결과 감옥에 지진이 일어나서 모든 죄수들의 묶인 것이 다 풀리고 말았습니다.

이 때의 지진은 자연적인 지진이라고 보기 어렵습니다. 자연적인 지진이 그 상황에서 갑자기 우연히 생겼다고 보기도 어려울뿐더러 지진이라면 건물이 무너져야지 죄수들의 묶인 것이 다 풀렸다는 것은 이상하기 때문입니다.

이것은 지진같이 보이지만 천사들이 직접 개입하여 영적인 강한 능력이 나타난 결과로 감옥이 무너지고 묶인 것이 풀린 것입니다. 이것은 영적인 권능을 통하여 이루어진 초자연적인 사건이며 자연적인 지진이 아닙니다.

비교하자면 구약의 홍해가 갈라지는 사건과 비슷한 것입니다. 다만 그 역사의 규모가 작았을 뿐이지요.

바울과 실라는 감사함으로 가득 차서 큰 소리로 기도를 드리며 찬양을 했습니다. 그리고 그 결과 감옥 문은 열렸습니다.

이것은 우연이 아닙니다. 강한 기도의 소리, 찬양의 소리, 발성은 자연물에 영향을 행사합니다. 강렬한 기도와 찬양의 소리는 실제적으로 물질적인 많은 묶임들을 풀어주며 물질에 작용하고 역사하는 것입니다.

우리는 신약의 교회에서도 매우 강하고 충만하고 열정적인 기도가 드려졌음을 이해할 수 있습니다. 그들은 간절하고 뜨겁게 예배를 드렸고 기도를 드렸으며 그들이 모이는 곳에는 성령의 능력이 임했고 감격과 승리와 기쁨이 있었습니다.

부르짖는 기도, 강한 발성의 기도는 결코 구약의 전유물이 아닙니다. 그것은 지나간 한 때의 유행하는 기도가 아닙니다.

하나님은 우리에게 강력하게 부르짖어 기도할 것을 명령하시고 계십니다. 그것은 구약이나 신약이나 마찬가지입니다. 구약과 신약의 기도에 영적인 의미에서 어떤 차이가 있을 수는 있지만 신약에도 여전히 강력한 부르짖는 기도, 강력한 발성기도가 있는 것을 알 수 있습니다.

우리는 이 강력하고 놀라운 부르짖는 기도의 능력을 회복해야 합니다. 그리고 부르짖는 기도 가운데 임하시는 불길 같은 성령의 역사를 체험해야 합니다.

초대 교회에서 뜨겁게 기도할 때 성령님의 권능이 임했습니다. 베드로를 위하여 간절하게 기도할 때에 해방시키는 역사가 있었습니다. 바울과 실라가 감옥 안에서 간절하게 기도하고 찬양할 때 옥문은 열렸습니다.

우리는 그 역사를 계속 발전시켜야 합니다. 오늘 이 순간에 우리가 기도하고 부르짖을 때 우리도 동일한 역사를 체험할 수 있을 것입니다. 감옥 문은 열리며 놀라우신 성령의 능력이 임할 것입니다. 부르짖어 기도할 때 우리는 그것을 우리의 경험으로 만들 수 있게 될 것입니다. 할렐루야.

8. 부르짖는 기도는 수준이 낮은 기도인가?

지적인 신자들 가운데 적지 않은 사람들이 대체로 부르짖는 기도에 대해서 우습게 여기는 경향이 있습니다.

그들은 열정적이고 강렬한 기도에 대해서 거부감을 가집니다. 그러한 기도는 수준이 낮은 기도이며 유치한 기도라고 생각합니다.

하지만 그러한 태도는 어리석은 것이며 진리를 제대로 알지 못하고 있는 것입니다. 강력하고 뜨겁게 소리내어 기도하는 것은 아름다운 것이며 귀한 것입니다. 거기에는 하나님의 은총이 역사하며 응답이 있습니다.

그것은 하나님께서 부르짖는 기도를 기뻐하시기 때문입니다. 이처럼 하나님이 기뻐하시는 기도를 우습게 여기는 것은 심각한 오류를 범하고 있는 것입니다.

발성기도 훈련이 제대로 되어 있지 않은 이들의 기도하는 소리를 들으면 아주 답답합니다. 그들은 대표기도를 두려워합니다. 그들이 자랑스럽게 여기는 지성은 대표기도를 할 때에 별로 도움이 되지 않습니다. 자신 있고 담대하고 강한 발성으로 기도하지 못하기 때문에 그들은 기도하기 전에 미리 기도의 내용을 생각해둡니다. 어떤 이들은 원고를 작성하고 그것을 그대로 읽기도 합니다.

심지어 간증을 할 때도 원고가 필요한 사람들도 있습니다. 그들은 항상 원고를 의지해야만 하며 매 순간에 역사하시는 주님의 영으로부터 영감을 받는 것에는 서투릅니다.

그러한 이들의 기도하는 목소리는 떨리며 약합니다. 그들이 기도하면서 가끔씩 말을 멈추고 침묵이 흐를 때 좌중에는 어색함과 불안함이 가득하게 됩니다. 그렇게 간신히 기도를 마친 후에 그들은 이마의 땀을 닦습니다.

그러한 기도는 사람들에게 영감을 일으키지 못하며 예배의 형식 안에 포함되어 있는 지나가는 순서에 불과할 뿐입니다.

그러나 부르짖어 기도하며 발성기도에 훈련이 된 사람의 기도는 강하고 충만하며 듣는 이들의 가슴을 후련하게 합니다. 그것은 헌신의 영과 주님을 사모하는 영을 일으킵니다. 이 두 가지의 기도에는 엄청난 힘의 차이가 있습니다.

많은 지적인 신자들은 부르짖으며 요란하게 기도하는 것을 부끄럽게 여깁니다. 그들은 무식한 사람들이나 그렇게 기도한다고 생각합니다.

이러한 잘못된 인식은 백인들의 가르침에 의한 영향이 적지 않을 것입니다. 백인들은 원래 지적인 기질의 사람들이며 정서적인 부분과 영감이 약한 사람들입니다. 그들은 체질적으로 주님을 경험하는 것보다 이해하려고 합니다.

어떤 선교단체에서 훈련을 하는 중에 백인 목회자가 이런 내용의 이야기를 하는 것을 전해들은 적이 있습니다. 한국 교회에 열정이 있고 한국 교인들이 열정이 많은 것은 참 좋은데 그 열정이 잘못되어 있다고, 소리를 크게 내어 부르짖어 기도하는 것은 유익이 적다고.. 그러므로 바르게 차분하게 기도하는 것을 가르쳐야 한다는 것입니다.

그것은 어리석기 짝이 없는 말입니다. 그러한 말에 의하면 성경의 수 많은 부르짖어 기도하는 주님의 사람들, 선지자들은 다 어리석고 바보 같은 사람일 것입니다. 이와 같이 하나님의 영으로 강력하게 사로잡히지 않는 사역자들은 하나님의 영을 제한하게 됩니다. 자신이 진리라고 믿고 있는 생각을 통하여 성도들의 영을 죽이고 파괴하는 것입니다. 그것은 실로 무서운 일입니다.

백인들은 대체로 부르짖어 기도하지 않습니다. 예외가 있기는 하지만 일반적으로 그러합니다. 그들의 기도는 차분하고 침착하고 논리적이지만 열정이 부족합니다.

백인들은 흥분하는 것을 미숙한 것으로 여깁니다. 그것이 그들의 문화입니다.

예를 들어 백인들의 회사에서 노사가 대립을 해서 서로 협상이 필요한 상황이 되었다고 합시다. 그 경우에 대표를 맡은 사람들에게 가장 요구되는 것은 어떠한 경우에도 이성을 잃지 않고 차분하고 침착하게 자신의 논지를 펴는 것입니다. 그러한 사람이 유능한 사람으로 대접을 받습니다.

우리의 경우는 서로 기에서 밀리지 않으려고 합니다. 어느 쪽이 좋으냐를 떠나서 이것은 문화의 차이입니다.

그러므로 그들은 기도를 하면서도 흥분에 빠지는 것을 싫어하는 경향이 있습니다. 지적이고 차분하며 교양 있는 자세를 유지하면서 기도하기를 원하는 것입니다.

그것이 그들의 문화이고 삶이기 때문에 그들은 그것이 진리에 속한 것이라고 생각합니다. 단순히 그들의 기질이나 성향에 불과한 것을 그러한 스타일을 성경이 지지하고 있다고 착각하는 것입니다.

그러므로 백인들은 일반적으로 뜨겁고 강력하게 기도하지 않습니다. 그들의 설교도 기도도 강력하지 않습니다. 영성 운동을 주도하고 있는 백인 사역자들의 설교나 기도도 평범한 한국 교회목회자의 뜨거움에 비하면 열기가 많이 떨어지며 별로 은혜가 되지 않습니다.

한국 교회는 평범한 목회자라고 하더라도 기본적으로 철야기도의 경험이 있으며 날마다 새벽기도의 경험이 있습니다. 기본적인 발성의 훈련이 어느 정도는 되어 있는 것입니다. 그러므로 평범한 한국교회의 사역자들의 영적 상태가 세계적으로 알려진 영성 사역자보다 나은 경우가 많이 있습니다.

안타까운 것은 문화적이고 종교적인 사대주의입니다. 이론만 있고 별로 영적인 실제가 없는 백인들의 신앙에 대해서도 한국 사람들은 그들이 더 우월한 것으로 생각합니다.

그래서 백인들의 나라에 유학을 가고 그들의 가르침을 받으며 그들의 신앙과 신학과 철학을 받아들이고 물들어서 한국에 옵니다. 그래서 하나님의 영광이 가득한 영적 충만함을 다 소멸해버리고 그들이 배워온 피상적인 이론과 지식을 사람들의 머리에 집어넣으려고 애를 씁니다.

그 결과 사람들은 많이 훈련받고 유식해지고 세련되어 진 것 같지만 영적으로 나약하고 병들고 무감각해졌을 뿐입니다.

백인들의 영향을 받아 세워진 영적인 단체들은 대체로 무기력하고 연약한 영성 상태를 유지하고 있으며 피상적인 지식으로 만족하고 있으며 현실의 삶에서도 역동적이고 승리하는 삶이 부족한 것이 보통입니다. 이는 실로 비극적인 일입니다.

나는 한국교회가 강력한 기도를 가지고 있으며 강력한 영성을 가지고 있으면서도 왜 백인들에 대해서 열등감을 가지고 있는지 이해가 되지 않습니다.

나는 한국교회의 부르짖는 기도와 강력한 영성을 체계화시켜서 백인들에게 가르쳐주어야 한다고 생각합니다. 그리하여 우리가 유학을 가는 것이 아니라 세계에서 한국의 신앙과 영성을 배우기 위하여 와야 한다고 생각합니다. 우리는 우리가 가지고 있는 아름답고 놀라운 보화를 던져 버리고 별 가치 없는 것으로 보화를 대신하고 있습니다. 그것은 몹시 안타까운 일입니다.

부르짖는 기도는 결코 유치한 기도가 아닙니다. 그것은 결코 무식한 사람들의 천박한 기도가 아닙니다. 그것은 가장 아름답고 놀라운 기도입니다.

부르짖는 기도는 영광으로 가득한 하나님을 향한 인간의

간절한 염원과 소망이 담긴 기도입니다. 그것은 세련되고 교양이 넘치는 모습은 아닐지라도 진실하며 거룩하며 영광스러운 것입니다.

다윗이 하나님의 영으로 충만하여 기쁨을 이기지 못하고 법궤 앞에서 춤을 추었을 때 그는 너무 흥분해서 옷이 벗겨지는 줄도 모르고 힘을 다하여 춤을 추었습니다. 한 나라의 국왕이 많은 신하들 앞에서 교양 없는 모습을 보였던 것입니다. 그 모습을 본 다윗의 아내 미갈은 이렇게 말합니다.

"이스라엘 왕이 오늘날 어떻게 영화로우신지 방탕한 자가 염치 없이 자기의 몸을 드러내는 것처럼 오늘날 그 신복의 계집종의 눈앞에서 몸을 드러내셨도다" (삼하6:20)

이스라엘 왕이 오늘날 어떻게 영화로우신지.. 이것이 칭찬일까요? 물론 아닙니다. 그녀는 지금 다윗에게 비아냥거리고 있는 것입니다. 아이고.. 오늘 참, 기분이 좋으시군요? 부끄러운 줄도 모르고요.. 이런 식으로 비웃고 있는 것입니다. 다윗은 대답합니다.

"이는 여호와 앞에서 한 것이니라 그가 네 아버지와 그 온 집을 버리시고 나를 택하사 나를 여호와의 백성 이스라엘의 주권자를 삼으셨으니 내가 여호와 앞에서 뛰놀리라"(삼하 6:21)

다윗은 이렇게 말하고 있는 것입니다.

'내가 춤을 춘 것이 사람 앞에서 춘 것 인줄 아느냐? 나는 하나님 앞에서 춤을 춘 것이다. 하나님을 기쁘시게 하기 위해서 춤을 춘 것이다. 그 하나님은 너와 네 집을 버리고 나를 선택하셨으니 어찌 내가 춤을 추지 않겠느냐..'

다윗은 아마 이 말을 첨가하고 싶은 것은 아니었을까요?

'내가 이렇게 감사함으로 간절하게 하나님을 높이는 것을 네가 비웃는 것을 보니 하나님이 왜 너의 아비의 집을 버리셨는지 알만 하구나..' 라고 말입니다.

오늘날 어떤 이들은 교양 있고 운치 있고 멋지게 기도하고 싶어 합니다. 그러나 어떤 이들은 하나님 앞에서 낱낱이 발가벗듯이 자신을 드러내고 자신의 마음과 중심을 쏟아 부으며 기도하고 싶어 합니다. 눈물로, 간절함으로 기도를 드리고 싶어 합니다. 그것이 설사 남 보기에 유치하게 보일지라도 하나님이 기뻐하시는 것이라면, 하나님이 응답하신다면, 감사함으로 그렇게 기도하고 싶어 합니다.

나는 당신이 두 번째의 사람이 되기를 원합니다.

부디 당신도 하나님 앞에서 간절하고도 강력하게 기도하고 춤을 추며 자신의 마음을 표현함으로 주님께 나아가십시오. 주님은 당신의 기도와 당신의 소리를 들으실 것입니다.

비록 사람들에게 멋지게 보이지 않을지도 모르지만 하나님은 당신의 기도를 기뻐하시며 당신에게 임하셔서 그분의 놀라우신 은총을 베풀어주실 것입니다. 할렐루야.

9. 부르짖는 기도에 하나님이 응답하시는 이유

왜 하나님은 부르짖는 기도에 대하여 특별하게 응답하시는 것일까요? 왜 부르짖을 때 응답하시겠다고 특별하게 약속하신 것일까요?

모든 기도에는 하나님의 들으심이 있습니다. 그러나 부르짖는 기도만큼 하나님의 즉각적인 들으심을 얻는 기도는 없습니다. 그 이유는 무엇일까요? 왜 하나님은 부르짖는 기도에 대하여 특별한 호의를 베푸시는 것일까요?

그것은 부르짖는 기도가 낮고 상한 심령으로 드리는 겸손한 기도이기 때문입니다. 그것은 눈물로 드리는 애통하는 기도이며 티끌같이 낮아져서 땅바닥에 바짝 엎드려드려지는 기도입니다.

그것은 간절한 마음으로 엎어져서 드리는 기도이며 이러한 기도에 하나님은 은혜와 긍휼을 베푸시는 것입니다.

범죄한 다윗이 눈물로 회개하면서 지은 유명한 비탄시인 시편 51편에 이러한 내용이 있습니다.

"주께서는 제사를 기뻐하지 아니하시나니 그렇지 아니하면 내가 드렸을 것이라 주는 번제를 기뻐하지 아니하시나이다
하나님께서 구하시는 제사는 상한 심령이라 하나님이여 상하

고 통회하는 마음을 주께서 멸시하지 아니하시리이다"(시51:16-17)

하나님 앞에서 기가 막힐 죄를 지은 다윗은 선지자의 지적을 받고 비로소 정신이 돌아와 자신이 한 짓을 보게 됩니다. 그러자 그는 침상이 눈물 바다가 되도록 울고 또 울면서 오직 하나님의 긍휼과 자비를 구하고 있는 것입니다.

그는 하나님께 나아갈 아무런 자격이 없는 자신의 비참한 모습을 돌아봅니다. 그리고 고백합니다.

오직 상하고 아파하고 통회하는 마음으로 하나님께 나아가는 것.. 그것 외에는 자기가 할 수 있는 것이 없음을 고백하는 것입니다.

그는 처절하고 고통스러운 절망 속에서 탄식하고 애통하며 주님께 나아갈 때 자비가 충만하신 주님의 긍휼이 그를 받아 주실 것을 믿음으로 고백하고 있는 것입니다.

'주는 제사를 즐겨 아니하신다..' 이 다윗의 고백을 문자 그대로 받아들여서는 안 됩니다. '주는 번제를 기뻐하지 않으신다..' 이 말을 문자 그대로 받아들여서는 안 됩니다. 다윗의 고백은 그러한 외형적인 것들보다 더 중요한 것은 마음 중심의 깊은 고통, 절망, 아픔과 한숨..그것을 가지고 하나님 앞에서 쏟아 붓는 것을 하나님이 원하신다는 것입니다.

왕으로서 제사가 필요하다면 그는 얼마든지 드릴 수 있습니다. 번제가 필요하다면 그는 무엇이든지, 어떤 제물이든지 충분히 드릴 수가 있습니다. 그가 지금 돈이 부족하거나 제물이 없는 것이 아닙니다. 하지만 지금 중요하고 필요한 것은 그러한 물질적인 것이 아니라 깊이 통회하고 아파하는 마음인 것을 그는 알고 있는 것입니다.

상한 심령, 진심으로 통회하는 마음을 하나님께서는 받으십니다. 산상수훈에서 주님은 이것을 명백하게 표현하십니다.

"애통하는 자는 복이 있나니 그들이 위로를 받을 것임이요" (마5:4)

이것은 바로 상한 심령을 말하는 것입니다. 안타깝고 상한 심령으로 하나님께 나아가는 자들을 하나님께서는 반드시 받아주십니다.

그가 과거에 어떤 죄를 지었고 얼마나 많이 하나님의 마음을 아프게 하고 불순종했을 지라도 지금 이 시간에 상하고 깨진 마음을 가지고 하나님 앞에 나아갈 때 주님께서는 우리를 불쌍히 여겨주시며 우리의 마음과 기도를 받아 주시는 것입니다.

슬피 울고 아파하며 하나님 앞에 나아가서 부르짖을 때 하나님께서 들으실 것이라는 다윗의 고백은 그의 지나친 오버일까요? 아닙니다. 그렇지 않습니다. 성경은 하나님의 아버지 마음, 자식을 불쌍히 여기는 마음을 기록하고 있습니다.

"아버지가 자식을 긍휼히 여김 같이 여호와께서 자기를 경외하는 자를 긍휼히 여기시나니" (시103:13)

다윗은 자녀를 불쌍히 여기시는 하나님 아버지의 앞에 나아가 그분의 긍휼을 구하고 있는 것입니다. 또한 하나님께서는 상한 마음으로 슬피 울며 부르짖을 것을 요구하시며 그 때에 더 은총을 베푸십니다. 그것은 하나님께서 낮고 상한 마음을 기뻐하시기 때문입니다.

"인자야 너는 부르짖어 슬피 울찌어다 이것이 내 백성에게 임하며 이스라엘 모든 고관에게 임함이로다 그들과 내 백성이 함께 칼에 넘긴 바 되었으니 너는 네 넓적다리를 칠지어다" (겔21:12)

"여호와께서 그들을 위하여 사사를 세우실 때에는 그 사사와 함께 하셨고 그 사사가 사는 날 동안에는 여호와께서 그들을 대적의 손에서 구원하셨으니 이는 그들이 대적에게 압박과 괴롭게 함을 받아 슬피 부르짖으므로 여호와께서 뜻을 돌이키셨음이어늘" (삿2:18)

하나님은 상한 마음으로 슬피 울며 부르짖을 때에 그 기도를 들으시고 응답하십니다. 불쌍히 여겨주십니다. 하나님은 고집을 부리고 교만한 자에게 임하시지 않지만 낮고 상한 자세로 긍휼과 자비를 구하는 자들에게 약하신 것입니다. 이와 관련된 재미있는 말씀이 있습니다.

"여호와여 주의 눈이 진리를 찾지 아니하시나이까 주께서 그들을 치셨을지라도 그들이 아픈 줄을 알지 못하며 그들을 멸하셨을지라도 그들이 징계를 받지 아니하고 그들의 얼굴을 바위보다 굳게 하여 돌아오기를 싫어하므로" (렘5:3)

이것은 흥미로운 말씀입니다. 하나님의 백성이 징계를 받고 어려움에 처했으면서도 하나님께 나아와서 부르짖지 않는 사람들의 모습을 묘사하고 있습니다. 그것을 "얼굴을 바위보다 굳게 하였다"고 표현하고 있습니다.

얼굴이 바위보다 굳은 것은 어떠한 모습일까요? 그것은 마음이 상하지 않고 요동하지 않는 모습입니다. 즉 징계와 고난과 아픔을 태연하게 여기는 것입니다.

부르짖으며 기도하면 얼굴이 찡그려지게 됩니다. 얼굴이 구겨지는 것입니다. 찌푸리고 상한 얼굴은 하나님께 간절함으로 나아가는 중요한 표식입니다. 그런데 이들은 얼굴을 찌푸리지 않습니다. 당당하게 펴고 있습니다. 그러한 얼굴 표정을 하고 있는 자들에게는 하나님께서 은혜를 베푸시지 않는다는 것입니다.

기도하거나 찬양을 드리는 얼굴을 보면 그 사람이 중심으로 기도하는지, 찬양하는지를 곧 알 수 있습니다. 얼굴은 얼, 영혼이 담겨있는 굴, 즉 구멍이며 그러므로 얼굴에는 그 사람의 마음과 심령의 상태가 나타나기 때문입니다.

하나님은 어려움이 있어도 얼굴을 굳게 하고 태연하며 하나님께 나아오지 않는 이들에게 긍휼을 베풀지 않으십니다. 그러나 어려움이 있을 때 마음을 찢고 얼굴을 찡그리며 슬피 울고 부르짖으며 낮은 자세로 엎드려 구하는 자녀에게 침묵하시지 않습니다. 하나님은 자비와 긍휼이 충만하신 분이기 때문입니다.

부르짖는 기도가 빨리 응답되는 것은 그것이 상한 마음의 기도이며 낮은 마음의 기도이기 때문입니다. 엎드려 부르짖는 자세는 하나님의 마음에 긍휼을 일으킵니다.

부르짖지 않는 것은 교만한 것입니다. 징계를 경험하고 어려움이 있을 때 하나님께 나아가서 부르짖지 않고 막연하게 어떻게 되겠지.. 하고 있는 것은 교만한 것입니다. 그러한 이들에게 하나님은 역사하지 않으십니다.

어떠한 이들은 문제를 가지고 부르짖는 것을 부끄럽게 여깁니다. 울면서 부르짖고 기도하는 것을 창피한 것으로 여깁니다. 자신의 품위를 떨어뜨리는 것으로 생각합니다. 우아하지 않은 기도라고 생각합니다. 그러나 그러한 태도는 교만한 것입니다.

부디 당신의 마음을 하나님 앞에서 낮추십시오.

하나님 앞에서 낮게 엎드리십시오.

당신의 얼굴을 하나님 앞에서 찡그리십시오.

간절하게 부르짖어 기도하십시오.

인생에 벼랑에 선 것처럼 더 물러설 곳이 없다는 마음으로 하나님께 부르짖으십시오. 그러한 기도에 하나님이 가까이 임하십니다.

당신은 하나님이 임하시며 응답하시는 것을 경험할 수 있게 될 것입니다.

부르짖는 기도는 겸손한 기도입니다. 그것은 어린아이의 기도입니다. 단순하고 순수한 기도입니다.

그 기도에 하나님은 임하십니다. 그 은총을 경험할 때 당신은 그 부르짖는 기도의 위력에 대해서 알게 될 것입니다.

10. 소리를 질러야만 하나님이 들으시는가?

어떤 이들은 통성 기도나 부르짖는 기도에 대해서 이해가 안 간다고 이야기합니다. 그들은 이렇게 말합니다.

"도대체 왜 그렇게 소리를 질러야 하는 거죠? 하나님이 귀가 없으신 가요? 조용히 속으로 기도해도 하나님은 다 듣지 않으시겠습니까?"

성경에는 많은 부르짖는 기도의 사례가 나옵니다. 그들은 하나님이 귀가 먹었다고 생각해서 부르짖는 것이 아닙니다.

성경에는 부르짖으라는 많은 명령이 나옵니다. 그것은 하나님이 나이가 많이 드셔서 귀가 잘 들리지 않기 때문에 크게 말하라는 의미가 아닙니다.

하나님은 귀가 안 들리시는 분이 아닌데 왜 우리는 소리를 질러야 하는 것일까요?

왜 부르짖어서 기도하라고 하나님은 우리에게 명령하신 것일까요?

그것은 부르짖는 기도가 하나님을 위한 것이 아니라 우리 자신을 위한 것이기 때문입니다. 부르짖는 기도는 하나님께 유익이 되는 것이 아니라 우리에게 유익이 되는 것입니다.

하나님께서 우리에게 찬양과 경배를 요구하시는 것은 하나님께서 찬양과 경배가 필요하시기 때문이 아닙니다.

하나님께서 우리에게 마음과 중심을 다하여 하나님을 사랑하라고 요구하신 것은 하나님께서 사랑에 굶주리고 부족해서가 아닙니다. 그것이 우리에게 복이 되기 때문입니다.

하나님께서 우리에게 기도하라고 요구하시는 것도 하나님이 교제의 대상이 없어서 외롭기 때문에 그런 요구를 하는 것이 아닙니다.

그 모든 것들은 다 우리를 위한 것이며 우리에게 유익이 되며 우리가 천국과 하나님의 영광을 맛보고 누리고 경험하기 위한 통로가 되는 것이기 때문입니다.

하나님께 부르짖어 기도하는 것도 마찬가지입니다. 그것은 우리의 영혼을 충만하게 합니다.

부르짖는 기도는 하늘 문을 열어 하늘의 구원과 영광이 우리에게 내려오게 합니다.

그것은 하나님의 마음을 즐겁게 하기 위한 것이 아니며 그러한 소리가 하나님의 능력이 우리에게 오게 하는 하나의 원리이며 메카니즘이기 때문입니다.

부르짖는 것, 발성은 영계의 문을 여는 아주 중요한 원리입니다. 분명하게 소리를 내어서 우리의 마음을 표현하고 기도하는 것은 얼마나 놀라운 복인지 모릅니다.

아주 간단하게 이야기하자면, 그리스도인들은 부르짖어 기도하는 부류와 부르짖지 않는 부류, 이렇게 두 종류로 나눌 수도 있을 것입니다. 그리고 그 두 그룹이 느끼는 하늘의 은총과 영적 깊이의 차이는 말로 표현할 수 없을 정도로 큰 것입니다.

소리는 놀라운 은총입니다. 영적인 진리와 은총에 속한 모든 것들이 소리로 표현될 때 그것은 놀라운 능력과 역사와 기적을 일으킵니다.

그것은 구원의 시작이며 은총의 시작이며 능력의 시작입니다. 이 소리의 능력과 은총을 아는 사람은 아무도 부르짖어 기도하고 부르짖어 찬양하며 부르짖어 말씀의 능력을 외치는 것을 망설이지 않을 것입니다.

다음 장부터는 이 소리의 힘과 능력과 은총에 대해서 좀 더 자세하게 이야기를 나누도록 하겠습니다. 소리가 얼마나 놀라운 것인지, 분명하게 소리를 내는 것이 얼마나 아름다운 것인지, 얼마나 하늘의 역사를 일으키며 우리의 삶을 바꿀 수 있는지, 부디 깨닫게 되기를 바랍니다. 그리고 이 원리가 당신의 인식 가운데 선명하게 남게 되기를 바랍니다.

11. 소리에서 구원이 시작된다

"네가 만일 네 입으로 예수를 주로 시인하며 또 하나님께서 그를 죽은 자 가운데서 살리신 것을 네 마음에 믿으면 구원을 받으리라 사람이 마음으로 믿어 의에 이르고 입으로 시인하여 구원에 이르느니라" (롬10:9,10)

성경의 언급은 아주 명백합니다. 우리가 구원을 얻기 위해서는 우리의 입으로 예수를 주로 시인해야 한다는 것입니다.

주님이 우리를 위하여 죽으셨으며 또한 죽은 자 가운데서 부활하셨다는 것을 네 마음에 믿으면 의에 이르게 된다고 합니다. 그러나 의에 이른 것이 구원에까지 도달하려면 반드시 입으로 시인해야 한다는 것입니다. '마음에 믿으면 의에 이르고 입으로 시인하면 구원에 이른다' 이것은 선명한 진리입니다.

도대체 왜 우리가 입으로 시인해야 한다는 것일까요? 마음으로 깨닫고 이해하고 믿으면 그것으로 충분하지 않을까요? 하나님은 귀가 잘 들리지 않으시기 때문에 우리가 반드시 입으로 고백해야 한다는 것일까요?

그것은 우리가 영혼만이 아니라 육체를 가지고 있기 때문입니다.

우리는 영혼을 가지고 있으며 이를 통하여 영적인 세계와 교류하고 있지만 또한 물질계에 속하여 있으며 몸을 통해서 이 물질계와 교류하고 있습니다.

그러므로 우리는 소리를 통하여 마음과 영혼에 속한 것을 육체와 물질계에까지 영향을 끼쳐야 하는 것입니다.

소리는 물질계에서 도장을 찍는 것과 같습니다.

어떤 서류가 있습니다. 그것은 완벽한 서류이며 계약서입니다. 그러나 완벽한 서류만으로는 충분하지 않습니다. 거기에는 도장이 필요합니다. 도장을 찍어야 하는 것입니다.

소리를 사용하는 것은 바로 서류에 도장을 찍는 것입니다. 소리는 영적인 것이 물질계에 실제가 되는 과정입니다. 소리는 이론이나 개념이 실제가 되는 과정입니다.

소리가 있기 전에는 어떤 단어는 하나의 개념에 지나지 않습니다.

그러나 그 단어가 소리가 되면 그것은 다릅니다. 그것은 이제 실제로 태어난 것입니다. 그 단어에는 생명이 입혀집니다. 그것은 이제 영계에서 물질계로 내려온 것입니다.

이와 같이 소리는 어떤 것을 확정하는 의미를 가지고 있습니다. 모호했던 것이, 원리적이던 것이 소리를 발함으로 인하여 확정되는 의미가 있는 것입니다.

그것은 재판정에서 판사가 읽기 전의 판결문과 읽은 후의 판결문과 같은 것입니다. 아직 읽혀지기 전까지 판결문은 그

효력이 시작되지 않습니다. 그러나 판사가 판결문을 소리내어서 읽고 방망이를 두드리면 그 효력이 시작되는 것입니다. 그와 같이 어떤 것을 확정짓는 것이 소리입니다.

그러므로 우리가 입으로 예수를 시인하며 주님이라고 분명하게 소리로 고백할 때 예수와 복음과 말씀의 진리들이 하나의 진리에서 머물지 않고 우리에게 실제적으로 역사하기 시작하는 것입니다. 입으로 고백하고 시인하는 그 순간부터 말입니다.

우리가 영혼만을 가지고 있다면 우리는 말을 할 필요가 없을 것입니다. 우리는 소리를 사용하지 않아도 됩니다.

우리가 사후의 상태라면, 그래서 육체를 가지고 있지 않다면 우리는 말을 하지 않아도 다른 사람의 상태를 알 수 있을 것입니다. 멀리 있어도 우리는 상대방의 마음이나 생각을 느낄 수 있을 것입니다. 그것은 영들은 육체의 언어를 통해서가 아니고 영의 파장과 에너지를 통해서 상대방을 감지하기 때문입니다.

그러나 우리는 이 땅에 사는 동안 육체를 가지고 있기 때문에 말을 하지 않으면 상대방의 마음이나 상태를 감지할 수가 없습니다. 영이 예민한 사람은 어느 정도는 알겠지만 그래도 깊이 알 수는 없습니다.

그러나 어떤 사람이 입을 열어서 말을 하기 시작한다면 우리는 그 사람의 상태를 알 수 있습니다.

영이 민감한 사람은 상대방이 거짓말을 하는지, 어떠한 동기로 말을 하는지 알 수 있습니다. 상대방의 지적 수준이나 영적인 성숙도나 헌신도를 알 수 있습니다. 그것은 입으로 나오는 말에서 그 사람의 영이 흐르기 때문이며 소리가 그 사람의 고유한 파장을 보여주기 때문입니다.

소리는 영적인 역사를 일으킵니다. 어떤 사람이 말을 할 때 그 말은 그 사람의 안에 어떤 역사를 일으킵니다. 그것은 다른 사람에게보다 가장 먼저 그 자신에게 영향을 미칩니다.

어떤 사람이 마음속으로 주를 믿으며 영적인 진리를 받아들인다면 그것은 좋은 일입니다. 그 사람은 영적인 많은 책들을 읽으며 좋은 깨달음을 얻을 수 있습니다. 그는 주님을 사랑하고 영적인 것들을 추구하겠다고 마음속으로 결심할 수 있습니다.

하지만 그가 입을 벌려서 그것을 시인하지 않는다면 그 좋은 지식과 원리들은 그 사람에게 실제가 되지 않습니다. 하나의 개념에 그치는 것입니다. 그러나 그 사람이 직접 입을 벌려서 주를 고백하며 주를 부른다면 거기서부터 놀라운 일이 시작됩니다.

성경은 말합니다. 입으로 시인할 때 구원에 이르느니라.. 그 때부터 그 사람의 안에서 놀라운 일들이 시작됩니다. 구원의 역사가 이루어지기 시작하는 것입니다. 입술의 시인은 구원의 완성은 아니지만 구원에 속한 놀라운 일들이 시작되는 바로 그 시점입니다.

우리는 보이지 않는 영혼과 보이는 몸을 가지고 있습니다.

보이지 않는 마음과 영혼에서 생각이 나오며 보이는 몸에서 소리가 나옵니다.

우리가 영혼만을 가지고 있다면 생각만 하는 것으로 충분합니다. 그러나 우리는 보이는 몸을 가지고 있기 때문에 생각만으로는 충분하지 않습니다.

소리를 통해서 몸을 훈련하고 다스려야 합니다. 영혼은 생각으로 영향을 줄 수 있지만 몸은 소리를 통해서 영향을 끼치기 때문입니다.

우리가 마음과 영혼만으로 신앙생활을 하고 주님을 잘 섬길 수 있을까요? 그렇지 않습니다.

우리의 몸이 영혼을 따르지 않는다면 그것이 곤란한 문제가 됩니다. 마음에는 원이로되 몸이 반대한다면 우리는 열매를 맺을 수 없는 것입니다. 로마서 7장에 나타나는 갈등은 이것을 잘 보여주고 있습니다.

"내 속 곧 내 육신에 선한 것이 거하지 아니하는 줄을 아노니 원함은 내게 있으나 선을 행하는 것은 없노라 내가 원하는 바 선은 행하지 아니하고 도리어 원하지 아니하는 바 악을 행하는도다 만일 내가 원하지 아니하는 그것을 하면 이를 행하는 자는 내가 아니요 내 속에 거하는 죄니라 그러므로 내가 한 법을 깨달았노니 곧 선을 행하기 원하는 나에게 악이 함께 있는 것이로다

내 속사람으로는 하나님의 법을 즐거워하되 내 지체 속에서 한 다른 법이 내 마음의 법과 싸워 내 지체 속에 있는 죄의 법으

로 나를 사로잡는 것을 보는도다 오호라 나는 곤고한 사람이로다 이 사망의 몸에서 누가 나를 건져 내랴 우리 주 예수 그리스도로 말미암아 하나님께 감사하리로다 그런즉 내 자신이 마음으로는 하나님의 법을, 육신으로는 죄의 법을 섬기노라"(롬7:18-25)

이 말씀은 사람 안에서 몸과 영혼이 서로 싸우고 있는 모습을 보여주고 있습니다. 이 사람의 마음은 하나님의 법을 따르기를 원합니다. 하지만 몸은 그 마음의 소원을 따르지 않고 반대 방향으로 갑니다.

오히려 몸의 힘이 마음의 힘보다 더 강해서 마음이 원하지 않는 쪽으로 자꾸 가게 되는 것입니다. 그래서 마음은 괴로워하면서 낙심하고 있는 것입니다.

우리의 삶에서도 이와 같은 일이 많이 있습니다. 우리의 마음은 '기도하러 가자'고 합니다. 그러나 몸은 '싫어. 귀찮아. 기도는 나중에 하자'라고 합니다.

우리의 마음은 주를 사랑하기를 원합니다. 하지만 우리의 눈은 세상을 사랑하며 주님이 기뻐하시지 않는 것을 보고 싶어합니다. 그래서 우리에게 갈등과 번민이 있는 것입니다.

어떻게 이 문제를 해결할 수 있을까요? 그것은 그리 어려운 일이 아닙니다. 마음은 생각을 통해서 움직이지만 몸은 소리를 통해서 움직이기 때문입니다. 우리가 입을 열어서 "나는 주님을 사랑한다!" 하고 외치면 그 소리는 몸 안에 흡수됩니다. 우리가 입을 열어서 "주님! 나의 하나님! 당신은 나의 왕이

십니다!" 하고 큰 소리로 외치면 그 메시지는 우리의 몸 깊은 곳까지 스며듭니다. 그리하여 우리 몸 안에서 작용을 일으키기 시작합니다. 이것이 얼마나 놀라운 일인지 아시겠습니까? 그렇기 때문에 우리는 마음으로 믿어 의에 이르고 입으로 시인하여 구원에 이르게 되며 실제적인 구원의 역사를 경험하게 되는 것입니다.

우리가 마음속으로 주님을 묵상하고 생각할 때 우리의 영혼은 주님으로 채워집니다. 그러나 우리의 육신은 여전히 제멋대로 입니다. 하지만 우리가 입으로 강력하게 주님을 부르고 시인하고 외치며 주의 말씀을 선포하고 외칠 때 그것은 우리 몸에 역사를 시작합니다. 우리의 고백은 영계뿐이 아니라 우리가 사는 이 물질계에 역사를 이루기 시작합니다. 그 말씀의 역사가 이루어지는 것입니다.

입을 열어서 큰 소리로 "나는 주님을 사랑하기 원합니다! 할렐루야!" 하고 외치는 사람은 점차로 그의 몸과 영혼이 온전하게 주님을 사랑하며 사로잡히게 되는 것을 경험하게 될 것입니다.

물질적인 어려움에 시달리고 있는 사람이 큰 소리로 입을 열어서 "나는 가난의 영들을 결박하고 대적한다! 나의 삶 가운데 주님의 풍성함과 물질의 풍성함이 있을 것이다!" 하고 큰 소리로 외칠 때 그의 경제가 바뀌기 시작할 것입니다. 소리, 발성, 외침은 이 물질계에 직접적으로 역사하는 것입니다. 그것은 공상이 아닙니다.

오늘날 많은 사람들이 자신이 원하는 것을 외치지 못합니다. 자기가 속으로는 간절하게 원하고 있는 것을 부끄러워서, 자신감이 없어서 막상 입으로 고백하는 것을 힘들어합니다. 부끄러워합니다. 고백하고 나서 안 되면 어떡하나 하고 생각합니다.

그것은 그의 영혼이 무기력하고 병들어 있는 것을 보여줍니다. 그는 속으로 많은 생각과 소원을 가지고 있지만 그것은 공상으로 끝날 것입니다. 왜냐하면 그는 입으로 그것을 외치고 선포할 줄 모르기 때문입니다.

오늘날 오래 동안 믿음을 가지고 있지만 변화되지 않는 그리스도인들이 아주 많이 있습니다. 많은 지식을 가지고 있고 많은 훈련을 받았지만 여전히 변화되지 않는 사람들이 많이 있습니다.

그들은 많은 것을 알고 많이 봉사하며 많이 애를 쓰지만 여전히 삶에서는 자유함이 없고 승리가 없으며 지치고 눌리고 피곤한 삶을 삽니다. 그들이 알고 있는 많은 이론과 지식이 그들을 자유롭게 하지 못합니다. 그 이유는 무엇일까요?

그것은 그들이 알고 있는 것을 말하고 시인하고 표현하지 않고 있기 때문입니다. 그러므로 그들의 영혼은 많은 것을 알고 있고 사모하며 갈망하고 있지만 그들의 육신은 여전히 다스려지지 않은 말과 같이 영혼을 거스르고 있는 것입니다.

그러한 사람들이 입을 열기 시작한다면 그들은 새로운 인생을 살아가게 될 것입니다. 새로운 신앙생활을 시작하게 될 것입니다. 입으로 고백하기 시작할 때 그들이 가지고 있는 개념이 실제가 되기 시작하기 때문입니다.

부디 이 원리를 인식하십시오.
강렬한 소리에서 구원이 시작됩니다.
강렬한 고백과 외침에서 능력의 역사가 시작됩니다.
소리는 주님이 우리에게 주신 놀라운 선물입니다. 이 선물을 사용하는 자는 놀랍고 풍성한 삶을 살 수 있습니다.
마음으로 믿는 것은 좋은 일입니다. 하지만 당신의 믿음이 거기에서 머물러 있지 않게 하십시오. 반드시 입으로 시인하는 데에까지 이르게 하십시오.
처음에 예수님을 영접하는 기도를 하면서 "주 예수님. 당신을 나의 구주로 모셔들입니다.." 이렇게 고백을 하면서 그것으로 다 했다고 생각하지 마십시오. 고백과 시인을 반복하고 계속하십시오.
더욱 더 시인하고 외치십시오. 하나님의 놀라운 약속의 말씀을 고백하고 선포하고 외치십시오. 당신은 더 깊고 놀라운 구원의 은총으로 나아가게 될 것입니다.
소리에서 구원이 시작됩니다.
소리에서 천국이 시작됩니다.
소리의 고백을 통해서
당신의 모든 삶은 바뀌게 될 것입니다.
할렐루야.

12. 소리는 물질계에서 구원과 복을 가져온다

앞장에서 소리에서 구원이 시작된다는 것을 다루었습니다. 이것은 소리를 통해서 구원이 우리의 삶에 실제적으로 임하기 시작한다는 것을 말하는 것입니다.

마음으로 믿고 마음속으로 기도하는 것도 좋은 일입니다. 그러나 우리의 기도가 눈에 보이는 현실에 나타나기 원한다면 우리는 소리를 내서 기도해야 합니다. 소리를 내서 말하고 기도하기 시작할 때 우리는 구원의 역사가 눈에 보이게 임하는 것을 볼 수 있습니다.

우리는 흔히 구원의 의미를 죽어서 천국에 가는 것으로 생각합니다. 그래서 흔히 하는 질문인 '구원의 확신이 있으십니까?' 하는 말은 지금 죽어도 천국에 갈 확신이 있느냐는 뜻입니다.

그러나 성경에는 구원을 이러한 의미 외에도 더 다양하게 사용하고 있습니다.

"백부장이 바울을 구원하려 하여 그들의 뜻을 막고 헤엄칠 줄 아는 사람들을 명하여 물에 뛰어내려 먼저 육지에 나가게 하고 그 남은 사람들은 널조각 혹은 배 물건에 의지하여 나가게 하니 마침내 사람들이 다 상륙하여 구조되니라" (행27:43, 44)

위의 구절에 나타난 구원은 죽어서 가는 천국을 의미하는 것이 아님을 확실하게 알 수 있습니다. 즉 백부장이 바울을 구원하려고 하는 것은 바울을 천국가게 하려고 하는 것이 아니라 바울의 목숨을 구하려고 하는 것입니다. 그 남은 사람들이 헤엄쳐서 얻은 구원도 목숨을 건졌다는 것이지 천국에 갔다는 말이 아닙니다. 세상에 헤엄을 쳐서 가는 천국은 없습니다.

"예수께서 여자에게 이르시되 네 믿음이 너를 구원하였으니 평안히 가라 하시니라" (눅7:50)

여기서 주님이 말씀하시는 구원은 죄 사함을 선포하는 말씀입니다. 이 말씀은 한 죄인인 여자가 예수님에게 옥합을 가지고 와서 깨뜨려 발에 붓고 울면서 발을 씻을 때 주님께서 하신 말씀입니다. 이 구원도 죽어서 천국 가는 구원을 의미하지 않고 그녀의 죄가 용서받았음을 의미하는 것입니다.

"예수께서 가라사대 딸아 네 믿음이 너를 구원하였으니 평안히 가라 네 병에서 놓여 건강할 지어다" (막5:34)

이 상황은 혈루증 앓던 여자가 예수님께 가까이 와서 믿음으로 주님의 옷자락을 만졌을 때 그녀의 병이 나은 후에 주님께서 선언하신 말씀입니다. 여기서의 구원은 질병의 치유인 것을 알 수 있습니다.

"그에게 이르시되 일어나 가라 네 믿음이 너를 구원하였느니라 하시더라"(눅17:19)

이 말씀은 문둥병이 치유된 이에게 하신 것입니다. 여기서의 구원도 질병의 치유를 의미합니다.

"예수께서 이르시되 가라 네 믿음이 너를 구원하였느니라 하시니 그가 곧 보게 되어 예수를 길에서 따르니라"(막10:52)

이 말씀은 소경 거지인 바디매오를 고치신 후에 그에게 하신 말씀입니다. 역시 여기에서도 눈을 뜨게 된 것을 구원이라고 표현하고 있습니다.

이러한 사례들을 보면 성경에서 구원이라는 말의 의미는 폭넓게 쓰이고 있는 것을 알 수 있습니다. 좁게는 죄에 빠진 인간이 죄에서 벗어나 그 영혼이 주님께 속하는 것을 구원이라고 합니다.

"예수께서 이르시되 오늘 구원이 이 집에 이르렀으니 이 사람도 아브라함의 자손임이로다 인자가 온 것은 잃어버린 자를 찾아 구원하려 함이니라"(눅19:9-10)

주님께서는 삭개오가 물질에 대한 자세를 회개하고 고백하자 이 집에 구원이 이르렀다고 선포하십니다. 여기서 의미하는 구원이 우리가 통상 말하는 구원의 의미와 같은 것입니다.

그러나 이외에도 주님은 현실의 삶에서도 광범위하게 구원을 선언하셨습니다. '네 믿음이 너를 구원했느니라' 그렇게 자주 말씀하셨습니다. 그것은 구원이 사후에만 이루어지는 것이 아니라 현실의 삶에서 구체적인 방식으로 이루어진다는 것을 보여주신 것입니다.

주님께서 구체적으로 구원을 선포하셨을 때 거기에는 항상 믿음의 행위가 있었습니다. 혈루증 여인은 믿음으로 주님의 옷자락을 잡았으며 삭개오는 물질에 대한 포기 선언을 하였으며 바디메오는 주위의 만류에도 불구하고 간절하게 소리를 질러 주님을 찾았습니다.

만일 그들이 그러한 믿음의 행위를 하지 않았다면? 주님은 그들에게 구원을 선포하지 않으셨을 것입니다.

구원이란 사후에도 이루어지는 것이지만 또한 이 땅의 삶에서도 이루어지는 것입니다. 고통과 각종 묶임에서 벗어나고 눌림에서 벗어나는 것도 그 구원의 일부분입니다. 그리고 그 현실의 구원을 이루어지게 하는 것이 바로 믿음의 행위이며 그 중의 하나가 입으로 시인하고 부르짖어 기도하는 것입니다.

우리는 영혼과 육체로 만들어져 있습니다. 육체는 보이지만 영혼은 보이지 않습니다. 이 물질계는 보이지만 영계, 즉 천국은 보이지 않습니다.

우리의 마음이나 영혼이 보이지 않지만 분명히 존재하는

것같이 천국도 보이지 않지만 존재합니다.

우리의 육체는 보이는 존재로서 보이는 물질계에 속합니다.

우리의 영혼은 보이지 않지만 존재하며 보이지 않는 영계에 속합니다.

우리가 묵상으로 기도할 때 그것은 보이지 않으며 들리지 않습니다. 그것은 영혼에 영향을 주며 영계와 관련이 있습니다. 그러나 이 보이는 물질계와는 상관이 없습니다.

그러나 우리가 소리를 낼 때 그것은 물질계와 관련이 있습니다. 그것은 물질계에 작용합니다. 그것은 물질계에 역사를 일으키기 시작하는 것입니다.

소리는 물질계에 속한 것입니다. 그것은 물질계에 진동을 일으킵니다. 만약 주님께서 이 땅에 오셔서 침묵으로 복음을 전하셨다면 아무도 그것을 알아듣지 못했을 것입니다. 영들이나 천사들은 알아들었겠지만 육체를 가진 사람들은 그 말을 이해할 수 없었을 것입니다. 육체를 가진 사람에게는 이 소리가 필요합니다. 이 물질계에서는 소리가 필요합니다. 소리가 역사를 일으킵니다.

어떤 사람이 사후에서의 구원만을 원하고 이 땅에 살면서 실제적으로 경험하는 구원에 대해서 관심이 없다면 그는 소리를 내서 기도하지 않아도 됩니다. 고통이 있고 질병이 있고 가난이 있고 아무리 어려움이 있어도 상관이 없이 오직 사후에서의 구원만 원한다면 그는 입을 다물고 있어도 됩니다. 그러나 이 땅에서의 구원, 현실적인 구원과 해방의 역사를 현실의 삶에서도 맛보고 싶으면 그는 입을 벌려 소리를 사용해야 합니다.

이 땅의 모든 보이는 복들은 배에서부터 나오는 것입니다. 배에서 생명인 사람이 잉태되고 나오며 배에서 모든 물질적인 복이 나오기 시작합니다.

어떤 사람이 물질적인 복을 받기를 원하거나 영적인 은사들을 받기 원한다면 그는 배로 부르짖는 기도를 훈련해야 합니다. 심장은 하늘과 관련이 있으며 배는 땅과 관련된 것으로써 배에 힘을 주고 부르짖으면 각종 은사나 물질이나 땅에 속한 복이 임하게 되어 있습니다.

우리는 영혼과 육체를 가지고 있으며 육체는 일시적인 것이고 영혼은 영원함을 알고 있습니다. 그러나 일시적인 것이라고 해서 사는 동안에 육체를 무시해서는 안 됩니다. 육체가 우리의 주인이 되어서는 안 되지만 육체는 영혼의 표현이므로 육체가 연약해서는 영혼의 일을 잘 도울 수 없기 때문입니다.

그러므로 우리에게는 영혼의 복이 필요하지만 또한 육체에 속한 복이 필요합니다. 그리고 물질적인 복도 필요합니다.

가난을 좋아하는 사람들도 있지만 그것은 별로 바람직한 태도라고 할 수 없습니다. 돈을 깊이 사랑하는 사람이 되어서는 안 되지만 우리에게는 물질적인 복도 또한 필요합니다.

월세를 낼 돈도 없으며 자녀가 아파도 치료할 돈이 없고 교육할 학비가 없다면 그것은 행복한 상태가 아닙니다. 그럴 때는 소리를 내서 부르짖어야 합니다. 그래서 그러한 상황에서 구원을 얻어야 합니다. 사람에게가 아닌 하나님께 부르짖어야 합니다.

구약은 주로 보이는 세계를 다루고 있습니다. 구약은 상징과 그림으로 진리를 보여줍니다. 신약은 보이지 않는 영의 세계를 주로 다루고 있습니다. 그래서 구약이 상징하고 있는 것의 실체가 무엇인지 보여줍니다.

그래서 구약은 물질적인 복에 대한 이야기가 많이 나옵니다. 아브라함이 복을 받았으며 이삭이 농사를 지어서 백 배나 거두었다는 등의 복이 나옵니다. (창26:12)

그러나 신약에서는 물질적인 복에 대한 언급이 거의 없습니다. 신약은 영혼의 복에 대해서 언급합니다. 심령이 가난한 자가 얻는 천국의 복에 대해서 말합니다. (마5:3) 이와 같은 팔복의 말씀이 신약 복의 핵심인데 그것은 그 마음에 천국을 소유하고 있는 사람을 의미하는 것입니다.

구약은 보이는 성전에 대해서 말합니다. 신약은 보이지 않는 성전을 말합니다.

구약은 부르짖는 기도에 대해서 많이 말합니다. 신약은 골방의 은밀한 기도를 말합니다.

이것은 구약은 필요 없고 신약이 옳다는 의미로 이해해서는 안 됩니다. 물질은 더러운 것이며 영혼만 거룩하다고 여기는 것은 잘못 이해한 것입니다. 신약과 구약은 상호 보완적인 것이며 영혼과 육체도 상호보완적인 것으로 서로 도와야 합니다.

입을 열고 소리를 낼 때 우리는 물질적인 은총을 얻을 수 있습니다.

가난해도 침묵을 지키는 사람은 계속적으로 가난할 것입니다. 그러나 소리를 내서 부르짖어 기도하는 사람은 가난에서 벗어나게 될 것이며 물질적인 풍성함을 경험하게 될 것입니다.

"피 흘림을 심문하시는 이가 그들을 기억하심이여 가난한 자의 부르짖음을 잊지 아니하시도다" (시9:12)

하나님은 가난한 자의 부르짖음을 들으십니다. 그리하여 물질적인 구원을 베푸십니다. 물질적으로 어려움에도 불구하고 부르짖지 않는다면 그것은 어리석은 일입니다.

질병이 있을 때 우리는 부르짖어야 합니다. 과거에 바디매오의 부르짖음을 들으신 주님은 지금 우리의 부르짖음을 들으십니다.

사람들은 본능적으로 아플 때에 비명을 지르며 신음소리를 냅니다. 그것은 그러한 소리가 통증을 완화시켜 주기 때문입니다.

소리는 질병의 제어에도 능력이 있습니다. 부르짖는 기도의 소리는 하나님의 응답을 가져오며 치유의 역사를 일으킵니다. 하나님은 자비의 주님이시기 때문입니다.

아픔에도 불구하고 소리를 내지 않고 부르짖어 기도하지도 않고 참고 있다면 그것은 좋은 것이 아닙니다. 소리를 절제하는 것은 복을 막는 것이며 역사를 제한하는 것입니다.

소리는 이 물질계에 구원의 역사를 이루는 것입니다. 마음의 기도는 보이지 않는 기도이지만 소리는 보이는 기도이며 들리는 기도입니다. 그것은 이 물질계에 영향을 줍니다. 그것은 물질계를 진동시킵니다.

눈에 보이는 복을 유치한 것이라고 여기지 마십시오.

그것은 영혼의 복과 비교할 수는 없지만 그래도 중요한 복입니다. 그리고 눈에 보이는 물질적인 복을 얻기 위해서 소리를 사용해야 한다는 사실을 기억하십시오.

그러므로 분명하게 당신의 소원과 당신의 기도를 입으로 표현하고 주님께 드리십시오. 당신은 당신의 환경에 역사가 일어나는 것을 볼 수 있게 될 것입니다. 주님께서는 소리를 들으시며 그 소리를 통하여 당신에게 복을 주시는 분이심을 분명히 확인할 수 있게 될 것입니다. 할렐루야.

13. 소리는 그 내용을 증폭시키는 힘이 있다

 전 장에 언급한 것처럼 소리는 어떤 것을 확정시키는 힘이 있습니다. 어떤 것을 생각만 하고 있을 때 그것은 우리에게 분명한 힘이 되지 않습니다. 그것은 하나의 개념일 뿐입니다.

 그러나 우리가 생각하고 있는 것을 입으로 말해낼 때 그것은 갑자기 생생한 살아있는 실제가 됩니다. 그것은 더 이상 이론이나 개념으로 남아있지 않습니다. 그것은 우리의 현실적인 삶에 뛰어들어 다가옵니다.

 그뿐만 아니라 소리는 그 내용과 개념을 증폭시킵니다. 그러므로 소리를 내면 낼수록 우리는 우리가 말하는 것에 사로잡히게 됩니다.

 어떤 사람이 다른 사람으로부터 어떤 제안을 받습니다. 그는 그 제안을 들으며 어떻게 해야 할까 고민합니다. 그러나 아직 확실하게 마음을 정하지 못합니다. 그는 어느 쪽이 좋은지에 대해서 아직 결정하지 못하고 있습니다.

 그러나 일단 그가 "저는 싫습니다." 하고 말한다고 합시다. 그는 말을 하면서 자신이 그것을 왜 싫어하는지에 대해서 이야기를 하게 될 것입니다.

 그런데 그 순간 그는 점점 더 그것이 싫어지는 것을 느끼게 됩니다. 그는 그것이 싫은 이유가 점점 더 많아지게 됩니다.

그래서 그는 처음에 말을 시작할 때보다 훨씬 더 그것을 싫어하게 됩니다.

그 반대의 경우는 어떨까요? 그는 말을 합니다. "나는 그것이 좋아요." 하고 대답을 한다고 합시다. 물론 이러한 것은 상대방의 강압이 아닌 절대적인 자신의 판단으로만 결정한다는 전제에서입니다.

그는 말을 하면 할수록 점점 더 그것이 좋아지는 것을 느끼게 됩니다. 그가 입을 열어서 말을 하는 순간에 그는 자신의 말의 힘에 사로잡히게 되고 점점 더 그것에 대한 좋은 느낌을 가지게 되는 것입니다.

이것은 우리가 현실의 삶에서 수없이 많이 경험하는 것입니다. 우리는 입을 열어 사소한 불만을 이야기하기 시작합니다. 사소한 불쾌한 일에 대해서 이야기를 하기 시작합니다.

대부분의 사람들은 느낄 것입니다. 그는 점점 더 불만과 분노에 사로잡히게 됩니다. 이야기를 하면 마음이 풀어질 줄 알았지만 하면 할수록 그 기운에 사로잡히게 되는 것입니다. 말하면 할수록 더 화가 나게 되는 것입니다.

그는 처음에는 이 문제로 인하여 화를 냈을지 모릅니다. 그러나 말을 하다보면 다른 문제로 인하여 또 화가 납니다. 처음에는 자기에게 피해를 준 사람에게 화가 나고 나중에는 그와 관련된 사람에게 화가 나며 나중에는 그의 이야기를 듣고 있는 사람에게도 화가 나고 나중에는 자신에게도 화가 나며 마지막으로는 인생에 대해서, 그리고 하나님에 대해서도 화가 납니다. 분노에 대한 고백과 시인은 그처럼 분노의 기운을 확정하고 확장하는 것입니다.

자기 연민에 빠진 사람은 자신이 얼마나 불행한 존재이며 얼마나 억울하게 운이 없이 살아왔는지에 대해서 이야기할 것입니다. 그는 말을 하면 할수록 점점 더 자신이 비참해지고 초라해집니다.

억울하다는 생각과 원망을 가지고 있는 사람이 입을 벌려서 그것을 말해내면 그 기운이 다 바깥으로 나가기 때문에 억울함과 원망이 다 없어져 버릴까요?

그것은 이 세상에 술이 많으니 다 마셔서 없애버리자고 말하는 것과 같은 것입니다. 술을 아무리 많이 마셔도 또 다른 술을 공장에서 만들어내기 때문에 술은 없어지지 않습니다. 그와 마찬가지로 억울함이나 원망하는 말을 다 쏟아낸다고 해도 그것이 사라지지는 않습니다. 그 사람의 마음속에서 그것은 계속 재생산되기 때문입니다.

입술로 고백하는 것은 결코 사라지지 않으며 새롭게 생산되고 확대되며 그 힘이 강건해집니다. 그것이 소리의 능력입니다.

그렇기 때문에 건강한 고백과 사랑의 고백과 신앙고백과 간증이 필요한 것입니다. 그러한 고백들은 그러한 고백의 내용을 확정하게 될 뿐 아니라 그러한 것들을 우리 안에서 계속 재생산하기 때문입니다.

오늘날 부정적인 고백을 하는 이들은 아주 많습니다. 그러한 이들은 부정적인 고백을 하면서 다른 사람들이 자신을 위로해주기를 기대합니다.

그러나 그것은 어리석은 생각입니다. 그들은 자기의 입술의 고백을 통하여 스스로 재앙과 지옥을 끌어당기고 있기 때문에 아무도 그를 도울 수 없으며 주님도 그들을 돕지 않습니다.

오늘날 우리가 살고 있는 현실에서 아름다운 고백을 하는 사람은 아주 드뭅니다. 감사와 사랑을 표현하고 고백하는 이들은 많지 않습니다. 마음속으로는 그러한 생각을 가지고 있다고 하더라도 막상 그것을 입으로 시인하고 고백하는 것은 쑥스럽게 여깁니다. 그러므로 그들은 삶에서 많은 기쁨과 행복을 잃어버리게 됩니다.

한국인의 마음의 특성을 보여주는 '갑돌이와 갑순이'에 대한 노래가 있습니다. 마음으로는 사랑했지만 입으로는 표현하지 못하고 속만 썩이다가 다른 사람과 결혼을 한 후에 후회하고 슬퍼하는 내용의 노래입니다. 이 노래가 많은 사람들에게 알려지고 애창되었던 것은 한국인의 심성에 그와 같은 요소가 많이 있기 때문일 것입니다.

그러한 삶은 참으로 어리석은 삶입니다. 자기의 안에 있는 애정을 표현하지 않는 것은 스스로의 삶에 풍성함을 가져오지 못하게 합니다.

겉으로는 엄하고 무뚝뚝하지만 속에는 잔정이 있고 상대방을 배려해주는 그러한 스승이나 아버지에 대한 이야기들이 많이 있습니다. 하지만 그것은 결코 좋은 일이 아닙니다. 애정을 표현하지 못하는 것은 일종의 묶임이며 우리는 거기에서 벗어나야 합니다.

사람은 말을 할 때에 그 말의 내용에 의해서 사로잡히고 묶이게 됩니다. 그러므로 아름다운 말을 하고 사랑을 표현하고 기쁨을 표현하며 하나님을 높이고 간증을 할 때 그 사람은 그러한 영에 의해서 사로잡히게 됩니다.

어떤 이들은 은혜를 체험한 후에 간증을 하고 나서 나중에 다시 실족하면 어떻게 할까 두려워서 간증을 하지 못합니다.

그것은 어리석은 두려움입니다. 그 사람이 날마다 자기의 입을 조심하여 아름다운 고백을 멈추지 않는다면 그는 결코 실족하지 않을 것입니다.

그리스도인들은 이러한 어리석은 두려움을 버리고 지속적으로 주님을 높이고 감사하며 자신의 삶 가운데 은혜를 베푸셨던 주님의 은총을 고백하고 감사해야 합니다. 그렇게 할 때 그 입술의 고백과 시인들은 그들의 삶 속에 더욱 더 크고 깊고 풍성한 주님의 은총을 가져오게 됩니다.

오늘날 풍성한 삶을 살고 있는 그리스도인들을 별로 보기가 쉽지 않은 중요한 이유 중의 하나는 그리스도인들이 그 입술의 고백과 시인의 능력을 잘 알지 못하며 사용하지 않기 때문입니다.

그들이 삶 속에서 자연스럽게 주님의 아름다우심을 고백하고 입으로 감사와 찬양을 드리며 어려움 속에서도 신뢰의 고백을 하고 주를 시인한다면 그들은 풍성한 천국의 역사를 경험하게 될 것입니다.

오늘날 많은 그리스도인들이 기도를 할 때는 믿음이 좋은 것 같은데 기도를 마치고 현실의 삶으로 돌아오면 그들이 기도한 것을 뒤집는 어리석은 시인을 아주 많이 합니다. "기도한다고 다 되겠어".. "사는 것이 왜 이리 힘든지.." "주님을 따르는 길은 얼마나 고난이 많고 고통스러운지.." "사는 게 지옥이야.."

그러한 고백을 하는 이들은 그들이 이전에 밤을 새워 기도했다고 하더라도 응답이 올 수 없습니다. 입술의 시인은 그 내용을 확정짓고 증폭시키기 때문입니다.

"나는 저 사람이 싫어."

그렇게 말하는 사람은 점점 더 그 사람을 싫어하게 될 것입니다.

"나는 이 직장이 싫어. 내가 하는 일이 싫어."

그 사람은 점점 더 자기의 일이 싫어질 것이며 그 일을 통하여 각종 어려움을 겪게 될 것입니다.

"왜 이렇게 되는 일이 없는지.."

그렇게 말하는 사람에게는 하루 종일 온갖 좋지 않은 일이 일어날 것입니다. 소리에는 능력이 있으며 그와 관련된 영적인 힘을 끌어당기기 때문입니다.

이렇게 고백하면 어떻게 될까요?

"나같이 부족한 사람에게 베풀어주시는 주님의 은혜가 얼마나 감사한지!"

"지금 조금 상황이 어렵지만, 반드시 내일은 좀 더 나아질 거야. 어떻게든 잘 되겠지.."

그러한 고백대로 그들은 상황이 잘 풀리기 전에 먼저 마음속에 자신감과 용기가 일어나게 됩니다. 자신의 안에서 먼저 변화가 생기고, 그리고 나면 그 다음에 환경에도 변화가 생기는 것입니다. 이것이 소리의 증폭시키는 능력입니다.

그러므로 반드시 이것을 기억하십시오. 당신의 입술을 통해서 영적인 힘과 능력이 당신에게 임한다는 사실을 말입니다.

당신이 원망을 하게 되면 원망의 영과 기운이 당신에게 임하게 될 것입니다. 당신이 미움을 고백하면 당신은 점점 더 깊고 강한 미움의 영에 사로잡히게 될 것입니다.

자식이 말을 듣지 않는다고 고백하면 자녀들에게 더 강한 불순종의 영들이 들어가게 될 것입니다.

삶이 힘들다고 고백하면 당신의 삶에 더 많은 재앙의 역사들이 찾아오게 될 것입니다.

기도할 때만 언어에 능력이 있는 것이 아니라 당신이 평소에 말하는 모든 말에 능력이 있음을 알아야 합니다. 지금 당신이 겪고 있는 현실의 삶들은 과거에 다 당신이 입술로 시인하고 고백하며 만들어낸 것입니다.

당신이 지금 불행하게 살고 있다면 그것은 누구의 책임도 아니며 오직 당신의 책임입니다. 당신이 그것을 알지 못하고 계속 원망을 하고 있다면 당신의 삶은 나아지지 않을 것입니다.

그러므로 지금의 삶을 당신이 바꾸기를 원한다면 부디 입술의 능력을 깨달으십시오. 그리고 적절하게 사용하십시오.

어두움에 대한 고백을 하지 말며 사랑과 신뢰와 희망과 감사에 대한 고백과 시인을 끊임없이 하십시오.

주님이 얼마나 좋으신 분이며 당신의 삶을 인도하고 풍성하게 하시는 분인지 고백하십시오.

그 고백의 능력은 당신의 삶 전체를 바꾸게 될 것입니다.

기억하십시오.

소리는 내용을 확정지으며 증폭을 시킵니다.

이것은 우리가 반드시 적용해야할 아주 중요한 원리입니다. 하지만 우리는 아직도 소리에 대해서 배워야 할 것이 많이 있습니다.

14. 소리는 사람을 움직인다

 말하는 것도 중요하지만 듣는 것도 참으로 중요합니다. 그러므로 우리는 듣는 것을 아주 조심해야 합니다. 소리는 살며시 우리 안에 들어오며 그것은 우리에게 영향을 끼치며 움직이기 때문입니다.

 버스나 택시를 타고 가다가 우연히 어떤 음악이나 노래를 들었는데 그 후에 하루 종일 그 소리가 입에서 흘러나올 때가 있습니다.

 별로 열심히 집중해서 들은 것도 아닌데 어느 사이에 우리 안에 그 소리가 들어와 버린 것입니다. 그래서 자신도 모르게 그 노래를 흥얼거리게 됩니다.

 이처럼 우리의 의지와 상관이 없이 소리는 사람의 안에 침투하여 그 사람 안에서 움직이며 활동을 하게 됩니다.

 소리는 사람의 안에 들어오며 사람의 안에서 영적인 작용을 일으킵니다. 그러므로 그리스도인들은 말하는 것을 조심해야 할 뿐만 아니라 소리를 듣는 것을 아주 조심해야 합니다.

 소리에는 좋은 소리가 있고 나쁜 소리가 있는데 좋은 소리는 그 사람에게 좋은 영향을 주지만 나쁜 소리는 그 사람에게 파괴적인 영향을 끼치기 때문입니다.

 언어학자들은 아가가 어머니에게 '엄마!' 하고 말했을 때 그 소리가 어머니에게 어떤 작용과 반응을 일으켜 아이에 대한 사랑스러운 마음과 충동이 일어나는지를 밝혀냈습니다. 소리는 이처럼 사람에게 구체적인 작용을 일으키는 것입니다.

어떤 소리가 말해질 때 그 소리의 성질과 비슷한 영적 작용이 주위에서 일어나게 됩니다.

어떤 사람이 사랑의 마음을 가지고 사랑의 소리를 내면 그 소리는 그 주변의 공기를 변화시킵니다. 그리고 사랑의 기운과 에너지를 발생시킵니다. 그리고 그 소리를 듣는 사람의 안에 사랑의 기운을 일으킵니다. 사랑의 소리가 사랑의 마음을 일으키게 되는 것입니다.

악한 소리는 어떨까요? 미움이 가득한 소리, 싸우는 소리, 원망하고 미워하고 화를 내는 소리는 그 주변의 공간과 듣는 사람에게 어떤 작용을 일으킬까요?

그것은 역시 마찬가지입니다. 그러한 악한 소리들은 그 주변에 그와 같은 악의 분위기, 지옥의 분위기를 형성합니다. 그리하여 듣는 자의 심령을 망가뜨립니다. 그것은 사람에게 고통을 줍니다. 사람은 본래 천국을 위하여 만들어진 존재이기 때문입니다.

그러므로 소리를 듣는 것을 조심하지 않는 사람들은 자신의 영혼을 지킬 수가 없습니다. 악하고 나쁜 소리를 무심코 들으면서 사는 사람은 자기도 모르는 사이에 영혼이 어두워지고 눌리게 됩니다.

TV에서 나오는 소리를 아무 생각 없이 듣는 사람들이 있습니다. 그들은 TV에서 주인공들이 서로 싸우고 욕을 하고 짜증을 내며 미워하는 소리를 내는 것을 그저 무심하게 듣습니다. 그리고 그것이 자신에게 아무런 해도 입히지 않을 것이라고 생각합니다.

그것은 무지한 것입니다. 배우들의 입에서 나오는 그러한 악한 소리와 그 기운은 그 사람의 안에 침투합니다. 깊이 스며듭니다. 그것은 그 사람의 몸과 마음을 파괴합니다. 그러므로 소리를 분별하지 않고 소리에 대해서 조심하며 자신을 방어하지 않는 것은 일종의 자살 행위와 같은 것입니다.

그것은 연기이기 때문에 실제가 아니라고 생각하면 그것은 오해입니다. 연기이든 실제든 악한 소리는 사람의 영혼에 깊이 꽂히며 충격을 줍니다. 장난으로 어린 아이에게 큰 소리로 화를 내고 고함을 질러 보십시오. 그것이 장난이더라도 어린 아이는 울게 될 것입니다.

TV의 괴기 영화나 살벌한 장면이 나오고 있을 때에 그 볼륨을 줄이거나 꺼보십시오. 괴기 영화는 무섭지 않게 느껴질 것이며 살벌한 장면도 그저 우습게 보일 것입니다.

소리가 없으면 악한 것들도 그 파괴력이 아주 약해집니다. 소리가 없이 그림만 보인다면 그것은 사람에게 큰 영향을 주지 못합니다. 드라마에서 그럴 듯한 대사가 나올 때 배경 음악을 깔지 않는다면 그 대사는 별로 멋지게 들리지 않을 것입니다. 그러한 것도 다 소리의 힘에 의한 것입니다.

소리에는 아주 강한 힘이 있으며 그것은 사람의 안에 침투하고 사람에게 영향을 주며 움직인다는 사실을 부디 기억해두십시오.

악한 소리는 악한 능력이 있으며 악한 영향을 끼치고 아름다운 소리는 아름다움의 능력이 있으며 좋은 영향을 끼친다는 것을 기억하십시오. 이러한 지식의 기초 위에서 우리는 소리에 대해서 배우고 조심하며 훈련해야 합니다.

그리하여 점점 더 소리를 잘 다루고 경험하며 사용할 수 있는 사람이 되어야 하는 것입니다.

15. 여리고 성은 소리로 인하여 무너졌다

사람들은 이스라엘 백성들이 여리고 성의 주위를 빙빙 돌았기 때문에 여리고 성이 무너졌다고 흔히 생각합니다.

그래서 오늘날 많은 사람들이 자기 나름대로 여리고 성이라고 생각하는 것의 주위를 빙빙 돕니다. 어느 지역의 땅이나 집을 가지고 싶어 하는 사람들이 믿음으로 그 주위를 빙빙 돌았다는 이야기를 나는 많이 듣고 읽었습니다.

하지만 그러한 생각은 오해입니다. 여리고 성은 그 주위를 빙빙 돌아서 무너진 것이 아닙니다. 여리고 성은 이스라엘 백성이 빙빙 도는 것을 마치고 마지막 날에 소리를 질렀을 때 무너졌습니다.

"이에 백성은 외치고 제사장들은 나팔을 불매 백성이 나팔 소리를 들을 때에 크게 소리 질러 외치니 성벽이 무너져 내린지라" (수6:20)

그렇다면 여리고 성의 주위를 빙빙 돈 것은 어떤 의미가 있을까요? 그것은 영적인 결박의 의미가 있습니다.

모든 전쟁은 그 때나 지금이나 눈에 보이는 물리적인 전쟁 이전에 영적인 전쟁이 있습니다. 그 영적인 전쟁에서 승리하는 사람이 실제의 전쟁에서 이기는 것입니다.

여리고 성의 주위를 빙빙 도는 것은 여리고와 그 배후에 있는 악한 영들의 세력을 영적으로 포위하고 결박하여 무력화시키는 의미가 있는 것입니다.

그렇다면 소리를 지르는 것은 무슨 의미가 있는 것일까요? 그것은 결박을 마친 후에 그 결박한 대상을 파괴하는 것입니다. 빙빙 도는 것이 상대방을 묶은 것이라면 소리를 지르는 것은 그 대상에게 폭격을 가하는 것입니다.

결박을 하는 것은 상대방의 행동을 제한하는 것입니다. 그러나 폭격을 하는 것은 그 대상을 직접적으로 파괴하는 것입니다. 결박하기만 하고 공격을 하지 않는다면 그것은 온전한 승리가 아닌 것입니다.

여리고의 싸움에는 여러 요소가 있었습니다. 하나님이 허락하신 작전 명령에는 여러 가지의 요소가 있었습니다. 군사들이 성의 주위를 일주일동안 돌았으며 제사장들이 나팔을 잡고 행하였으며 언약궤도 항상 동행하였습니다.

그러나 그 무엇보다도 이 전쟁의 승리를 위해 결정적인 것은 마지막 날에 제사장들의 신호와 함께 일사분란하게 백성들이 한 목소리로 외치는 것이었습니다. 그것은 비틀거리는 상대방에게 먹이는 최후의 일격과 같은 것이었습니다. 그리고 이 소리와 함께 여리고의 성벽은 무너져버린 것입니다.

전의를 상실하고 성문을 닫은 후 성안에 숨어있는 이들에게 있어서 성벽이 무너졌다는 것은 이미 전쟁이 끝났다는 것이나 마찬가지입니다. 그들은 저항 한번 하지 못하고 패배하였습니다. 이 전쟁에 있어서 결정적인 승리의 요인은 바로 소리였던 것입니다.

강력한 소리가 승리의 비결이며 중요한 원천이라는 것은 그 때나 지금이나 동일하게 적용되는 원리입니다. 소리는 물질계에도 영향을 미치며 영계에도 영향을 미칩니다. 강력하게 외치는 소리는 어떤 대상을 파괴하는 데 결정적인 힘을 행사합니다.

남태평양의 솔로몬 군도에 사는 원주민들에 대한 이야기가 있습니다. 이들은 큰 나무를 쓰러뜨릴 때 독특한 방법을 사용한다고 합니다. 나무가 너무 커서 도끼로 나무를 자르는 것이 불가능할 때 그들이 사용하는 방법은 바로 소리를 지르는 것입니다.

그들은 그 나무의 주위를 빙 둘러싸고 나무를 향해서 목청껏 "쓰러져라! 쓰러져라!" 하고 외친다는 것입니다. 그렇게 한 달 정도 소리를 지르면 나무가 실제로 쓰러진다는 것입니다.

이 원주민들이 사용하는 원리는 여리고 성의 이야기와 비슷하게 소리가 물질적인 존재, 생명을 가진 존재에게 강력한 영향력을 행사한다는 것을 보여줍니다.

이스라엘 백성들이 여리고 성을 무너뜨린 것이 단순히 소리 자체의 힘이라고 할 수는 없습니다. 그들은 하나님의 명령에 순종하여 소리를 질렀던 것입니다. 그러나 분명한 것은 하나님은 이 소리를 사용하셔서서 여리고 성이 무너지게 하셨으며 이스라엘의 대적을 깨뜨리셨다는 것입니다.

소리는 강력한 힘을 가지고 있습니다. 소리는 그 대상을 살리기도 하고 죽이기도 합니다. 부드러운 소리는 대상에게 힘을 주지만 강력하게 외치는 소리는 그 대상을 파괴하고 죽일 수도 있는 것입니다.

그렇기 때문에 강력한 소리는 영적 전쟁에 있어서의 강력한 무기가 됩니다. 그러므로 이 소리의 능력을 알고 사용하는 사람은 영적 전쟁에 있어서 아주 강력하고 중요한 무기를 가지게 되는 것입니다.

16. 악한 영들은 소리를 무서워한다

소리에 의해서 여리고 성이 무너졌다는 것, 이것은 중대한 영적 의미를 가지고 있습니다.

여리고 성의 전투는 이스라엘 백성이 약속의 땅 가나안으로 들어와서 벌인 첫 번째 전투였습니다. 그들은 요단을 건넌 이후 여리고에서 첫 번째 전쟁을 치르게 됩니다.

가나안 땅은 하나님께서 이스라엘에게 주신 것이었지만 현실적으로 이 땅에는 다른 족속들이 살고 있었습니다. 이스라엘은 약속의 말씀을 성취하기 위해서 이들을 물리쳐야 했던 것입니다.

어떤 이들은 말하기를 이스라엘이 이방인을 모두 진멸해야 한다는 것은 너무 잔인한 명령이라고 말합니다. 기독교를 공격하는 이들이 주로 이런 이의를 제기합니다.

그러나 이 전쟁을 오늘날의 잣대와 논리로 이해해서는 안 됩니다. 이 전쟁에 대한 메시지는 영적 의미와 교훈을 가지고 있는 것으로써 오늘날에 적용한다면 우리가 누려야 할 것을 악한 영들이 대신 차지하고 있는 것을 의미하는 것입니다.

그러므로 우리는 그 악한 영들을 대적하고 쫓아냄으로써 하나님께서 우리에게 허락하신 것들을 소유하고 누려야 합니다. 그것이 진멸의 의미이며 전쟁의 의미입니다.

여리고의 전쟁은 가나안에서 벌어지는 첫 번째 전투인 만큼 그 이후의 전쟁에 큰 영향을 끼칠 수밖에 없는 것이었습니다. 그런데 바로 그 전쟁에서 이스라엘은 강력한 소리의 외침으로 인하여 승리합니다. 이는 악한 영들의 진이 소리로 인하여 파괴되었고 그리하여 손쉽게 승리가 왔다는 것을 보여주는 것입니다.

이 사건이 말해주는 간단한 메시지가 있습니다. 그것은 믿음으로 외치는 강력한 소리가 마귀의 진을 무너뜨리며 악한 영들은 소리를 두려워한다는 것입니다. 기도의 세계에 대한 많은 경험이 있으며 영적인 많은 전쟁을 치르고 악한 영들을 다루어본 경험이 있는 사람들은 누구나 이 사실에 동의할 것입니다.

귀신들은 소리를 두려워합니다. 그들은 강력하게 찬양을 드리는 소리를 무서워하며 강력하게 소리 질러 기도하는 소리를 두려워합니다.

영들은 소리에 아주 민감합니다. 영적으로 예민한 사람들도 소리에 민감한 것이 보통입니다.

영들에게 있어서 소리는 아주 실제적인 것이며 강력한 소리를 들을 때 그들은 아주 심각한 고통을 느낍니다. 그들은 소리에 의해서 그들의 존재가 파괴되고 폭격을 당하는 것처럼 느낍니다.

강력하게 방언으로 큰 소리로 기도하면 그들은 마치 몇 만 볼트의 고압전기에 감전되는 것같이 고통을 느끼며 괴로워합니다. 그것은 그들에게 전기 고문과 같은 것입니다.

　복음을 알지 못하는 원시적인 문화에서도 귀신을 쫓아내는 방식들이 있는데 그것은 주로 깡통과 같이 요란한 소리를 내는 것을 힘껏 두드리거나 항아리와 같은 것을 요란하게 깨뜨리는 것입니다. 그것은 그들도 악한 영들이 시끄러운 소리를 두려워하는 것을 알고 있기 때문입니다.

　물론 주님과 복음을 알지 못하는 이들이 단순히 소리를 지르기만 한다고 해서 악한 영들이 쫓겨나간다고 할 수는 없습니다. 그러나 주님을 찬양하며 하나님의 말씀을 선포하고 외치는 그리스도인들의 부르짖음은 그들에게 큰 충격이 됩니다. 그러므로 그들은 그러한 소리를 무서워하며 견디지 못하고 도망가는 것입니다.

　악한 영들은 시끄러운 곳을 싫어합니다. 시끄러운 소리를 싫어합니다. 물론 시끄러운 음악이나 요란한 소리를 통해서 역사하는 마귀도 있습니다. 그러나 실제적으로 역사하는 많은 악령들은 숨어서 조용히 활동하는 경향이 있습니다.

　사람이 살지 않는 폐가나 깊은 산 속에는 악한 영들이 많이 있습니다. 산에서 많이 기도하는 사람들은 그것을 느낍니다.

　영감이 충만하고 예민하지 않아서 악한 영들을 보고 느끼지 못하는 사람들도 본능적으로 어두운 밤에 산 속에 있다면 무서운 느낌을 가지게 될 것입니다.

　눈에는 아무 것도 보이지 않는데 등골이 오싹하면서 머리

털이 쭈뼛쭈뼛하고 일어섭니다. 그 이유는 무엇일까요? 우리의 영감, 영혼은 그 사람의 주위에 있는 악한 영들의 존재를 느끼기 때문입니다.

어린 아이들은 잘 무서워합니다. 어른들은 아이에게 뭐가 무섭냐고 다그치지만 그것은 어른들은 영이 둔하여 느끼지 못하는 반면에 어린아이들은 영이 예민하여 영의 존재를 잘 느끼기 때문입니다. 그러므로 어린이들은 어두운 밤이나 산 속에서 두려움을 느끼게 됩니다.

왜 악한 귀신들이 그러한 곳에 사는 것일까요? 성경도 거라사의 광인이 무덤가에서 살았다고 말씀하고 있습니다. 그 이유는 무엇일까요?

그것은 악한 영들이 소리를 두려워하기 때문입니다. 그들은 사람들을 두려워합니다. 사람들이 내는 말소리를 두려워합니다.

귀신들은 시끄러운 것을 싫어합니다. 그러므로 그들은 고상하고 점잖은 사람들을 두려워하지 않습니다. 무식하고 시끄럽고 요란한 사람들을 두려워합니다.

악한 영들을 잘 쫓아내는 그리스도인들이 있습니다. 이들은 악한 영에 잡혀서 고통 당하는 사람을 보면 그들의 안에 있는 귀신을 쫓아내려고 합니다. 우리는 흔히 이런 사람들을 능력 있는 그리스도인이라고 말합니다.

또한 그리스도인이기는 하지만 악한 영들을 쫓아내는 것과는 거리가 먼 사람들이 있습니다. 이러한 사람들은 누군가가 귀신들렸다고 하면 얼른 그 자리를 피합니다. 그들은 이러한 분야에 자신이 없으며 악한 영들과 전투를 벌이고 싶은 마음이 없습니다. 그들은 악령에 대한 이야기를 듣기만 해도 두려워합니다.

이들의 차이는 무엇일까요? 무엇으로 인하여 어떤 사람은 악한 영을 쫓아낼 수 있으며 자신감이 있고 어떤 사람은 악한 영을 두려워하는 것일까요?

그것은 아주 간단한 것입니다. 그것은 소리의 차이입니다. 평소에 분명하게 소리를 질러 기도하고 소리를 높여 찬양하는 사람들에게는 능력이 있습니다. 그들에게는 능력이 나타납니다. 그들은 자신감을 가지고 있으며 영적인 전쟁을 두려워하지 않습니다.

그러나 평소에 소리를 내는 것을 유치하게 여기고 낮은 기도라고 여기는 이들은 능력이 없으며 악한 영들을 두려워합니다.

그들은 악한 영들의 존재에 대해서 권세가 없습니다. 영적 전쟁에 대한 자신감도 없으며 이러한 이들 가운데는 악한 영의 존재 자체를 믿지 않는 이들도 많이 있습니다.

어떤 이들은 말하기를 자신은 가르침의 은사를 받았으며 귀신을 쫓아내는 은사를 받지 않았다고 말합니다.

그러한 말은 어처구니가 없는 것입니다. 악한 영들을 대적하고 쫓아내는 것은 그리스도인들의 기본적인 권세이며 권리이자 의무인 것이며 주님께서 모든 믿는 자들에게 공통적으로 허용하신 것이기 때문입니다.

"믿는 자들에게는 이런 표적이 따르리니 곧 그들이 내 이름으로 귀신을 쫓아내며 새 방언을 말하며"(막16:17)

자신에게 귀신을 쫓아내는 은사가 없다고 말하는 이들은 전도의 은사가 없으니 전도하지 않겠다고 하는 이들에게 할 말이 없습니다.

접대하는 은사가 없으니 접대를 하지 않겠으며 봉사의 은사가 없으니 봉사를 하지 않겠으며 사랑의 은사가 없으니 사랑을 베풀지 않겠다고 말하는 이들에게 어떻게 대답해야 합니까? 그러므로 은사가 없다는 것은 구차한 변명밖에는 되지 않는 것입니다.

그렇게 변명하는 것보다는 차라리 '나의 기도는 듣기에 좋고 세련되었으며 적절한 문장의 구사에 뛰어나지만 능력은 없다' 고 고백하는 것이 나을 것입니다.

'나의 기도는 멋지고 아름답지만 귀신들이 두려워하지 않는 기도이다' 라고 말하는 것이 나을 것입니다.

기도가 능력이 없어지고 권능이 나타나지 않는 것은 소리에 힘이 없기 때문입니다. 발성의 훈련이 전혀 되지 않았기 때문입니다. 악한 영들은 소리를 두려워하며 나약하고 조용한 기도를 두려워하지 않습니다.

능력 있는 그리스도인이 되고 싶은 사람들은 별로 고민할 필요가 없습니다. 주님을 사모하며 주님의 사람이 되기를 원하지만 영적인 능력에 대하여 자신감이 없고 영적인 열등감을 가지고 있는 이들은 고민할 필요가 없습니다. 그 능력의 원천과 비결이 소리에 있음을 알고 소리를 훈련하면 되는 것입니다.

항상 푸념만을 하면서 두려워하면서 사는 것이 지겨운 사람은 이제 소리를 질러 기도하는 것을 훈련하면 됩니다. 그러면 그는 더 이상 눌려 살 이유가 없을 것입니다.

그것은 그가 소리를 표현하고 사용하는 데에 익숙해질수록 그에게는 강력한 은총과 능력이 나타나게 되기 때문입니다. 능력이란 어떤 사람들이 전세를 내고 있는 것도 아니며 단순한 훈련을 통해서 누구나 강력한 주님의 군사가 될 수 있는 것입니다.

어느 정도 소리가 훈련이 되고 발성으로 기도하는 훈련이 된 사람은 악한 영에 잡힌 사람들이 자신을 제대로 쳐다보지 못하는 것을 경험하게 될 것입니다.

자기가 악한 영들에게 공포의 대상이 된 것을 알고 자신감을 얻게 될 것입니다. 악한 영들은 소리를 무서워하기 때문입니다.

"많은 사람에게 붙었던 더러운 귀신들이 크게 소리를 지르며 나가고 또 많은 중풍병자와 못 걷는 사람이 나으니 그 성에 큰 기쁨이 있더라" (행8:7,8)

귀신들의 나감은 소리와 관련이 있습니다. 악한 영들은 나갈 때 큰 소리를 지르며 나가는 경우가 많이 있습니다. 그들은 소리를 통하여 들어오며 소리를 통하여 나갑니다.

　악한 소리, 좋지 않은 소리를 통하여 악한 영들은 들어올 수 있습니다. 부모로부터 심한 꾸지람을 받고 낙심하여 자살을 기도하는 어린아이가 있습니다.

　이런 경우는 분노와 미움이 담긴 강력한 꾸짖음의 소리가 그 아이의 영을 억압하고 눌러서 악한 영들이 들어오는 통로가 되기 때문입니다. 그리하여 낙담이나 좌절이나 자살의 영이 들어오고 그래서 아이가 죽을 수도 있습니다.

　이처럼 소리는 악한 영들의 통로가 됩니다. 살벌한 폭력 영화나 괴기 영화를 보면서 거기에서 나오는 음산한 소리를 통하여 악한 영들이 들어올 수 있습니다. 이처럼 소리를 통해서 들어온 악한 영들은 소리를 통해서 나가곤 합니다.

　그러므로 쉽게 소리를 지르며 표현할 수 있는 사람들은 악한 영들이 잠시 틈을 탔다고 하더라도 곧 그 영들이 나가게 되며 시원함을 느끼게 됩니다.

　그러나 내성적이고 마음과 감정을 표현하지 못하며 소리를 내지 못하는 사람들은 악한 영들이 잘 나가지 않습니다. 그 영들은 그들의 안에 깊이 자리를 잡고 그들의 마음을 어둡고 비참하고 고통스러운 것으로 만듭니다.

　소리를 제대로 발성하지 못하고 표현하지 못하는 이들은

얼마나 많은 고통을 겪어야 하는지 모릅니다. 그들은 사소한 것에 낙담하고 자살할 수도 있으며 사소한 문제를 가지고 오래 동안 원한을 품을 수도 있습니다.

소리는 영들의 통로입니다. 아름다운 소리는 아름다운 영의 통로이며 악한 소리는 악한 영들의 통로입니다. 영들은 소리로 들어오고 소리로 나갑니다. 그들은 소리를 통하여 들어왔기 때문에 나갈 때도 큰 소리를 지르며 나가는 것이 보통입니다.

악한 영들은 큰 소리로 기도하고 찬양하며 말씀을 선포하는 것을 아주 두려워합니다. 소리로 여리고 성이 무너졌듯이 그러한 선포를 들을 때 악한 영들의 진은 무너집니다.

그러므로 그들은 조용하고 점잖은 예배를 두려워하지 않습니다. 악한 영에 잡힌 사람들도 그러한 예배에서는 전혀 고통을 느끼지 않으며 편안하게 예배를 드립니다.

그러나 강력한 소리가 있는 예배에 귀신들린 사람은 결코 가지 않습니다. 그들은 그러한 곳에 가면 자기가 쫓겨날 것을 잘 알고 있습니다. 그들은 주님과 관련된 말씀이 힘차게 선포되고 주님과 관련된 찬송이 뜨겁고 힘차게 외쳐지는 것을 견딜 수가 없습니다.

강력한 소리가 귀신들을 쫓아내며 악한 영들을 이기는 중요한 무기라는 것을 모든 그리스도인들이 알고 있다면 얼마나 좋을까요! 그들은 쓸데없이 겪고 있는 많은 고통들을 당하지 않아도 될 것입니다. 무기력의 영들과 낙심의 영, 염려, 근심의 영들, 좌절과 각종 사고의 영들, 재앙의 영들을 큰 소리로 외치고 선포함으로 쫓아내게 되면 말로 표현할 수 없는 시원함과 자유함과 기쁨을 경험하게 되기 때문입니다. 다시 이 말씀을 묵상해보십시오.

"많은 사람에게 붙었던 더러운 귀신들이 크게 소리를 지르며 나가고.. 그 성에 큰 기쁨이 있더라" (행8:7,8)

우리가 소리 질러 대적할 때 악한 영들은 빠져나갑니다. 그리고 우리의 삶에는 자유함이 넘치게 됩니다. 그리하여 큰 기쁨이 임하게 됩니다.

그 비결이 무엇인지 아십니까?

그것은 크게 소리 지르는 것입니다. 악한 영들은 소리를 두려워하며 여리고 성은 소리로 인하여 무너졌습니다.

당신도 이와 같이 강력하게 소리를 외치고 선포하는 것을 배우게 된다면 이제 당신의 삶에서도 그와 같은 자유와 승리의 역사가 곧 임하게 될 것입니다. 할렐루야!

17. 오늘날의 기독교는 너무 소리가 없다

오늘날 그리스도인들은 많지만 능력 있는 그리스도인들은 별로 찾아보기 어렵습니다. 생기가 충만하고 기쁨이 넘치며 승리하는 삶을 살고 있는 그리스도인들을 보는 것은 아주 어려운 일입니다.

대부분의 그리스도인들은 능력 있는 삶과 거리가 멉니다. 천국의 권능을 소유하는 것과도 거리가 멉니다. 대부분의 그리스도인들은 하나님의 임재를 경험하지 못합니다. 기도의 응답도 잘 경험하지 못합니다.

오늘날의 많은 신자들이 불신자들에 비하여 별로 다를 것이 없이 삶에 눌려 있으며 지치고 피곤하고 쫓기는 삶을 살고 있습니다.

그러한 무능함의 이유는 무엇일까요? 그것은 소리와 관련되어 있습니다. 오늘날의 그리스도인들의 무력함은 거의 소리에 대하여 훈련되어 있지 않기 때문입니다.

그들은 소리를 내어서 기도하는 것에 익숙하지 않으며 소리를 내어서 찬양하고 말씀을 외치는 데에 익숙하지 않습니다. 그러므로 무력할 수밖에 없습니다.

오늘날 많은 그리스도인들이 예배를 드립니다. 예배에 참석을 합니다. 하지만 예배를 드리면서도 소극적으로 참여할 뿐입니다. 그들은 예배를 드리면서도 입을 벌릴 기회가 별로 없습니다. 예배 대부분의 순서에 그들은 그저 듣기만 할 뿐입니다.

목회자의 설교를 들으며 성가대의 찬양을 듣습니다. 대표 기도자의 기도 소리를 들으며 심지어 광고까지 그들은 열심히 듣습니다. 그들이 입을 벌릴 기회는 아주 적습니다. 기껏해야 찬송가를 두세 번 부를 뿐이며 기도가 끝날 때에 '아멘' 하고 말하는 것 외에는 입을 벌릴 기회가 없습니다.

이것은 아주 비극적인 일입니다. 왜냐하면 영성의 눈뜸과 개발에는 소리를 내는 것이 가장 기본적인 일이며 중요한 것이기 때문입니다.

입을 벌릴 때 사람의 영혼은 움직이기 시작하며 역사를 시작합니다. 입을 벌릴 때 하늘 문이 열리며 영광스러운 역사가 시작됩니다.

그러므로 입을 벌릴 기회가 거의 없는 현대의 그리스도인들은 영성이 병들고 죽어 가는 것이 당연한 것입니다.

그들은 하나님의 임재를 알지 못하며 천국의 영광이 얼마나 놀라운 것인지 체험할 길이 없는 것입니다.

흔히 사람들은 이러한 말을 합니다. 인간에게 두개의 귀가 있고 하나의 입이 있는 것은 많이 듣고 적게 말하라는 메시지라는 것입니다. 그것은 성숙한 삶을 위한 하나의 지혜일 것입니다. 하지만 실제적인 영성의 측면에서 그런 식을 함부로 적용하면 문제가 생기게 됩니다.

중요한 것은 균형입니다. 많이 들으면서 적게 말하거나 말을 하지 않는다면 그 사람의 속은 썩고 부패하게 됩니다.

귀로 들어온 것은 하나의 소리에 그치는 것이 아니고 영적인 기운인데 그것을 배출하지 않고 쌓아놓기만 하면 속에서 썩게 되는 것입니다.

그러므로 많이 듣기만 하고 말을 하지 않는 사람은 속이 답답해집니다. 처음에는 그의 영이 눌리고 답답하지만 나중에는 그 영의 감각이 죽어버리게 됩니다. 그리하여 답답함도 느끼지 못하게 되는 것입니다.

이것은 매우 비극적인 일입니다. 내성적이고 표현하지 못하는 이들의 심령은 이런 식으로 독이 많이 쌓여져 있는 것이 보통입니다.

오늘날 그리스도인들은 듣고, 듣고 또 듣습니다. 설교를 듣고 광고를 들으며 다른 사람들의 기도를 듣습니다. 도대체 언제 입을 열 것입니까? 언제야 입을 열고 가슴에 가득한 것을 말해내어 그 영을 풍성하게 할 수 있을까요? 그가 입을 열어 가슴에 있는 것을 토해낼 때 그의 영혼은 꿈틀거리고 움직이며 살아서 활동하기 시작할 것입니다.

오늘날의 그리스도인들은 소리를 내어서 분명하게 기도하는 것이 서투릅니다. 주보에 자기 이름이 올라가서 다음 주 예배에 대표기도를 맡은 사람은 그 날부터 잠을 제대로 이루지 못하는 것이 보통입니다.

그는 일주일 내내 다음 주 예배에 어떻게 기도해야할지, 무슨 말로 기도해야 할지를 고민할 것입니다.

공중예배에서 드리는 대표기도문에 대한 책은 항상 베스트셀러입니다. 이것은 사람들이 얼마나 대중 앞에서 드리는 대표기도 공포에 사로잡혀 있는지를 잘 보여주는 것입니다.

어떤 사람은 미리 기도문을 작성해서 보이지 않게 숨기고는 그것을 읽습니다. 기도할 때는 모든 사람들이 눈을 감고 있다는 것에 대해서 감사하면서 말입니다.

어떤 이들은 나와서 간증을 하는 경우에도 종이에 이야기할 내용을 써 가지고 와서 그것을 읽기도 합니다. 그러한 것을 장려하는 경우도 있습니다.

이러한 두려움은 모두 발성 훈련이 전혀 되지 않았기 때문에 생기는 것입니다. 그래서 영이 너무 약하기 때문에 많은 사람들의 앞에 서게 되면 그들의 시선과 영에 눌려서 제압이 되어 떨리고 정신이 하나도 없이 되어 당황하는 것입니다.

이러한 사람들은 몇 사람 앞에서 이야기를 나누는 것에는 그리 어려움을 느끼지 않습니다. 그러나 많은 사람의 앞에서 기도하거나 이야기를 하는 것은 아주 어렵게 느낍니다.

이처럼 발성 훈련이 되지 않은 사람은 심령이 약하며 여린 것이 보통입니다. 그들은 많은 사람들 앞에서는 억지로 입을 벌려서 말을 하려고 해도 가슴이 떨려서 자신이 무슨 말을 하는지도 모릅니다.

그러므로 이들에게 있어서 대표기도란 고문과 같은 것입니다. 그러한 경우에 기도하는 사람도 떨리지만 그 기도를 듣고 있는 사람들도 불안하기는 매한가지입니다.

기도의 소리는 참 좋은 것입니다. 찬양도 참 좋은 것입니다. 그러나 그 소리가 아무리 좋은 것이라고 해도 자기 스스로 직접 소리를 내는 것과는 비교할 수 없습니다.

다른 사람의 소리를 듣기만 하는 이들은 그의 영이 수동적으로 되며 전혀 발전하지 못합니다.

남의 기도소리를 많이 들어보았지만 자신의 입으로 직접 표현하고 기도해보지 못한 사람은 막상 어려운 상황이 닥치게 되면 무엇을 어떻게 기도해야 할지 모릅니다. 그는 당황하게 됩니다. 그는 자신이 기독교에 대하여 실제로는 아무 것도 알지 못하고 있다는 사실을 느끼게 됩니다.

주님은 마태복음 10장 32절에서 말씀하시기를 "누구든지 사람 앞에서 나를 시인하면 나도 하늘에 계신 내 아버지 앞에서 그를 시인할 것이요"라고 하셨습니다.

분명하게 소리를 내어서 발성으로 기도하는 것은 많은 사람들 앞에서 주님을 시인하는 것과 같은 것입니다. 그렇게 많은 사람들 앞에서 주님을 부르고 구하고 시인한 것을 주님은 기억하실 것입니다.

그러나 오늘날 많은 그리스도인들은 소리 내어 기도하지 못합니다.

소리를 내어 기도하는 것을 유치하게 여기고 부끄럽게 여기는 이들도 있습니다. 자기의 소리를 다른 사람들이 듣는 것을 부끄럽게 여기기도 합니다. 그러한 이들을 주님은 역시 부끄러워하실 것입니다.

이러한 무지는 많은 경우에 성도들이 잘못 배웠고 잘못 가르침을 받고 있기 때문입니다. 어떠한 사역자들은 소리 내어 기도하는 성도들을 꾸짖으며 '하나님이 귀가 먹으셨느냐'고 막기도 합니다.

그렇게 가르치는 이들은 성경에 나오는 대부분의 선지자들이나 하나님의 사람들을 바보로 만드는 것입니다. 그 하나님의 사람들은 부르짖고 기도하였습니다.

다니엘과 같은 하나님의 사람도 많은 적대자들이 그를 감시하고 있었음에도 불구하고 분명하게 소리를 내어서 기도하였습니다. 그 결과로 그는 사자 굴에 들어가게 되었지만 그는 소리내어 기도하는 것에 대하여 망설이지 않았고 부끄러워하지 않았습니다.

오늘날 그리스도인들은 많이 배우고 듣습니다. 말하고 떠드는 것은 무식하고 교양 없는 일이라고 배웁니다. 그리하여 점잖고 교양 있는 신자들은 늘어가지만 그 심령이 펄펄 살아 움직이며 생기 있고 능력 있는 그리스도인들은 점점 더 줄어들고 있습니다.

아는 것은 많으나 그 심령이 무덤덤하고 답답하게 막혀 있는 그리스도인들이 많이 있습니다.

많은 예배가 드려지지만 그 예배 가운데 천국이 임하며 하나님의 영광과 감격과 기쁨이 있는 예배를 발견하기가 점점 더 힘들어지고 있습니다.

오늘날 그리스도인들은 숫자는 많지만 너무나 소극적이고 약하며 무기력합니다. 이 모든 증상의 원인이 오직 부르짖지 않고 소리 내지 않는 것 그 한 가지 때문이라고는 할 수 없습니다.

그러나 그것이 중요한 원인의 하나라는 것은 분명합니다. 조금만 부르짖어 기도하기 시작해도 그 차이는 너무나 선명하기 때문입니다. 조금만 부르짖어도 모든 것들이, 아주 많은 것들이 변화되기 시작하기 때문입니다.

부디 소극적이고 나약한 신앙에서 벗어나 적극적인 신앙의 사람이 되십시오. 주님의 사람이 되십시오. 우리는 지금까지 많은 좋은 것들을 듣고, 듣고 또 들었습니다. 우리 안에 담아 두고, 담아 두고 또 담아두었습니다. 언제 주를 위해서 말하며 언제 주를 위해서 선포하며 언제 부르짖어 외치기를 시작하겠습니까?

이제 곧 시작하십시오.
그럴 때 이제 모든 것은 달라질 것입니다.
당신은 영성은 변화될 것입니다. 할렐루야.

18. 생명이 있는 곳에는 소리가 있다

생명이 있는 곳에는 항상 움직임이 있고 소리가 있습니다. 소리는 생명의 표현이며 움직임의 표현입니다.

생명이 없는 곳에는 움직임이 없으며 소리가 없습니다. 사람이 있는 곳에는 항상 소리가 있으며 적막은 죽음을 연상하게 합니다.

대자연을 보면 항상 살아 움직이는 소리가 있습니다. 벌레 소리가 있으며 새싹이 움트는 소리가 있습니다. 시냇물이 흐르는 소리가 있으며 새들이 지저귀는 소리가 있습니다.

만물이 얼어붙은 겨울에는 비교적 조용하며 소리가 적습니다. 그러나 만물이 소생하는 봄이 되면 자연은 노래하기 시작합니다. 얼음은 깨지며 얼음 밑에서 물이 흐르는 소리가 요란하게 들리기 시작합니다.

노인들은 소리를 싫어합니다. 시끄러운 것을 싫어합니다. 그래서 노인들은 어린 아이들의 떠드는 소리를 싫어합니다. 다른 데 가서 놀라고 소리를 질러 쫓아냅니다.

지쳐있는 어른들은 아이들이 요란을 떨며 뛰어다니면 한숨을 쉬면서 언제 저것들이 사라지고 좀 조용하게 살 수 있을까 생각합니다.

하지만 때가 되어 그 아이들이 다 떠나고 적막해지면 노인이 된 어른들은 그 때를 그리워하게 됩니다. 아이들이 요란하게 뛰놀며 시끄러웠던 때를 그리워하는 것입니다. 요란하고 시끄러워야 사람이 사는 것 같다고 그들은 지난 시절을 추억하는 것입니다.

아픈 사람은 소리를 싫어합니다. 시끄러운 것을 싫어합니다. 다른 사람들에게 제발 좀 조용히 하라고 호소합니다.

조용한 것을 좋아하는 사람은 지친 사람이며 아픈 사람이며 나이가 많은 사람입니다. 지치고 늙고 병들어서 삶의 의욕과 활기를 잃어버린 사람들입니다.

그들은 지치고 힘들어 소리를 흡수할 능력이 없기 때문입니다. 그들의 안에 소리를 담을 수 있는 공간을 잃어버린 것입니다.

영이 강하고 충만한 사람은 그의 안에 많은 소리를 담을 수 있습니다. 그들은 소리를 즐거워하고 소리를 받아들입니다. 그러나 영이 약해지고 병들게 되었을 때 그들은 더 이상 소리를 받아들일 수 없습니다. 그들은 이미 소리의 용량이 다 차버린 것입니다.

아이들은 다릅니다. 아이들은 시끄러운 것을 좋아합니다. 아이들은 본능적으로 요란한 것에 끌립니다. 그들은 안에 많은 소리를 담을 수 있습니다. 소리의 용량이 차고 넘치며 그 공간이 비어있습니다.

아이들은 TV에서 나오는 CM송을 즐겨 따라 부릅니다. 찬양 곡도 신나는 곡이 나오면 몸을 흔들면서 따라 부릅니다. 어른들은 이것을 보고 기뻐하며 아이가 영적인 면이 있다고 생각하지만 아이들은 그 내용과 상관없이 신나고 빠른 템포의 곡이 나오면 자동적으로 몸이 반응하게 됩니다. 예배를 드리면서 드럼을 치면 노인들은 얼굴을 찌푸리지만 아이들은 신이 나서 찬양을 따라하게 됩니다.

나이든 사람은 대체로 아이들을 잘 다룰 수가 없습니다. 교회의 유년 주일학교에 나이가 든 노인이 와서 가르치면 그것은 피차에 고통스러운 일이 됩니다. 나이가 든 사람은 조용한 것을 좋아하며 아이들은 시끄러운 것을 좋아하기 때문입니다.

젊고 활기가 가득한 사람이 와서 소리를 지르고 난리를 치고 요란을 떨면서 기도회를 인도하고 찬양을 인도하며 신이 나서 열정적으로 피스톤처럼 말씀을 전하면 아이들은 사로잡힙니다. 아이들은 춤을 추고 노래하며 그러한 예배에 빠져 들어갑니다.

그러나 깊이 있는 메시지를 전한다고 차분하게 말씀을 전하고 조용히 찬양을 인도한다면 아이들은 다 잠이 들거나 아니면 다시는 그러한 예배에 오지 않을 것입니다. 부모들이 아무리 억지로 교회에 이끌고 와도 아이들은 그러한 예배가 고통스럽기 때문입니다.

노인들은 왜 시끄러운 것을 싫어할까요? 그것은 그들의 생명이 이제 거의 시들어가고 있기 때문입니다. 아이들은 왜 시끄러운 것을 좋아할까요? 그것은 그들이 생명으로 충만하기 때문입니다. 생명이 가득하고 넘치는 사람들은 소리를 좋아합니다. 유쾌한 것을 좋아합니다. 그들은 소리를 내며 움직이는 것을 좋아합니다.

그러나 생명이 다 소진되어 지치고 피곤해진 사람은 움직이는 것을 싫어하며 시끄러운 것을 싫어합니다.

그들은 자꾸 쉬려고 하고 누워 있으려고 합니다. 그들은 죽는 연습을 하고 있는 것입니다. 그들은 빨리 무덤 속에 들어가서 편안하게 조용히 쉬고 싶어 합니다.

살아있는 존재는 움직이고 소리를 발하며, 죽음이 가까워질수록 사람은 움직이기를 싫어하고 조용히 묵상하고 싶어 합니다.

침묵은 죽음입니다. 그것은 죽어 가는 것입니다. 사람은 누구나 삶에서 죽음으로 나아가지만 구태여 빨리 죽음으로 나아갈 필요는 없습니다.

좀 더 빨리 죽음으로 나아가고 싶으면 그는 고요함과 침묵 가운데 거하고 움직이지 않으면 됩니다. 그러나 좀 더 삶과 건강을 유지하고 생명을 유지하고 싶으면 그는 움직이는 것을 좋아하고 소리를 내는 것을 좋아해야 합니다.

그것은 그의 생명을 풍성하게 합니다. 그의 생명이 죽음으로 가는 속도를 늦추게 되는 것입니다.

아름답고 행복한 관계는 즐거운 소리의 화음이 있습니다. 한 사람이 말하고 한 사람이 듣습니다. 그리고 웃음이 있고 화답이 있습니다. 그것은 즐거운 관계입니다. 그들이 부부라면 행복한 부부이며 연인이라면 행복한 연인입니다. 그들이 목회자와 성도의 관계라면 그것은 아름답고 풍성한 교회이며 은총으로 가득한 관계입니다.

그러나 바람직하지 않은 관계도 있습니다. 그들은 만나고 같이 있기는 하지만 서로 말이 없습니다. 그들이 같이 있을 때 죽음과 같은 침묵이 흐릅니다.

그들은 서로 말을 하지 않으며 대화를 나눌 것이 없으며 공통 화제가 없습니다. 그것은 죽음과 같은 관계입니다. 그들은 결코 행복하지 않을 것입니다.

나는 이러한 글을 읽은 적이 있습니다. 서로가 아무 말이 없어도 행복할 수 있다면 그것은 정말 아름다운 관계라는 것입니다.

그것은 좋은 말입니다. 그리고 이상적인 관계일 것입니다.

그러나 나는 대부분의 사람들이 그렇게 깊고 심오한 관계를 가지지 않기를 바랍니다.

그저 단순하게 같이 이야기하고 웃고 즐거워하며 마음에 있는 이야기를 나누는 것이 좋을 것입니다.

우리가 육체 없이 영혼만을 가지고 있다면 영혼의 대화, 침묵의 대화로도 충분하겠지만 몸이 있고 입이 있다면 그것을 사용하는 것이 일반적이며 좋은 것입니다.

사랑하는 사람끼리는 특히 입을 사용하는 기쁨을 같이 누리는 것이 좋습니다.

살아있는 곳에는 움직임이 있고 소리가 있습니다.

소리가 없는 것은 죽은 것입니다.

수탉이 새벽에 울지 않는다면 그것은 병든 것입니다.

개가 도둑을 보고도 짖지 않는다면 그것은 병든 것입니다.

마찬가지로 그리스도인들이 부르짖어 기도할 줄 모르며 말씀을 큰 소리로 외치며 큰 소리로 마음을 다해서 찬양할 줄 모른다면 그것은 병든 것입니다. 그 영혼이 병들어 있는 것입니다.

조용한 예배는 죽은 예배입니다.

조용한 교회는 죽은 교회입니다. 아니면 병든 교회입니다.

마귀는 그러한 예배를 두려워하지 않습니다.

그러한 교회를 두려워하지 않습니다.

조용히 침묵으로 기도하는 교회와 성도들을 마귀는 두려워하지 않습니다. 소리를 통해서 그들이 폭격 맞아 죽을 일이 없기 때문에 마귀는 안심하고 그러한 교회에서 돌아다닙니다.

살아 계신 성령님의 역사가 있는 곳은 결코 조용하지 않습니다. 활기가 있고 움직임이 있으며 뜨거움이 있고 소란스러움이 있습니다. 그것은 아름답고 거룩한 소란스러움입니다.

하나님의 권능이 임할 때 그는 소리를 자제하는 것이 어렵습니다.

기도에 기쁨이 임하며 찬양에 주체할 수 없는 행복감과 천국의 은총이 임할 때 그가 어떻게 그것을 억제할 수 있겠습니까?

그는 기쁨과 감격으로 인하여 울거나 웃거나 소리를 발하게 됩니다. 그는 흥분하고 감격하여 주님의 은혜와 사랑을 증거하고 싶어합니다.

고요한 것은 죽음에 가까운 것입니다. 무덤처럼 조용한 곳은 없습니다. 귀신들은 무덤에 거하는 것을 좋아하고 병든 사람도 고요한 곳을 좋아하지만 살아있는 생기를 원한다면 그러한 고요함을 좋아해서는 안 됩니다.

단 하나의 예외가 있습니다. 고요함 가운데 생명이 충만한, 단 하나의 예외가 있습니다. 그 곳은 바로 지성소입니다.

지성소에는 고요함이 있으며 거룩함이 있습니다.

그 곳은 고요합니다. 그러나 그 고요함은 사망에 속한 고요함이 아닙니다. 왜냐하면 거기에는 생명의 근원이신 하나님의 영광이 있는 곳이기 때문입니다.

우리는 강력하고 깊은 기도 중에 하나님의 영광과 임재를 경험할 수 있습니다. 그 때에 주님의 임재가 우리 가운데 깊이 임하시면 우리는 고요함 가운데 붙들리게 됩니다.

우리는 거룩한 적막 가운데에 사로잡히며 세상의 소리가 전혀 들리지 않게 됩니다. 그것은 고요함이지만 죽음이 아니며 생명으로 가득한 고요함입니다.

하지만 그러한 고요함은 오직 하나님의 영광과 임재 가운데 있을 때만 생명임을 기억해야 합니다. 그렇지 않은 일반적인 대부분의 고요함은 죽음에 가까운 것입니다.

2권에서 좀 더 자세하게 나누겠지만 부르짖는 강력한 기도를 경험하고 알지 못하면서 처음부터 이러한 고요함의 묵상으로 하나님께 나아가려고 하는 사람들이 있습니다.

　그것은 무지의 소치입니다. 고요함은 영적으로 깊은 단계에서 이루어지는 것이며 처음부터 묵상하며 고요함 가운데 있는 것은 아주 위험합니다.

　이 순서와 원리를 모르기 때문에 많은 이들의 영들이 눌려 있으며 침묵 기도와 듣는 기도를 하는 가운데 악한 영들에게 눌리고 속아서 영들이 혼미하게 되는 것입니다.

　침묵 기도는 기본적인 발성의 훈련이 되어 있지 않은 이들이 하면 아주 위험한 기도입니다. 그들은 영을 분별할 줄 모르며 고요한 생각 중에서 떠오르는 모든 것들이 바른 깨달음이며 주님으로부터 오는 것이라고 생각합니다.

　그러한 이들은 나중에 영이 열리게 되면 비로소 악한 영들의 계략을 분별하게 될 것입니다. 그리고 침묵 기도는 1단계의 기도가 아닌 것을 알게 될 것입니다.

　오늘날 지적이고 사색적인 사람들은 영감이 거의 막혀 있는 경우가 많아서 어둠의 영들로부터 오는 생각들에 얼마나 많이 속고 사로잡혀 있는지 모릅니다. 속고 눌려 있으면서도 그 사실 자체를 알지 못합니다. 그러한 이들은 부르짖고 기본적인 발성기도 훈련을 통해서 영혼이 깨어나지 않으면 평생을 그러한 상태로 살다가 죽을 것입니다. 그것은 심히 무서운 일입니다.

부디 이 진리를 분명하게 인식하시기를 바랍니다.

생명이 있는 곳에는 흐름이 있으며 움직임이 있으며 소리가 있습니다. 소리로 표현되는 생명은 깊은 생명은 아니지만 아무튼 이것이 기초입니다. 이 기초 위에서 그리스도인들은 비로소 영성의 기초를 닦게 되며 영혼의 감각이 생기게 됩니다.

결코 소리를 무시하지 마십시오. 소리를 내는 것이 우습게 여겨지고 유치하게 여겨진다면 당신은 지금 영적으로 많이 지치고 망가져 있는 것입니다.

당신은 회복되어야 합니다. 그 때에 당신은 소리와 흐름과 활기를 기뻐하게 될 것입니다.

부디 생명의 충만함을 사모하십시오. 구하는 자에게 주님은 은총을 베푸시며 그 생명의 충만함이 당신에게 임할 때 당신은 소극적인 것에서 벗어나 활기차고 강력한 사람이 될 것입니다.

움직이는 것을 기뻐하고 즐거워하며 말하는 것을 좋아하며 소리내어 기도하는 것을 즐거워하게 될 것입니다.

당신의 소리가 풍성해지고 충만해질 때 당신의 삶도, 영적 생명도 환희와 생기로 가득하게 될 것입니다.

소리는 곧 생명의 표현이기 때문입니다.

19. 소리의 공간을 확장시켜라

앞장에서 소리에 대한 노인들의 반응을 언급하였습니다. 대체로 노인들은 시끄러운 소리를 싫어하며 활기찬 소리도 싫어합니다. 그들은 소리에 대해서 몹시 예민합니다.

내성적이며 신경이 예민한 사람들도 소리를 싫어합니다. 그래서 소음을 잘 견디지 못합니다. 그것은 그들의 안에 많은 양의 소리를 담을 수 있는 공간이 부족하기 때문입니다.

사람의 안에는 소리를 넣을 수 있는 공간이 있습니다. 그런데 그 공간이 이미 차 있으면 그 사람은 더 이상의 소리를 넣을 수가 없습니다. 그러므로 작은 소리가 들어와도 그들은 그 소리를 고통스럽게 느끼게 됩니다.

왜 아이들이나 활동적인 사람들은 오히려 시끄러운 것을 좋아하는 것일까요? 그것은 그들의 안에 있는 소리의 공간이 아직 가득 채워지지 않았기 때문입니다. 그러므로 그들은 자기의 빈 공간에 더 많은 소리를 넣으려고 합니다.

사람 안에 소리의 공간이 있다는 것은 소리를 넣을 수 있는 특별한 장기가 따로 있다는 것을 의미하는 것은 아닙니다. 이것은 영혼의 한 기능이라고 할 수도 있습니다. 소리는 물질계에 속하면서도 또한 영혼과 관련을 맺는 것입니다. 이것은 영혼과 육체를 서로 연결해주는 매개체라고도 할 수 있을 것입니다.

소리의 공간은 육체 안에 별개의 다른 공간에 있는 것이 아니라 영혼의 상태와 관련된 것이라고 할 수 있습니다.

영혼이 강건하고 충만한 사람은 소리의 공간이 넓습니다. 그러나 영혼이 약하고 부드러운 사람은 소리의 공간이 작습니다. 그러므로 그러한 이들은 소리를 잘 견디지 못합니다.

소리를 넣을 수 있는 공간이 적은 사람들은 외부의 소리를 몹시 시끄러워하며 듣기 싫어합니다. 그래서 이런 사람의 옆에서는 조심을 해야 합니다. 그러므로 이런 사람들은 다른 사람들을 불편하게 합니다.

소리의 공간이 작은 사람들은 이미 그 소리의 공간이 꽉 차 있습니다. 자신이 좋아하는 소리로 인하여 꽉 차있는 것입니다.

어떠한 소리로 꽉 차 있을까요? 그것은 그의 경험과 관련된 것입니다. 오리는 태어나서 처음 본 대상을 엄마라고 생각한다고 합니다. 그리하여 그 대상을 무조건 따라다닌다고 합니다.

소리의 경험도 이와 비슷합니다. 소리의 용량이 작은 사람도 자기가 경험한 소리가 있는데 그 소리가 그 사람의 안을 채워 버립니다. 그래서 다른 소리는 들어오지 못하게 하는 것입니다.

예를 들어서 어떤 사람은 트로트 가요를 아주 좋아합니다.

그래서 다른 소리는 아주 시끄러워하면서도 트로트 가요가 TV에서 나오면 흥겨워서 볼륨을 크게 틀어놓고 듣습니다.

그 소리는 그가 과거에 자랄 때 많이 듣던 소리이기 때문에 그 소리가 그의 안에 들어있으므로 크게 들어도 그 소리는 그에게 전혀 고통이 되지 않고 즐거움이 되는 것입니다.

그러므로 소리의 공간이 꽉 찬 사람이라도 자기가 좋아하는 소리, 자기 안에 이미 들어와 있는 소리에는 즐거움을 느낍니다. 과거에 자기가 좋아했던 노래가 TV에서 나오면 향수가 가득해서 그 노래를 들으며 따라 부르게 됩니다.

그러나 자기의 안에 들어 있지 않는 새로운 소리나 음악이 나오면 어떻게 느낄까요? 그것은 고통스럽게 느끼게 되는 것입니다.

연세가 많은 분들은 찬송가를 오래 부르고 들어왔기 때문에 거기에 익숙합니다. 그러나 새로 나온 찬양이나 경배곡에는 도무지 익숙하지 않으며 적응하기가 힘이 듭니다. 그들은 이미 소리의 용량이 꽉 차 있기 때문에 그러한 새 노래의 소리가 들어갈 곳이 별로 없기 때문입니다.

그래서 영의 실제를 잘 알지 못하는 노인들은 경배곡을 통해서 그 자리에 주님이 임하시고 영의 흐름이 있어도 잘 느끼지 못합니다. 오히려 고통스럽게 느끼는 것입니다.

그러나 다시 그들이 잘 아는 찬송가를 부르면 그들은 즐거움을 느끼게 됩니다. 이는 사람들이 대체로 영의 흐름과 감동을 따라 찬양을 하지 않고 자기 경험을 따라 성향을 따라 찬양을 하는 경향이 있기 때문입니다. 대부분의 사람들은 주님의 영광보다는 자기에게 익숙한 것을 좋아합니다.

그러나 노인이라고 해도 소리의 용량이 꽉 차 있지 않고 여유가 있는 사람들은 어떨까요? 그들은 새 노래와 찬양을 힘들어하지 않고 즐기게 됩니다. 왜냐하면 그들에게는 아직 새로운 소리를 받아들일 수 있는 용량과 공간이 있기 때문입니다. 그러므로 그들은 새 찬양과 새 소리를 그들의 안으로 흡수하게 됩니다.

문제는 나이가 많으냐 아니냐가 아니라 소리의 공간이 꽉 차 있느냐 비어있느냐에 달려 있는 것입니다.

일반적으로 나이가 들면 소리의 용량이 작아지는 것이 보통입니다. 그러므로 그들은 새로운 은혜를 받아들이기 어려우며 변화의 가능성도 줄어듭니다.

젊은이들은 노인에 비해서 상대적으로 소리의 용량이 많습니다. 그래서 시끄러운 것을 즐거워합니다. 그러나 젊은이라고 하더라도 내성적이고 조용한 사람들은 역시 소리의 용량이 적기 때문에 시끄러운 곳에서 고통을 느끼게 됩니다.

소리의 용량이 작은 것이 병적인 증상처럼 아주 나쁜 것이라고만 할 수는 없습니다. 태어날 때부터 사색적인 기질의 사람도 있기 때문입니다. 어떤 사람은 태어날 때부터 활동적인 사람으로 태어나며 어떤 사람은 사색적이고 생각이 많은 사람으로 태어납니다.

그것은 기질과 사명과 관련된 것이기 때문에 그 자체를 나쁘다고 할 수는 없습니다.

다만 분명한 것은 소리의 용량이 부족하여 소리를 잘 받아들이지 못하고 소리에 대해서 고통을 느끼는 사람들은 세상에 적응하는 것이 쉽지 않으며 몹시 어려움을 겪게 된다는 것입니다.

그들은 요란함을 싫어하며 자꾸 고요한 곳으로 도피하고 싶은 성향을 가지게 됩니다. 광야에서 혼자 거하며 묵상하고 싶은 소원을 가지게 되는 것입니다.

소리의 용량이 작은 사람은 소리에 대한 적응 능력이 떨어져서 조금만 큰 소리가 나도 가슴이 벌렁벌렁하며 놀라게 됩니다.

그러한 이들은 세상에 적응하는 것 자체가 몹시 힘들게 됩니다. 그러므로 산다는 것이 쉽지 않은 것입니다. 대인관계, 직장 생활, 가정생활.. 모든 것이 그들에게는 쉽지 않은 일입니다.

그러니 받은 사명을 잘 감당하고 세상의 악들과 싸워서 승리하는 것보다는 자꾸 안전한 곳으로 도피하여 조용히 살고 싶은 욕망에 빠지게 되는 것입니다.

광야에 가고 기도원에 가서 살면 시험도 없고 항상 기도만 하면서 살 수 있으니 좋을까요? 그것은 별로 좋은 일이 아닙니다. 선지자들도 일시적으로 광야에 거하면서 사명을 받고 하나님의 훈련을 받기는 하였습니다. 그러나 그것은 일시적인 상태였으며 그들의 주 사역지는 바로 세상이었습니다. 이것은 오늘날의 우리도 마찬가지입니다.

우리는 세상이 악하다고 해서 세상을 피해서는 안 됩니다. 세상은 우리의 사역 장소이며 활동의 영역입니다. 우리는 부르짖고 기도하고 권능을 받아서 세상을 정복하고 세상의 빛과 소금이 되어야 하지 세상이 악하다고 광야에 도피해서는 안 됩니다. 우리는 강한 사람이 되어서 세상을 이기는 사람이 되어야 합니다.

우리가 세상을 이기는 강한 사람이 되려면 소리를 감당할 수 있는 사람이 되어야 합니다. 그러기 위해서는 소리의 용량이 많아야 합니다.

소리의 용량이 부족한 사람은 사소한 소리에도 깊은 상처를 받습니다. 사소한 소리에도 깜짝깜짝 놀랍니다. 툭하면 말로 한 대 얻어맞고 그 말이 가슴에 깊이 꽂힙니다. 그러므로 세상을 정복한다거나 사명을 감당하는 것과는 거리가 멀고 항상 눌리고 약하고 상처받는 삶을 살게 됩니다.

그러므로 소리 용량의 증가가 곧 영적인 충만함이며 강건함과 관계가 있음을 알아야 합니다. 우리 안에 소리 용량이 충만하다면 우리는 사소한 소리를 감당하고 처리할 수 있으며 여유 있는 사람이 될 수 있습니다.

그렇다면 우리는 어떻게 소리의 공간을 확장할 수 있을까요? 그 비결도 역시 소리입니다.

우리가 소리를 내고 소리를 지르면 우리의 안에 있는 소리 공간은 증가됩니다. 즉 소리가 나가는 만큼 소리의 공간이 확장되는 것입니다.

군대에서 훈련을 받으며 자주 기합 소리를 지르고 구령을 외칠 때 강하고 담대한 사람이 되는 것은 소리를 지르는 것을 통하여 그 사람 안에 소리의 용량이 확장되기 때문입니다. 그러므로 그는 점점 더 강한 사람이 되어 사소한 소리에도 놀라지 않으며 강한 용사가 될 수 있는 것입니다.

그러므로 당신의 소리 용량을 확장시키십시오.

소리를 지르십시오. 당신이 작은 소리에 놀라며 쉽게 상처를 받고 사소한 것에 얽매이는 사람이라면 이제 당신은 소리 공간이 확장될 때 당신이 강해지며 마음도 넓어지는 것을 느끼게 될 것입니다.

소리 용량이 확장될 때 당신은 세상을 감당할 수 있습니다. 그리고 변화에 잘 적응할 수 있습니다.

소리를 지르는 것을 통하여 당신의 소리 공간을 넓게 하십시오. 그 공간이 넓어질수록 당신도 영도 마음도 확장되어 당신은 강하고 너그럽고 승리하는 사람이 될 수 있을 것입니다. 할렐루야.

20. 소리를 내지 못하는 사람들의 증상들

소리를 내지 못하는 사람들이 있습니다. 이들은 소리를 내어 표현하는 것을 싫어하거나 소리를 내는 데에 익숙하지 않은 사람들입니다.

이러한 사람들이 그리스도인이라면 이들은 승리하는 삶을 살기 어렵습니다. 이들은 실제적으로 주님을 경험하기 어렵습니다.

이들은 소리를 내어서 기도하는 것을 싫어합니다. 표현하는 것에 익숙하지 않습니다.

이러한 사람들은 오래 동안 신앙생활을 해왔다고 해도 실제적인 믿음의 세계와 접촉하기 어렵습니다. 이들은 오랜 시간 많은 이야기들을 들어왔고 훈련을 받았고 아는 것이 많이 있다고 해도 그 모든 것들은 그에게 하나의 관념에 지나지 않게 됩니다.

이들은 십자가에 대해서 배우며 보혈에 대해서 알고 있으며 성경의 많은 말씀을 수없이 들었지만 그러한 모든 것들을 실감하지 못합니다. 그에게 그러한 진리들은 살아있는 생생한 것이 아닙니다. 그저 무덤덤한 것에 지나지 않을 뿐입니다. 그러한 진리들은 그의 삶에 있어서 감격적으로 다가오지 않습니다.

이들은 오래 동안 많은 것을 배우고 듣고 알고 있어도 별로 변화되지 않습니다.

그러한 이들은 많은 진리를 배우고 듣고 있지만 그것이 그의 입으로 거의 시인되고 표현되지 않았기 때문에 그에게는 그러한 진리의 말씀들이 아직 실제가 되지 않은 상태로 그의 안에 머물러 있기만 하고 있는 것입니다. 그것은 아직 개념이며 실제가 아닙니다.

그것들을 그가 직접 자기의 입으로 고백하며 표현하며 드러낼 때 비로소 그 진리들은 그의 삶에 등장하기 시작하며 그의 영혼에 충격적으로 다가오기 시작하는 것입니다.

소리를 내고 발성하여 기도하고 찬양하는 것에 익숙하지 않은 이들은 현실의 삶에 있어서 많은 묶임을 가지고 있습니다. 그들은 결코 자유롭지 않습니다.

이러한 사람들은 대인관계에도 어려움을 겪습니다. 그들은 분명하게 입을 열어 정확하고 자신감 있게 말을 할 줄 모릅니다. 이들은 어물거리며 작고 불명확한 발음으로 말을 합니다.

이들은 자신의 의사를 분명하게 표현하는 것에 어려움을 겪습니다. 이들은 싫은 것도 싫다고 잘 말하지 못합니다. 이들은 점점 말을 하는 것이 어려워지며 생각만 많아지게 됩니다.

말을 하는 대신에 많은 것을 듣게 되므로 그의 생각은 점점 더 복잡해집니다. 입으로 나가는 것은 별로 없고 귀로 들어오는 것은 많기 때문에 그는 점점 더 속이 복잡해지고 썩게 되며 자유롭지 않게 되는 것입니다.

발성에 어려움을 겪는 이들은 사람들을 대하고 만나는 것이 점점 더 불편해지게 됩니다. 이러한 이들은 소수 앞에서는 그럭저럭 이야기를 할 수 있으나 많은 사람들의 앞에 나가게 되면 얼어붙어 버립니다. 그는 떨리고 압도되어서 아무런 말도 할 수 없습니다.

말하는 것이 어려운 이들은 사람들을 만나는 것이 피곤하게 됩니다. 사람을 만날 때 말을 하는 것은 아주 필요하고 중요한 일이며 대체로 말을 잘하는 사람이 분위기를 이끌어가기 때문입니다.

그러므로 이러한 사람은 여럿이 만나도 아무런 역할을 하지 못하고 소극적인 상태에 있게 됩니다.

만남이 끝나고 사람들과 헤어져 혼자가 되면 그는 만남 속에서 들었던 좋지 않은 말을 되새기며 스트레스를 받습니다. 결국 그는 점점 더 사람들과의 만남이 부담스러워지며 나중에는 혼자 있는 것이 점점 더 편해지게 됩니다.

만남에는 항상 말이 있습니다. 여러 사람이 만났을 때 소리가 분명하며 언어표현에 유능한 사람은 그 분위기를 사로잡고 주도하게 됩니다. 그러나 소리와 언어 표현에 익숙하지 않은 사람은 여러 사람이 모이는 분위기에 불편함을 느낍니다. 또한 다른 사람들도 그 사람을 불편하게 느끼게 됩니다.

어떤 모임에서 여러 사람들이 대화를 하고 있는데 그 중에서 한 사람이 조용히 침묵을 지키고 있다고 합시다. 다른 사람들은 그 사람이 부담스러워지게 됩니다.

그들이 어떤 이야기를 하고 있을 때 그가 동의를 하는지 속으로 판단을 하고 있는지 알 길이 없기 때문입니다. 그러므로 그 사람 앞에서 말을 하는 것이 불편해집니다.

실제로 어떤 모임이 있을 때 모든 사람들이 이야기를 하는데 혼자서 입을 열지 않는 사람은 나중에 그 모임에 대해서 비판을 하는 것이 보통입니다. 언어로 마음을 함께 나누지 않은 사람은 다른 이들과 온전하게 하나가 되고 연합하기가 어려운 면이 있는 것입니다.

어떤 사람이 무슨 이야기를 할 때 아무 반응이 없다면 그것은 말하는 사람을 지치게 합니다.

상대방이 적극적으로 반응하며 말을 한다면 그 사람은 말하는 사람에게 기쁨을 주며 그 두 사람은 정신적으로 일체감을 느끼게 될 것입니다. 그러나 아무런 반응이 없이 침묵을 지키는 사람에게는 아무도 말을 하고 싶지 않을 것입니다. 그러므로 소리를 통해서 분명하게 자기 마음을 표현하지 않는 사람은 대인관계에서 어려움을 겪게 됩니다.

그러한 사람과 같이 있는 것은 재미가 없기 때문에 점점 사람들은 그와 함께 있으려고 하지 않게 됩니다. 그렇기 때문에 이런 사람은 점점 더 고독해지게 되는 것입니다.

어떤 세 친구가 있습니다. 그 중 두 사람은 말을 잘 하고 한 사람은 말없이 듣는 것만을 좋아합니다. 그 세 친구가 하루는 한 친구의 집에서 같이 잠을 자게 되었습니다.

두 친구는 밤에 불을 끄고 침상에 누워서 많은 이야기를 합니다. 한 친구는 아무 말이 없습니다. 한 친구가 물었습니다.

"**아, 자고 있니?"

침묵을 지키고 있던 친구가 대답합니다.

"아니.. 안 자.."

두 친구는 계속 이야기를 합니다. 그리고 한참 있다가 다시 묻습니다.

"**아, 자니?"

그는 대답합니다.

"아니.. 안 자.."

이러한 성격을 나쁘다고 할 수는 없겠지만 이런 성격을 가진 이들을 참아내지 못하는 사람은 많이 있을 것입니다.

이러한 이들은 악의가 없을 때에도 남들에게 오해를 받기가 쉽습니다. 그들은 주위 사람들을 답답하게 만듭니다. 그러므로 그들은 섬김을 위하여 언어를 표현하는 것을 훈련해야 합니다. 침묵이란 항상 미덕이 되는 것은 아닙니다.

오늘날 언어에 서투르며 표현에 서툴러서 자기 혼자만의 세계에 빠져드는 사람들이 점점 더 많아지고 있습니다. 어두운 곳에서 혼자서 컴퓨터 게임에 몰두하며 바깥 세계에 적응하지 못하는 사람들이 점점 더 늘어나고 있습니다.

이러한 사람들은 거의 정신병의 수준에 가까이 가고 있는 것입니다. 입으로는 아무런 말도 하지 않으면서 귀로는 하루 종일 컴퓨터에서 나오는 기계음을 듣고 있다면 그의 정신은 점점 더 이상하게 됩니다. 많이 듣고 적게 말을 한다면 그것은 균형을 잃은 것으로서 많이 먹고 적게 배설하는 것처럼 일종의 정신적인 변비에 걸리게 되는 것입니다.

그의 마음속에는 수많은 생각과 공상이 떠돌아다니는데 입으로는 한마디도 제대로 표현하지 못하는 증상이 나타나게 됩니다.

많이 듣고 많이 생각하지만 그것을 표현하는 것이 부족하다면 그는 정신적으로 병들어 있는 것입니다. 또한 병들어가게 됩니다. 흘러 들어오는 만큼 나가지 않는 것은 사해와 같아서 누구든 썩고 병들게 되어있는 것이 자연의 이치인 것입니다.

소리를 내지 못하며 지르지 못하며 표현하지 못하는 이들은 약한 사람들입니다. 약한 그리스도인들입니다.

이들은 말을 더듬으며 많은 사람들 앞에서 쩔쩔 맵니다. 이들은 자유롭지 않으며 소극적이며 무엇을 결정할 때 우왕좌왕하고 항상 지나간 후에 후회합니다. 이들은 주님께서 맡겨주신 사명을 감당하는 것이 어려워집니다.

이러한 사람들은 많은 사람을 인도할 수 없습니다. 리더가 될 수 없습니다. 사람들을 이끌고 인도하는 중요한 파워는 소리에서 나옵니다. 사람들을 압도하고 도전을 주는 것은 소리의 힘인 것입니다.

강력한 리더가 무엇인가 말할 때 그의 소리에는 사람들을 안심시키고 압도하는 그 무엇인가가 있습니다. 그 소리의 내용보다 소리 자체에 힘이 있는 것입니다.

그러나 연약한 사람은 말의 내용은 좋을지 모르지만 그 소리가 답답합니다. 그들의 소리는 우물쭈물하며 답답합니다.

사람들은 그의 소리에 주목하지 않으며 그러한 사람은 다른 사람을 인도하는 역할을 맡게 되어도 어쩔 줄을 모르고 쩔쩔맬 뿐입니다.

그러므로 이들은 리더를 맡는 것이 오히려 고통이 됩니다. 이들에게 리더를 맡기려고 하면 그들은 달아나기 바쁠 것입니다.

이러한 사람이 그리스도인이라면 승리하는 삶을 살지 못하는 것은 아주 당연한 일입니다.

그는 대인 관계에서 항상 쉽게 상처를 받을 것입니다.

아주 사소한 일에도 걱정 근심으로 가득 차게 되며 사소한 말에도 노심초사하고 상처를 받을 것입니다. 누가 그에게 반대한다면 그는 일을 추진하고 나아가지 못할 것입니다.

그는 부딪침을 싫어하기 때문입니다. 조금만 위협을 받아도 그는 두려움에 사로잡힐 것입니다.

이러한 사람이 어떻게 세상의 빛과 소금의 역할을 할 수 있으며 성공적인 대인관계를 하고 승리하는 그리스도인이 될 수 있겠습니까? 그것은 불가능합니다.

이러한 사람이 전도를 하고 사람들의 영혼을 주님께 인도할 수 있겠습니까? 그것은 아주 어렵습니다. 전도도, 사람을 사로잡는 것도, 영혼을 이끄는 것도 소리로 하는 것이기 때문입니다.

소리가 미약한 사람은 주님의 일을 하는 데에 있어서도 많은 제한이 따르는 것입니다.

많은 사람들이 스트레스를 받습니다. 속이 썩으며 속에 상처가 가득합니다. 다른 사람들이 함부로 그에게 퍼부은 가시 돋친 말들이 가슴 속에 가득합니다. 이 세상은 마음이 여린 사람이 평안하게 살 수 있는 안전한 곳이 결코 아닙니다.

소리가 약하고 마음이 약한 사람은 항상 어디에서나 무시를 당하며 공격을 받기 때문에 마음에 상처가 가득하게 쌓이게 되어 있습니다.

말을 잘 표현하지 못하고 입을 다물고 있는 사람들은 상처가 많은 것이 보통입니다. 그러한 이들은 자기 방어를 잘 하지 못하기 때문입니다. 사람들은 그런 이들을 보고 답답하다고 함부로 퍼 대는 경향이 있습니다.

하지만 정말 답답한 것은 그러한 사람들 자신입니다. 그들의 귀로는 나쁜 기운들이 계속 들어오는데 그것을 받아들이기만 하고 바깥으로 표현하지를 못하니 속이 어찌 멀쩡할 수가 있겠습니까. 그러므로 그러한 이들의 속은 답답함과 고통으로 가득한 것이 보통입니다.

이렇게 내성적이고 표현을 못하는 사람의 옆에 있는 이들은 고통을 겪게 됩니다. 그것은 그가 속에 쌓인 스트레스를 가족들에게 풀기 때문입니다. 그러니 소극적이고 표현이 약한 사람은 자신도 괴롭지만 그들의 주변에 있는 사람들도 괴롭기는 마찬가지인 것입니다.

오늘날 이 세상에는 정신병 환자들이 엄청나게 많습니다. 그 이유는 간단합니다. 생각이 쌓이고 바깥으로 표출되지 못하면 그것은 썩는 것입니다. 그래서 속이 썩기 시작합니다. 속에 표현하지 못한 말들이 가득한 것입니다. 그것이 정신병의 시작입니다.

정신이 혼란한 사람들은 혼자서 이상하게 웃으며 뜻 모를 말을 중얼거립니다. 그것은 속에 쌓여있는 것들이 한계에 이르면 그런 식으로라도 나와야 하기 때문입니다. 사람은 말을 표현하지 않으면 돌게 되어 있습니다.

소리를 지르며 들판을 뛰어다니는 원시인들에게는 정신병이 없습니다. 그러나 많이 듣고 많이 생각하며 적게 움직이고 적게 말하는 현대인들에게는 정신병이 많습니다.

사람이란 속에 쌓이는 것이 많으면 돌게 되어 있는 것입니다.

문명이 발달할수록 사람들은 많은 정보를 접하며 받아들이고 보고 듣게 됩니다. 그리고 표현할 길은 줄어듭니다. 그러므로 사람들의 정신과 영혼이 망가지게 되는 것입니다.

이러한 증상의 처방은 아주 간단합니다. 그것은 소리를 지르는 것입니다. 소리를 표현하는 것입니다. 그 간단한 행동으로 사람들은 속의 막혔던 것들이 뚫리며 회복됩니다.

소리를 지르는 것은 놀라운 일입니다. 거기에는 힘과 능력과 담대함과 많은 아름다운 선물들이 주어집니다.

군대에 가서 훈련을 받을 때 아주 중요한 요소가 소리를 지르게 하는 것입니다. 훈련병들은 큰 소리로 대답할 것을 배웁니다.

그들이 조그만 소리로 대답하면 조교들은 "속삭이냐! 내가 네 애인이야!" 하고 꾸짖습니다.

훈련병이 "아닙니다!" 하고 큰 소리로 외치면 다시 조교는 "안 들린다!" 하고 대답합니다. 이런 식으로 훈련병들은 큰 소리로 대답하는 것을 배웁니다.

유격장에서 많이 하고 있는 PT 체조에는 반드시 구호의 복창이 들어갑니다. 몸이 힘들게 뛰는 것 이상으로 병사들은 소리를 질러야 합니다.

이런 식으로 소리를 지르면서 군인들은 강한 정신력을 갖게 되며 자신감과 용기를 얻게 되는 것입니다.

모든 무예에는 기합이 있습니다. 태권도에도, 유도에도, 모든 무예에는 기합이 있습니다. 기합은 무예의 중요한 요소입니다.

그것은 흐트러진 마음을 바로 잡고 정신을 통일시키며 강한 마음을 갖게 합니다.

소리를 제대로 내지 못하며 자신의 생각과 마음을 분명한 언어로 표현하지 못하는 것은 심각한 증상입니다. 그는 어린 시절에 꾸짖음을 많이 받고 자랐거나 기질적으로 내성적이고 생각이 많은 사람일수도 있습니다.

분명한 것은 이러한 사람은 반드시 언어와 소리의 표현에 대한 훈련을 해야 한다는 것입니다. 그는 반드시 소리의 세계를 정복해야 합니다. 그렇지 않으면 충만하고 성공적인 삶을 살 수 없습니다.

소리가 미약하고 답답한 사람을 만나는 것은 너무 답답한 일입니다. 언어에 우물쭈물하고 분명하지 못한 사람은 다른 사람들에게 신뢰감을 심어주지 못하며 좋지 못한 인상을 줍니다. 그러므로 반드시 소리를 훈련하고 정복해야 합니다. 이를 위하여 가장 좋은 것은 부르짖는 기도를 배우고 훈련하는 것입니다.

구태여 유격장에 가서 소리를 지르고 훈련을 하지 않아도 무예를 배우면서 훈련하지 않아도 강력하게 주의 이름을 부르며 찬양하며 부르짖는 기도를 할 때 그것이 우리에게 놀라운 변화와 해방과 승리를 가져다줄 수 있습니다.

사람이 바뀌고 성품이 바뀌며 주님의 실제적인 역사를 경험하고 천국의 문이 열리는 것을 경험할 수 있는 것입니다.

부디 이 기도를 배우십시오.

그리고 부르짖으십시오.

분명하게 소리를 내어서 강하게 힘차게 기도하십시오.

당신은 반드시 변화될 것입니다.

이전과는 전혀 다른 사람이 될 수 있을 것입니다.

21. 소리가 약한 사역자의 회복

모든 사람들에게 그렇지만 특히 목회 사역자에게 있어서 소리는 몹시 중요합니다. 예배를 인도하고 말씀을 전하며 기도를 하고 찬송을 인도하며 사람을 만나고 심방을 하고 상담을 하는 등 그의 대부분의 사역은 소리를 통해서 이루어지기 때문입니다.

만약 어떤 사역자가 부르짖는 기도에 익숙하며 강하고 충만한 발성기도에 익숙해서 그의 소리에 강력한 영권이 흐르며 그가 인도하는 예배에 하나님의 임재가 충만하게 임한다면 어떨까요?

아마 많은 사람들이 그러한 예배를 기다리고 사모하여 몰려들게 될 것입니다. 하지만 현실적으로 그러한 사역자를 보는 것은 쉽지 않은 일입니다.

오늘날 사역자들은 하나님의 임재와 영광을 아는 사람들로 여겨지지 않습니다. 그들은 '잘 가르치는 사람들'로 인식됩니다. 지적인 신앙 중심인 백인들의 영향에 의해서 오늘날의 사역자들은 부르짖고 외쳐서 하늘 문을 열기보다는 많은 지식을 습득해서 그것을 잘 설명하고 가르치는 것을 가장 중요한 사명으로 생각합니다.

지금은 신약의 시대이며 각 사람이 만인 제사장이므로 각자가 하나님께 나아갈 수 있으니 사역자가 제사장의 역할을 할 필요가 없고 사역자가 하늘과 땅의 중간에 서서 하늘의 문을 열고 하늘의 영광이 이 땅에 쏟아 부어지게 하는 통로가 되어야 한다는 의식이 별로 없는 것입니다.

하지만 지금 이 신약 시대에도 사역자는 실제적으로 신자들의 영이 하늘의 은총과 영광을 경험할 수 있도록 쓰여지는 통로입니다. 훌륭한 교리와 지식을 전달하는 그것으로 사역자의 모든 역할을 마쳤다고 할 수는 없습니다.

그러한 면에서 볼 때 안타까운 것은 사역자를 훈련하는 신학의 과정에 부르짖는 기도 훈련이 없다는 것입니다.

설교학도 있고 교리학도 있고 전도학, 선교학도 있지만 부르짖는 기도학은 없습니다. 소리와 발성기도를 훈련하는 과목은 없습니다. 설교도, 기도도, 전도도.. 그 모든 것을 다 소리로 하는 것인데도 말입니다.

사역자를 훈련하는 과정에서 부르짖어서 하늘 문을 열고 하늘의 열쇠를 얻는 것은 사역자의 가장 중요하고 기본적인 훈련이 되어야 합니다.

사역자가 스스로 하늘 문을 여는 방법을 알 때에 사람을 두려워하지 않으며 사람을 의지하지 않으며 돈을 의지하지 않으며 스스로 온전하게 설 수 있습니다.

오늘날 이러한 훈련이 부족한 사역자들이 영적으로 연약하고 영의 분별에도 취약한 것은 심히 안타까운 일입니다.

오늘날 많은 사역자들의 소리가 영의 흐름이 없으며 답답하고 막혀 있습니다. 그들의 설교는 교리적으로 옳으며 무난하지만 심령에 시원함을 주지 못합니다.

그것은 성도들을 졸게 하며 공상에 빠지게 합니다. 하나님의 거룩한 임재가 있는 설교와 예배에는 결코 사람들이 졸지 않습니다. 따분한 예배에는 사람들이 항상 지각을 하지만 하나님의 임재가 충만한 예배는 사람들이 사모하고, 사모하고 또 기다립니다.

나는 부흥사들을 비판하는 사역자들의 말을 많이 듣고 보았습니다. 그들은 별로 내용도 없는 부흥사들의 설교를 비판하곤 했습니다. 나는 언젠가 이런 글을 읽은 적이 있었습니다.

어떤 사역자가 설교를 준비하는 것에 몹시 힘들어하고 있었는데 부흥사이던 그의 친구가 자신의 집회에 와 보라고, 설교란 그리 어려운 것이 아니라고 하는 것이었습니다.

이 사역자는 혹시 설교에 대한 좋은 도움을 얻을 수 있을까 싶어서 친구가 인도하는 부흥 집회에 참석을 하였습니다.

집회를 참석한 후 그는 글을 썼습니다. 그것은 설교가 아니었다고.. 신변잡기의 잡다한 이야기이며 별 내용도 없는 메시지이며 그것은 설교라고 볼 수 없다는 그러한 글이었습니다.

나는 성실하고 인격적인 사역자들의 그러한 인식을 이해합니다. 하지만 그들은 알아야 할 것이 있습니다. 그렇게 내용도 별로 없는 설교 같지 않은 설교, 유치한 설교에 적지 않은 사람들이 모여들며 시원함을 얻고 있다는 것입니다.

사람들이 많이 모이며 사람들이 감동을 받는다고 해서 그것이 좋은 예배이며 설교라고 단언할 수는 없습니다. 또한 성경을 한 구절 읽기만 하고 대충 자기가 하고 싶은 이야기를 하며 시간을 보내는 것을 바른 설교라고 할 수는 없습니다.

그러나 분명한 사실이 있습니다. 부흥사들의 메시지는 그 내용은 단순해도 그들이 외치는 소리에는 뭔가 사람들을 사로잡는 힘이 있다는 것입니다. 그것은 단순한 말이고 모든 사람이 다 아는 평이한 내용이지만 사람의 심금을 움직이는 요소가 있습니다.

지금이야 어떨지 모르지만 한때 유명하던 부흥사들은 대부분 산에서 부르짖으며 나무를 붙들고 씨름하던 경험이 있었습니다.

즉 그들은 강력한 부르짖는 기도와 발성 기도의 훈련이 되어 있는 사람들이었던 것입니다.

그렇게 소리가 훈련되어 강하고 힘 있게 메시지를 전하면 사람들은 거기에 사로잡히게 됩니다. 이미 많이 들었고 뻔히 아는 단순한 메시지에도 사람들은 사로잡히는 것입니다. 그것은 부흥사들이 말을 외칠 때 듣는 이들은 무엇인가 가슴이 뻥 뚫리며 시원해지는 것이 있기 때문입니다.

소리에는 언어의 의미 이상의 것이 있습니다. 어떤 사람이 말씀을 전할 때 그것은 아주 쉬운 내용이며 다 아는 내용입니다. 그러나 이상하게 그 말씀은 듣는 사람의 가슴에 불을 지릅니다. 속이 뜨거워지며 감동을 일으킵니다.

그러나 어떤 사람은 말씀을 전할 때 내용도 좋고 짜임새도 있고 논리적이며 옳지만 거기에는 힘이 없습니다. 좋은 이야기라고 머리는 끄덕이며 동의를 하지만 심령에는 아무런 감동이 없는 것입니다.

유명한 부흥사인 무디 목사가 성령의 역사를 경험했을 때 사람들은 비슷한 것을 느꼈습니다. 사람들은 그의 설교를 듣고 충격을 받았습니다. 사람들은 말했습니다.

"그가 달라졌다. 그의 설교가 달라졌다. 설교의 내용은 똑같지만 그러나 뭔가 다르다. 그의 설교에는 뭔가 감동과 충격을 주는 것이 있다"

그것은 소리의 차이입니다. 그리고 영의 차이입니다. 말의 내용이 같더라도 그 말의 소리를 통해서 흘러나오는 영적인 힘의 색깔과 능력이 엄청난 차이가 있는 것입니다.

나는 어떤 신학교의 교수님이 불평하는 것을 들었습니다. 그는 유명한 목회자의 이야기를 하면서 그 사람이 전하는 것을 자기는 다 알고 있다고 하였습니다.

자신도 동일한 내용으로 설교를 한다고 하였습니다. 그러나 왜 사람들이 자기의 설교에는 아무런 반응이 없는데 저 사람의 설교에는 울고불고 난리를 꾸미는지 이해할 수가 없다는 것이었습니다.

나는 그 교수님께 물었습니다. 교수님이 동일한 내용으로 설교를 할 때 그 설교에 능력이 임하느냐고 물었습니다. 그 설교는 자신을 감동시키며 사람들을 감동시키느냐고 물었습니다. 그것은 사람을 변화시키는 힘이 있느냐고 물었습니다. 그는 고개를 흔들었습니다.

그 교수님도 이해하지 못했던 것입니다. 내용은 같더라도, 지식은 같더라도 소리를 통해서 흘러나오는 영은 전혀 같지 않다는 것을 말입니다.

똑같은 글을 읽어도 그것은 읽는 사람에 따라 다르게 들립니다. 어떤 사람이 읽으면 졸리는 글이 다른 사람이 읽으면 사람들을 통곡하게 할 수도 있습니다. 그 이유는 무엇일까요? 왜 똑같은 글과 똑같은 내용이 다른 반응을 일으키는 것일까요?

그것은 내용의 차이가 아니고 소리에서 차이가 나고 영에서 차이가 나기 때문입니다. 소리와 영을 통해서 그 흐름이 다르며 전달되는 것이 다른 것입니다. 사역자들은 이러한 부분을 이해해야 합니다.

과거에 목회를 하고 있을 때 여기저기에서 출처를 알 수 없는 우편물이 가끔 오곤 했습니다. 내용물을 뜯어보니 설교 원고였습니다.

일정한 금액의 회비를 내면 매주 설교를 보내주겠다는 것이었습니다. 참 어처구니가 없었습니다.

요즘에는 인터넷에서 설교를 다운받을 수 있다고 합니다. 어찌 생각하면 참 편리한 세상인지도 모릅니다.

하지만 그런 설교는 내용도 신뢰할 수 없지만 설사 좋은 메시지라고 하더라도 읽는 사람의 소리와 영성에 따라 메시지가 전달되는 것이기 때문에 아무런 유익을 주지 못할 것입니다. 소리와 영성이 바르고 충만한 사람에게는 그러한 자료가 필요하지 않을 것입니다.

또한 소리와 영성이 깨어있지 않은 사람은 아무리 좋은 자료와 감동적인 예화가 담긴 메시지를 읽는다고 해도 듣는 이들의 영에 좋은 영향을 끼칠 수 없습니다. 중요한 것은 사역자의 소리와 영의 상태인 것입니다.

오늘날 말씀도 좋고 인격도 훌륭한 사역자들 가운데 그 소리의 흐름이 답답한 이들이 많이 있습니다. 소리가 약한 사역자들이 많이 있습니다. 그들은 몹시 고생을 하며 말씀을 준비하지만 그들의 소리는 듣는 이들의 심령을 시원하게 하지 못합니다. 듣는 이들의 심령을 지루하고 답답하게 합니다.

그들은 멋진 예화를 얻기 위해서 고생하며 메시지를 만들어내기 위해서 고생하지만 그렇게 고생해서 얻은 아이디어가 사람들의 영혼에 충격을 주지 못하고 있는 것입니다. 그것은 그들의 소리에 문제가 있기 때문입니다.

소리는 그 사람의 영혼을 보여줍니다. 소리는 그 사람의 영적 상태와 수준을 보여줍니다. 그러므로 소리를 통해서 사람들은 감동을 받기도 하며 따분함을 느끼기도 합니다. 그것은 메시지의 내용이 아니라 메시지를 전하는 소리에 달려 있습니다.

사역자의 영혼이 병들어 있다면 그것은 그의 소리를 통해서 나타납니다. 그런 상태에서는 아무리 멋진 설교를 하더라도 그것은 성도의 영을 억압하게 됩니다.

그러나 사역자의 영이 회복되고 소리가 회복된다면 그가 아주 단순하고 쉬운 메시지를 전한다고 해도 성도들은 그 메시지에 충격을 받으며 사로잡히게 됩니다.

어떻게 사역자는 영성을 회복하며 소리를 회복할 수 있을까요? 물론 해답은 부르짖는 기도입니다.

2권에서 좀 더 자세하게 다루겠지만 소리의 회복은 무조건 크게 소리를 지른다고 해서 다 되는 것이 아닙니다.

듣기 싫은 소리는 크게 외쳐도 듣기 싫은 것은 마찬가지입니다. 그것은 오히려 더 스트레스를 줄 수도 있습니다.

소리가 영감을 주지 못하며 침체된 것은 영의 문제입니다. 그러므로 소리 자체보다 영혼의 상태를 바꾸어야 합니다. 영적인 변화가 생기면 소리도 같이 변하게 됩니다.

목소리가 좋은 사역자들은 많습니다. 목소리가 윤택하고 부드러우며 사람들에게 안식을 주는 사역자들도 있습니다. 그러나 중요한 것은 소리 자체의 아름다움이 아니라 영감과 충격을 주는 소리입니다.

사역자의 심령이 주님을 갈망하며 부르짖어 기도하며 중심으로 소리를 토하는 훈련이 되어 있다면 그것은 사람들에게 충격과 감동을 주게 됩니다. 그러나 그렇지 않은 단순히 아름다운 소리는 사람들의 영혼을 충족시킬 수 없습니다.

무조건 큰 소리가 좋은 것이 아니며 소리 자체가 맑고 아름답다고 좋은 것이 아닙니다.

소리는 크지만 공허함을 주는 소리가 있습니다. 소리가 듣기에 그리 아름다운 것도 아니지만 은혜가 되고 감동이 되는 소리가 있습니다. 반대로 소리는 맑고 좋지만 감동이 되지 않는 소리가 있습니다.

그것은 영감의 문제입니다. 심령 상태의 문제입니다. 그러므로 사역자는 심령을 다하여 부르짖는 기도를 훈련해야 합니다. 그리하여 심령이 뻥 뚫리고 영감이 충만해지는 경험을 해야 합니다.

그 때 사역자의 소리는 달라집니다. 그것은 사역자에게 있어서 가장 기본적인 훈련인 것입니다.

사역자에게 있어서 소리의 훈련과 변화는 너무나 중요한 것입니다.

사역이란 예배를 인도하는 것뿐이 아니고 인간관계를 하는 것입니다. 사람들을 이끌어야 하는 것입니다.

소리가 약한 이들은 마음도 약합니다. 그러한 이들은 부드럽지만 강하지 않습니다. 그들은 위로하는 것을 잘 하지만 사람을 리드하기 어려워합니다.

성도들을 잘 인도하기 위해서는 마음과 심령이 강해야 합니다. 오늘날 성도들 중에서는 연약한 사람들도 있지만 공격적이고 성격이 괴팍한 사람들도 많이 있습니다. 이러한 이들에게 사랑으로만 대하는 것은 한계가 있을 때가 많습니다. 강한 심령과 소리를 가지고 있지 않은 사역자들은 그러한 이들을 다루기가 어렵습니다.

마음이 약하고 소리가 약한 사역자들은 정신병에 걸릴 정도로 마음고생이 심합니다. 그들은 사람을 사로잡지 못하므로 결단이 필요할 때에 눈치만 볼 때가 많이 있습니다.

그들은 사랑과 하나됨을 강조하지만 사실은 용기가 부족해서 참고 있을 때가 많이 있습니다. 마음에 눌림과 상처가 많아도 내색하지 못합니다. 그러므로 자꾸 속병이 쌓이는 것입니다. 이런 식으로 몸과 마음이 종합병원이 되어 가는 사역자와 사모들이 아주 많이 있습니다.

그리스도인들의 모임을 천국과 같은 것으로 생각하면 그것은 오해입니다. 그러한 천국의 기쁨과 영광은 모든 악한 영들을 다 물리치고 승리한 후에 오는 것입니다.

강한 사람만이 악한 영들을 기도로 물리치고 그 실재하는 천국을 경험하고 누릴 수 있습니다. 심령이 여리고 약한 사람은 상처받고 눌리기에 바쁘며 승리와 해방을 누리지 못합니다.

나는 세상에서 일을 하다가 힘들고 지쳐서 하나님이 사역의 길로 부르신다고 신학교로 가려고 하는 이들을 많이 보았습니다. 험한 세상에서 씨름을 하는 것보다 은혜가 있는 교회에서 생활을 하는 것이 더 낫다고 생각하고 신학을 하는 이들을 많이 보았습니다.

그들은 오해를 하고 있는 것입니다. 목회 사역은 세상의 일보다 결코 쉽지 않습니다. 사람의 영혼을 사로잡고 리드할 수 있는 강력함이 없다면 사역은 힘들고 고통스러운 것입니다.

목회를 잘 하고 사람을 잘 다룰 수 있는 사람이라면 그는 세상에서 무엇을 하든지 잘 할 수 있을 것입니다. 세상의 모든 문제가 바로 사람을 다루는 것이기 때문입니다.

그는 영업 사원을 해도 잘 해서 실적을 많이 올릴 것이며 사업을 해도 많은 거래처를 쉽게 만들 수 있을 것입니다. 그러한 모든 것들이 사람의 마음을 알고 느끼고 사로잡을 수 있는 영적인 힘에 달려 있는 것이기 때문입니다.

사역자에게는 무엇보다도 리더십과 능력과 강건함이 필요합니다. 온 세상이 반대하고 대적해도 눈썹하나 까딱하지 않고 자기의 길을 가는 강렬한 힘이 필요합니다.

그렇게 강한 사람만이 사람을 진정으로 사랑할 수 있습니다.

분쟁이 싫고 온건함을 좋아하는 사람이 하는 것은 사랑이 아니라 타협입니다. 사역자의 강력한 리더십 아래서 비로소 진정한 사랑의 분위기가 형성될 수 있는 것입니다.

이러한 사역자의 강건함은 소리의 훈련에서부터 시작되는 것입니다. 소리가 약한 사람은 결코 강한 사람이 될 수 없습니다. 소리가 약하고 어물거리는 사람은 결코 강한 사역자가 될 수 없습니다.

사역자는 반드시 소리의 훈련을 통과해야 합니다. 그것이 바로 부르짖는 기도입니다.

부르짖는 기도를 훈련하고 강력한 영권과 소리를 가지고 있는 사역자는 아무 것도 두려운 것이 없습니다. 그의 능력의 근원은 세상에 있지 않고 하늘에 있기 때문입니다. 그러한 사람은 삶과 죽음이 두렵지 않으며 사람이 두렵지 않으며 온전히 주님을 위해서 나아갈 수 있습니다. 이러한 것이 사역자의 기본입니다.

가르치는 것을 좋아하는 사역자들은 조그만 소그룹에서 이야기를 나누는 것은 좋아하지만 대중 설교에는 어려움을 겪습니다. 심령이 강건하지 않아서 전체의 회중을 사로잡지 못하기 때문입니다.

그러한 이들은 대형 집회를 인도할 수 없습니다. 대형 집회에서는 설명하고 소곤거려서는 좌중을 사로잡을 수 없으며 뜨거운 심령으로 강력하게 외치고 선포해야 하기 때문입니다.

선포하고 외치는 것이 가르치고 설명하는 것보다 우위에 있는 것이라고 단언할 수는 없습니다.

그것은 사명과 부르심에 관한 것이기 때문이며 상황에 따라 용도에 따라 다르기 때문입니다. 어떤 사람이 소그룹 성경공부를 인도하면서 뜨겁고 강하게 외친다면 그것은 곤란한 일입니다.

그러나 사역자들이 부르짖는 기도 훈련을 통해서 심령이 강건해진다면 그는 소그룹이나 큰 집회나 상관없이 그 자리에 있는 사람들의 영혼을 사로잡을 수 있음을 알게 될 것입니다.

그는 집회에서 강력하게 선포하고 부르짖으며 사람들의 영혼을 사로잡을 수 있습니다. 사람들에게 역사하는 악한 영들을 부수고 초토화시킬 수 있습니다.

그는 집회를 앞두고 불안하거나 초조하지 않으며 설교준비로 인하여 두려워하지 않고 강한 용사가 전투를 기다리는 것처럼, 사자가 먹이 앞에서 어슬렁거리는 것처럼 흥분되고 설레는 마음으로 기다릴 것입니다.

오늘날 고요하고 조용한 교회가 많이 있습니다.

거기에는 조용함과 평화로움이 있지만 강력함이 없습니다.

하나님의 능력도, 복음의 역사도, 영혼에 충격을 주고 변화를 일으키는 강렬한 움직임이 없습니다.

조용한 교회와 조용한 예배에는 주로 노인들이 찾아옵니다. 심령이 약한 사람들만이 찾아옵니다. 젊은이들은 흥미를 느끼지 못하고 떠날 것입니다. 주님을 갈망하는 사람들도 사라지게 될 것입니다.

거기에는 활기를 찾아볼 수 없을 것입니다.

싸움도 없겠지만, 온건함과 무사함이 있겠지만 넘치는 천국의 희열과 행복감도 또한 없을 것입니다. 세상을 이기는 강렬한 영이 거기에는 없을 것입니다. 그리고 점점 지금은 시들어버린 유럽의 교회 같이 되어갈 것입니다.

그러나 사역자가 부르짖기 시작할 때 교회의 공기는 달라질 것입니다. 어떤 이들은 좋아하지만 어떤 이들은 일어나 공격하기 시작할 것입니다. 악한 영들은 그들을 공격할 것입니다. 그러므로 실리적인 사역자는 이러한 전쟁에 들어가려고 하지 않을 것입니다. 그들은 천국의 영광보다 현실의 안전함을 더 사랑하기 때문입니다.

오늘날 강력한 사역자가 얼마나 필요한지 모릅니다. 강력하게 외치고 선포하며 집회를 사로잡아 하나님의 임재와 영광으로 가득하게 할 사역자가 얼마나 요구되는지 모릅니다.

성도들은 그러한 사역자를 찾아다닙니다. 성도들은 자신의 영적인 필요를 채워줄 사역자들을 간절하게 찾고 구합니다.

심령이 폭발하고 하나님의 영광에 사로잡히는 예배와 교회를 성도들은 기다립니다. 사모합니다.

그러한 예배에서 그들은 더 이상 졸지 않을 것입니다. 마음을 중심을 주님께 쏟아 붓는 예배.. 목숨을 주님께 드리는 예배.. 성도들은 그러한 예배를 얼마나 많이 그리워하는지 모릅니다. 얼마나 많이 갈망하는지 모릅니다.

오늘날 사역자들은 성도들의 숫자에 관심을 가지며 큰 건물을 짓는 데 관심을 가집니다. 누가 유명한 사역자인지, 누가 성공한 사역자인지에 대해서 관심을 가집니다. 그러나 오늘날 성도들은 하나님의 임재를 그리워합니다. 하나님의 영광을 보고 싶어합니다.

어떻게 사역자들은 그러한 하나님의 임재를 잘 알고 있는 주님의 종이 될 수 있는 것일까요? 그러한 집회를 인도할 수 있는 것일까요?

사람들의 심령을 폭발시킬 수 있는 강력한 하나님의 사람이 될 수 있는 것일까요?

그것은 부르짖는 기도에서 시작됩니다. 거기에서부터 하늘이 열리고 사역자는 하늘에 속한 사람이 되기 시작합니다. 그가 알고 있고 배워왔던 모든 약속의 말씀이 실현되는 실제적인 천국의 역사 - 그것이 부르짖는 기도에서부터 시작됩니다.

거기에서부터 예배는 달라지고 교회도 달라지며 천국의 영광과 역사가 시작됩니다.

오늘날 이 땅에 부르짖는 사역자가 많이 일어날 때 우리는 교회에 하나님의 임재와 능력과 영광이 임하는 것을 자주 볼 수 있게 될 것입니다. 할렐루야.

22. 아름다운 소리와 심령의 소리는 다르다

강한 소리는 사람들에게 강한 인상을 줍니다. 강한 소리로 선명하게 말하는 것은 시원시원한 느낌을 줍니다. 소리가 약하며 어물거리고 분명하지 않으면 듣는 사람을 답답하게 합니다.

소리는 그 사람을 대표하며 그 사람을 보여주는 것이기 때문에 소리의 건강함은 아주 중요한 것입니다. 그러나 소리의 외형적이고 물리적인 측면보다 더 중요한 것은 영적인 측면입니다. 목소리가 듣기에 좋거나 아름답다고 하더라도 그것으로 충분한 것은 아닙니다.

아름다운 소리와 심령의 소리는 다른 것입니다. 어떤 소리는 매우 아름답지만 영감이 없어서 심령에 감동을 주지 못합니다. 어떤 소리는 소리 자체는 그리 아름답지 않지만 심령에 강한 도전과 감동을 줍니다.

유명한 성악가나 가수의 찬양을 들어보라고 나에게 테이프를 들려주는 사람들도 있습니다. 물론 그들은 자신이 듣고 그 소리에 매혹이 되었기 때문에 나에게 들려주는 것일 것입니다.

그러한 상황은 몹시 곤혹스럽고 난처한 것입니다. 그러한 소리를 들어보면 대부분 소리의 발성 자체는 좋지만 그 소리

안에 거의 영감이 없는 편이기 때문입니다.

원래 자연적인 목소리가 좋기로 유명한 사람이 주님께 나아가 간절하게 기도하고 부르짖어서 그 심령이 은혜로 충만케 되는 경우는 거의 드뭅니다. 그러므로 그러한 이들의 소리는 물리적으로 좋지만 영감이 없습니다.

나는 그러한 소리를 들을 때 몹시 고통을 느낍니다. 그러한 이들의 음악 경력과 각종 대회에서의 수상경력과 상관없이 나의 영혼은 고통을 느끼게 됩니다.

부드러운 소리와 영감이 있는 소리는 다릅니다. 기름지고 윤택한 목소리와 은혜로 가득한 소리는 다릅니다.

세례요한이나 엘리야의 소리는 아마 아름답지 않았을 것입니다. 그러나 그들의 부르짖는 소리는 사람의 심령을 사로잡는 힘이 있었습니다. 그것은 아름다운 소리가 아니고 주님께 나아가서 간절하게 부르짖은 사람만이 가질 수 있는 특유의 강력하고 영감이 충만한 소리였을 것입니다. 그것은 기술적인 발성법을 통해서 이루어지는 소리가 아닙니다.

우리가 기도하고 훈련해야 하는 것은 영감이 충만한 소리입니다. 우리는 성악을 하는 가수가 되거나 성우가 되려고 부르짖는 것이 아닙니다. 우리는 소리를 통하여 하늘을 열고 하늘의 은총을 얻는 사람이 되고 기도의 사람이 되기 위해서 부르짖는 것입니다.

소리의 회복은 우리의 소리를 강한 소리나 아름다운 소리로 만드는 것을 의미하는 것이 아닙니다.

그것은 발성법에 달려 있는 것이 아닙니다. 발성은 아주 좋지만 영감이 없는 이들이 많이 있습니다.

그것은 성악가가 부르는 찬양과 같은 것입니다. 본래의 목소리도 훌륭하며 전문적인 발성법을 통하여 훈련된 멋진 소리를 가지고 있는 성악가가 찬양을 할 때 그 소리는 멋지지만 심령에는 전혀 감동이 없는 경우가 많이 있습니다.

나는 수준 높은 음악성을 가지고 있는 거의 전문 음악인들로 형성된 합창단원들의 찬양을 들은 적이 있습니다. 화음과 소리는 아주 잘 조화되어 있었지만 나는 숨이 막히는 것을 느꼈습니다.

그것은 그들의 심령이 막혀 있었기 때문이며 진정으로 주님을 갈망하는 영을 가지고 있지 않았기 때문입니다.

분명한 것은 소리가 아름다워도 심령이 열리지 않고 주님께 사로잡히지 않았으면 그것은 심령에 도전과 충격을 줄 수 없다는 사실입니다. 단순히 소리가 좋은 것과 소리를 통해서 심령에 감동과 충격을 주는 소리는 다릅니다.

목소리가 좋고 음악성이 뛰어난 사람들은 어디서나 찾을 수 있으나 그 심령이 뻥 뚫리고 주님께 사로잡혀 있는 사람을 찾는 것은 몹시 어려운 일입니다.

나는 어떤 이가 노래를 부르는 것을 듣고 답답해서 숨이 막혀 죽을 지경이었지만 다른 사람들은 너무나 아름다운 목소리라고 감탄하는 경우를 여러 번 겪었습니다. 나는 그것을 보고 기가 막혔지만 그것은 설명할 수 있는 성질의 것이 아니었습니다. 그것은 영의 감각을 통해서만 감지할 수 있는 것이기 때문입니다.

나는 어떤 찬양 집회에 초대장을 받고 참석을 한 적이 있었습니다. 유명한 가수가 나와서 찬양을 하는데 나는 속이 답답해서 미칠 것 만 같았습니다.

가수가 노래를 하는데 그의 목소리는 윤택하고 강력했지만 더러움과 영적인 마비, 완악함과 음란함 등 각종 더러운 영들이 흘러나와서 나는 도무지 참을 수가 없었습니다.

바깥으로 나가야겠다고 생각하고 있는데 갑자기 옆에 앉아 있던 아내가 울기 시작하는 것이었습니다. 나는 아내가 은혜를 받고 우는 줄 알고 어처구니가 없었습니다. 그런데 아내가 울면서 내 귀에 입을 대고 속삭이는 것이었습니다.

"여보.. 빨리 나갑시다. 속이 답답해서 참을 수가 없어요. 주님이 통곡을 하시는 것이 느껴져요.."

나는 얼른 아내의 손을 잡고 그 장소에서 도망을 쳤습니다. 하지만 홀을 가득 메운 대부분의 사람들은 박수를 치고 있었습니다.

나는 많은 음악회에서 이와 비슷한 경험을 하곤 했습니다. 찬양을 하고 노래를 하고 연주를 하고 춤을 추는 이들 가운데 흐르는 악한 영들 때문에 머리가 아프고 가슴이 터질 것 같은데 청중들은 열심히 박수를 치고 있는 그러한 경험을 말입니다.

오늘날 영적인 감각을 가지고 있는 이들은 많지 않습니다. 그러나 방언으로 기도를 하며 부르짖어서 기도를 하고 주님의 임재를 가까이 경험하며 천국의 그 거룩한 기쁨과 영광을 경험하는 이들은 그러한 아름다움과 반대되는 영과 기운들을 느낄 수 있을 것입니다.

악하고 더러운 기운이 사람들의 입에서 흘러나올 때 견디기 어려운 고통을 느끼게 될 것입니다.

발성이 부족하고 목소리의 기교가 부족해도 심령이 맑은 사람의 소리를 분별할 수 있으며 그러한 사람의 찬양에는 기쁨을 느끼게 될 것입니다. 그것은 아주 선명하며 너무나 실제적인 것입니다.

이 사실을 기억하십시오. 아름다운 소리와 영감이 충만한 소리는 다릅니다. 우리는 부드러운 소리를 훈련하는 것이 아닙니다.

우리는 아름답고 듣기 좋은 목소리로 기도하는 것을 훈련할 필요가 없습니다. 우리는 부르짖어 기도해야 합니다.

그것은 단순히 물리적인 소리의 표출이 아니라 우리의 마음과 심령을 토하는 것이어야 합니다.

그렇게 부르짖는 소리를 통해서 우리의 심령이 토해질 때 우리는 우리의 영혼이 깨어나며 영감이 열리며 새로운 세계가 우리 앞에서 열리기 시작하는 것을 경험하게 됩니다.

그것은 이 세상에 속한 세계가 아닙니다. 그러므로 그것을 경험하지 못한 이들은 어떠한 말로도 그것을 이해할 수 없을 것입니다.

부디 그 세계를 경험하여 가십시오.

소리를 통하여 하늘을 열며 천국의 그 거룩한 기쁨과 영광을 맛보십시오.

당신의 영혼이 눈을 뜨고 당신의 영감이 움직이기 시작할 때 당신은 이 세상에 속한 아름다운 소리와 천국에서 오는 심령의 소리를 분별할 수 있게 될 것입니다.

23. 부르짖는 기도를 통하여 영혼이 깨어난다

앞에서 성경의 말씀을 인용하면서 이스라엘 백성들이 어려움이 있을 때마다 부르짖었고 또 그때마다 하나님이 응답하신 사례를 들었습니다. 이러한 말씀을 보면 부르짖는 기도는 문제가 있을 때 해결을 얻기 위한 하나의 기도 방법으로 여겨질지도 모릅니다.

그러나 부르짖는 기도는 단순히 문제 해결을 위한 방편이 아닙니다. 부르짖는 기도는 문제의 해결이나 기도 응답 자체보다 영혼을 깨우고 각 사람의 영혼을 일으키는 측면과 더 많은 관계가 있습니다.

흔히 사람들은 문제가 생기거나 어려움에 부딪치게 될 때 그것이 단지 환경의 문제라고 생각합니다. 인간관계나 성격이나 돈의 문제라고 생각합니다.

그러나 사실은 그렇지 않습니다. 사람에게 일어나는 대부분의 일들은 보이지 않지만 영적인 문제와 관련이 있습니다.

사람의 영혼이 눌리고 억압되었을 때에 현실적인 문제도 같이 일어나게 되는 것입니다.

예를 들어서 어떤 사람으로 인하여 고통을 겪게 되었다고 합시다. 이것은 단순한 사람의 문제가 아닙니다. 이것은 두 사람의 영이 서로 얽혀 있는 것이며 영이 약한 사람이 그보다 강한 상대방의 영에게 눌려서 고통을 겪고 있는 것입니다. 그러므로 눌린 사람은 자신의 영을 회복하고 강하게 만들지 않으면 문제는 해결되지 않습니다. 그가 아무리 과거의 치유를 받고 상처를 회복시켜도 그는 자유롭게 되지 않습니다.

물질이나 환경의 문제도 마찬가지입니다. 그러한 문제는 돈이 있으면 해결될 것 같고 환경이 풀리면 해결될 것 같지만 실제로는 그의 영이 눌려 있어서 그러한 문제에 대해서 두려워하고 낙심하며 절망하고 있기 때문에 일종의 영적인 감옥에 갇혀있어서 문제가 된 것입니다.

동일한 문제가 있어도 어떤 사람은 좌절하고 낙심하지만 어떤 사람은 아무렇지도 않게 여깁니다. 그 차이는 무엇일까요?

그것은 한 사람은 그 영혼이 그 문제에 관련된 영들에게 묶여 있고 눌려 있으며 다른 사람은 문제에 관련된 영들에게 영이 눌리지 않고 묶여 있지 않기 때문입니다.

그는 문제가 있어도 그 문제보다 강한 영을 가지고 있어서 능히 그 문제를 극복할 수 있으므로 영혼이 자유롭고 풍성한 상태에 있는 것입니다. 바로 그 차이인 것입니다.

사람들은 오직 환경이 풀려야 한다고 생각하지만 그것은 오해입니다. 먼저 그 영이 풀어지게 되면 환경은 자연히 열리게 되는 것입니다.

먼저 영이 풀리면 그 마음속에 기쁨이 오고 확신이 옵니다. 문제가 있어도 걱정이 되지 않는 것입니다. 영적으로 이러한 상태가 되면 곧 어디서인가 도움이 오며 문제가 끝나게 됩니다.

그러나 별 문제가 아닌데도 불구하고 밥맛이 없으며 걱정이 끊이지 않고 마음속에 근심이 가득하다면 그가 가지고 있는 문제는 점점 더 커질 것입니다.

그 이유는 아직 그가 문제를 일으키는 영에게 잡혀 있으며 그 어두움의 감옥에서 벗어나지 못하고 있기 때문입니다. 그러한 때는 문제가 점점 더 악화되게 되어 있습니다.

그러므로 부디 이 사실을 기억하고 있어야 합니다. 인간은 영적인 존재이며 인간이 가지고 있는 대부분의 문제는 환경의 문제가 아니라 영적인 문제라는 것입니다.

그러므로 대부분의 문제들은 영이 강해져서 영적으로 회복되면 풀어지게 되어 있습니다. 물질 문제든, 건강의 문제든 인간관계의 문제든 그것은 마찬가지입니다.

이스라엘 백성이 애굽에서 노예 생활을 하고 있었을 때도 사람들은 오직 문제가 바로와 바로의 군사라고 생각했을 것입니다. 그들은 군대가 없고 창과 칼과 병거가 없으므로 애굽을 이길 수 없다고 생각했을 것입니다.

그러나 그들의 문제는 영적인 것이었습니다. 그들은 애굽을 지배하고 있는 애굽의 신들, 즉 악령들에 의해서 눌렸던 것입니다.

그들의 문제는 병거나 군사력의 문제가 아니었습니다. 그랬기 때문에 영적 회복을 위한 사람 모세가 왔을 때 그들의 문제는 해결되었던 것입니다.

모세는 하나님과 교통하는 하늘의 사람이었지 돈과 높은 지위와 강한 군대와 무기를 가지고 온 사람이 아니었습니다.

만약 이스라엘의 문제가 무기가 없는 것이며 병거와 말이 없는 것이었다면 하나님은 그들에게 모세를 보내지 않으시고 칼과 창과 병거와 말과 군대를 보내셨을 것입니다.

하지만 그들의 문제는 영적인 데에 있었기 때문에 하나님은 하나님의 임재를 아는 사람인 모세를 보내셨습니다.

그 때든 지금이든 오직 영혼이 열린 사람, 하늘을 열 수 있는 사람만이 진정으로 문제를 해결할 수 있는 것입니다.

"내가 그 밤에 애굽 땅에 두루 다니며 사람이나 짐승을 막론하고 애굽 땅에 있는 모든 처음 난 것을 다 치고 애굽의 모든 신을 내가 심판하리라 나는 여호와로라" (출12:12)

이 말씀은 모세에게 하신 하나님의 말씀입니다. 하나님께서 약속하시기를 애굽의 첫 태생을 다 치시겠다고 하셨습니다. 그와 함께 '애굽의 모든 신'에게 벌을 내리겠다고 하십니다.

그 애굽의 신이 무엇입니까? 바로 애굽의 종교이며 악령들입니다. 이 악령들이 애굽을 통치하고 있었던 것입니다. 그런데 하나님의 임재를 알고 있던 모세를 통하여 박살이 나 버렸습니다. 그리고 애굽의 신들이 벌을 받고 무기력해지면서 애굽은 힘을 잃어버리게 됩니다. 그리고 이스라엘 백성은 구출됩니다.

이것은 지금도 마찬가지입니다. 어떤 문제가 있을 때 그 배후에는 영적인 문제가 있는 것입니다.

사람들은 자녀들이 말을 듣지 않고 속을 썩일 때 그것을 자녀들의 문제라고 생각합니다. 그래서 야단을 치고 혼을 내면 된다고 생각합니다.

그것은 오해입니다. 그것은 영적인 문제입니다. 불순종하는 자녀들의 배후에는 악한 영들이 있습니다. 자녀들이 순종하고 싶어도 그 배후에 있는 악한 영들을 결박하지 않으면 그들은 순종하지 않습니다.

그러므로 부모의 영력이 약해서 그 악령들을 제압할 수 없다면 그들은 자녀들을 제대로 다스릴 수 없습니다.

문제는 자녀들이 아니라 부모들의 영력과 영적 분별력이 약한 데 있는 것입니다.

이것은 사업이나 인간관계나 다른 문제에도 마찬가지입니다. 그러므로 영력이 약한 사람은 항상 힘들고 어려운 삶을 살게 됩니다.

보이는 것은 근원적인 것이 아닙니다. 보이는 것의 배후에는 항상 보이지 않는 것이 먼저 움직이고 있습니다.

사람이 걸어가고 있을 때 보이는 것은 사람의 몸일 뿐이지만 그전에 먼저 그 사람의 안에서 보이지 않은 마음과 영혼의 움직임이 있고 그 후에 마음의 명령에 따라 사람의 몸이 움직이는 것입니다.

보이는 환경의 문제만을 보고 해결하려고 하는 것은 아직 근원을 보지 못하는 것입니다. 근원은 항상 보이지 않는 세계에서 시작됩니다.

부르짖는 기도를 통해서 문제가 해결되고 하늘에서 구원이 이루어지고 응답이 떨어지는 것은 단순한 일이 아닙니다.

이것은 아주 기가 막히게 놀라운 일입니다. 이것은 현실적인 환경의 변화 이전에 부르짖는 기도를 통해서 영적인 배경이 바뀐 것을 보여주고 있는 것입니다.

부르짖을 때 하늘의 권세를 잡고 있는 악령의 세력이 떨어집니다. 그리고 나서 막혀있던 문제가 풀리고 현실과 환경의 문제들이 해결되기 시작하는 것입니다.

"칠십인이 기뻐하며 돌아와 이르되 주여 주의 이름이면 귀신들도 우리에게 항복하더이다 예수께서 이르시되 사탄이 하늘로부터 번개 같이 떨어지는 것을 내가 보았노라" (눅10:17,18)

제자들이 귀신을 쫓아내며 귀신들이 항복하고 나간 것을 기뻐하면서 주님께 보고할 때 주님께서는 땅에서 그러한 승리가 있기 전에 하늘에서 악한 영들의 세력이 떨어지는 것을 보았다고 하셨습니다. 이처럼 승리는 땅에서 나타나기 전에 먼저 하늘에서, 영계에서 이루어지는 것입니다.

부르짖는 기도는 영계를 열며 하늘 문을 여는 기도입니다. 그것은 현실의 문제를 해결하기 전에 먼저 심령세계의 문을 엽니다.

　그러므로 부르짖어서 기도의 응답을 경험하고 문제의 해결을 경험한 사람들은 현실의 문제가 해결되기 전에 먼저 그 심령의 문제가 해결되는 것을 느끼고 경험하게 됩니다.

　환경은 아직도 답답하지만 그래도 부르짖어서 기도할 때 이상하게도 가슴이 시원해지며 기쁨과 후련함이 임하는 것입니다. 이것은 이제 영계의 하늘이 열렸으며 문제가 해결되고 있다는 것을 보여주는 신호입니다.

　그러므로 부르짖는 기도는 문제의 해결만을 주는 것이 아니라 심령의 문을 열고 영혼의 감각을 깨우는 역사를 일으키는 것입니다. 문제도 해결되고 응답도 받지만 그보다 먼저 그 심령이 눈을 뜨게 되는 것입니다. 그 심령이 하늘의 맛을 보게 되는 것입니다.

　그러므로 부르짖는 기도는 영감의 시작이며 능력의 시작입니다. 부르짖어 기도하는 것은 하늘의 능력을 받는 가장 기본적인 비결입니다.

　부르짖는 기도를 알고 경험하는 사람은 능력이 있습니다. 강하게 발성으로 기도하는 것은 하늘의 능력이 임하는 비결입니다.

　만일 어떤 사람이 능력을 받기 위하여 10년을 조용히 묵상하면서 기도했다면 그는 별로 능력이 없을 것입니다. 능력을 받지 못했을 것입니다.

그러나 어떤 사람이 불과 며칠만 부르짖어서 기도했다고 하더라도 그는 어느 정도 영의 역사를 경험하게 될 것입니다.

그는 어느 정도 능력의 역사를 맛보게 될 것입니다. 부르짖고 발성하는 기도는 실제적으로 그의 영을 풀어주기 때문입니다.

어떤 이들은 오래 동안 성령의 권능을 구하고 방언을 받기 위해서 기도하고 노력합니다. 그러나 받지 못합니다.

반면에 어떤 사람은 별로 방언이나 은사를 구하지 않았는데도 쉽게 은사와 능력이 임합니다. 그 차이는 어디에 있을까요?

하나님이 특별하게 사랑하시는 사람이 있을까요? 그래서 차별을 하시는 것일까요? 그렇지 않습니다. 그 결정적인 차이는 발성으로 기도하느냐, 속으로 조용히 기도하느냐, 거기에 달려 있습니다.

속으로 조용히 기도하는 사람에게는 각종 은사와 능력이 나타나기 어렵습니다. 수박이 있는데 그것을 입을 사용하지 않은 채로 마음을 사용해서 먹으려고 한다면 그것은 불가능합니다.

마음속으로 많은 생각을 하고 공상을 하고 묵상을 하고 애를 써도 그는 수박의 맛을 볼 수 없습니다. 더운 여름날에 땀을 엄청나게 흘리면서 노력을 해도 그는 여전히 목이 마를 것입니다.

그러나 입을 열어서 수박을 한 입 베어 물으면 그는 수박을 먹을 수 있게 됩니다. 방언이나 각종 은사도 이와 같습니다. 대부분의 은사는 입으로부터 시작됩니다. 그러므로 입을 닫고 있는 사람들은 방언뿐만 아니라 대부분의 은사가 임하기 어렵습니다.

어떤 이들은 자신들에게 방언이나 예언과 같은 은사가 임하지는 않았지만 깨달음이나 가르침과 같은 은사가 임했다고 주장합니다.

그러나 그것도 은사라고 부를 수는 있겠지만 그것은 자연적인 것입니다. 그것은 타고난 것입니다.

잘 깨닫는 것이나 잘 가르치는 것은 머리가 좋고 영리한 것에 속한 것이지 영의 세계가 열렸다고 할 수는 없는 것입니다.

달란트나 사명이라는 측면에서 넓은 의미로 은사라고 할 수는 있겠지만 신령한 영적 은사와 같은 것은 아닙니다.

그것은 사명과 직분일 뿐이지 악한 영들의 세계를 초토화시키고 사람들을 자유롭게 하는 권능에 속한 것은 아닙니다.

모세나 엘리야가 잘 가르치고 깨닫게 해서 바로를 설득하고 아합왕을 설득한 것은 아닙니다. 그들은 하늘을 여는 하늘의 사람이었으며 그 능력과 권세로 백성들에게 자유함을 주었습니다.

아무튼 그러한 직분을 가지고 있는 이들도 입을 열어서 강력하게 소리를 내며 입을 주님께 드리고 맡기면 여러 신령한 능력과 은사들을 경험할 수 있게 될 것입니다. 방언의 은사가 임하지 않는 것은 본인이 입을 벌리지 않았기 때문이며 하나님이 주지 않았기 때문이 아닙니다.

나의 경우에도 영적인 무지로 인하여 많은 세월을 낭비했습니다. 나의 기질도 조용하며 표현하는 것을 싫어하는 쪽이었기 때문에 오랜 세월동안 은사를 구했지만 나에게는 아무 것도 임하지 않았습니다. 나는 수많은 기도원에 다니고 집회에 다니며 10년 동안 방언의 은사를 구했지만 내게는 임하지 않았습니다.

나는 속으로 기도하고 조용히 기도하며 하나님은 내가 입을 벌리지 않더라도 나의 마음을 아실 것이라고 생각했습니다. 하지만 하나님은 나의 마음을 아셨지만 나의 영혼은 깨어나지 않았고 나에게는 아무런 영적 감각도 생기지 않았습니다.

나는 많이 기도를 드렸어도 내 기도가 올라가고 있는 것인지 어떻게 된 것인지 알 수가 없었습니다. 나에게는 모든 것이 바람을 잡는 것처럼 느껴졌습니다.

갈망은 점점 더 커갔지만 나는 내가 원하는 것을 얻을 수 없었습니다. 나는 주님을 알고 싶었지만 주님은 너무나 멀게 느껴졌습니다.

나는 많은 밤을 기도하며 보냈습니다. 금식하며 기도했습니다. 여러 시간을 엎드려 기도했습니다. 눈물의 기도를 드렸습니다. 하지만 내게는 아무 것도 임하지 않았습니다. 응답도, 음성도, 하늘의 권능도, 은사도 아무 것도 오지 않았습니다.

많은 시간을 보낸 후에 나는 드디어 알게 되었습니다.

소리가 은사와 능력의 비결이며 하늘 문이 열리는 열쇠인 것을 깨닫게 되었던 것입니다.

그 후에 나는 입을 벌려서 기도하기 시작했습니다. 그리하여 방언을 받고 여러 은사들을 받기 시작했으며 하늘의 은총이 무엇인지, 응답이 무엇인지, 천국의 기쁨과 영광이 어떠한 것인지 알게 되었습니다.

그 비결은 소리에 있었습니다. 진작 그것을 알았다면 10년의 세월을 낭비하지 않았을 텐데!

부디 이 사실에 대해서 분명하게 인식하시기를 바랍니다.

부르짖는 기도는 깊은 기도가 아닙니다.

높은 수준의 기도가 아닙니다.

하지만 이것은 기초입니다.

이것은 학교로 비교하자면 초등학교와 같은 것입니다.

하지만 유치하다고 해서 초등학교를 다니지 않고 대학교부터 들어갈 수는 없습니다. 반드시 여기에서부터 시작해야 합니다.

어떤 이들은 부르짖는 기도를 전혀 모르면서 묵상 기도부터 시작합니다. 분명히 말하건대 그것은 위험합니다.

부르짖는 단계를 통과하지 않고 묵상 기도부터 시작하는 사람은 악한 영들에게 눌리기 딱 좋습니다.

실제로 그의 영혼이 악한 영들에게 눌려있으며 영이 마비되어 있고 각종 고통이나 증상에 시달리고 있으면서도 그 사실을 알지 못하는 성도들이나 사역자들이 얼마나 많은지 모릅니다.

창백하고 비참하게 살면서도 자신의 영적 상태나 신앙이 좋은 줄로 알고 있는 이들이 많이 있습니다. 그들은 우울하고 소심하게 살면서도 그래도 열심히 주를 따르겠다고 합니다.

그러한 결심은 가상하지만 그들은 주님의 일을 하기 전에 먼저 묶여 있는 자신의 영혼을 건져야 합니다. 그래야 주의 사명을 감당하며 다른 묶여 있는 영혼의 상태를 분별하고 그들을 도와줄 수 있습니다.

부르짖는 기도, 발성의 기도는 능력이 임하는 아주 기본적인 기도입니다. 우리는 반드시 이 기도를 배우고 훈련해야 합니다.

이 단순한 기도를 통하여 누구나 능력을 받을 수 있고 강한 주님의 용사가 될 수 있습니다.

이 기도를 배우고 경험하기 전과 후를 비교해본다면 당신은 그 차이와 변화가 너무 놀랍고 크다고 할 수밖에 없을 것입니다. 이제 곧 당신도 그것을 이해하게 될 것입니다.

24. 말씀은 문자가 아니고 소리이다

부르짖는 기도와 발성기도를 싫어하는 사람들이 많이 있습니다. 그러한 이들은 대체로 기도보다 말씀을 강조하는 경향이 있습니다. 기도는 인간적인 생각과 욕망에 사로잡히기 쉽기 때문에 기도하기 전에 먼저 말씀을 많이 묵상해야 한다고 이야기합니다.

하지만 기도를 하는 데에도 악한 영들의 방해가 있어서 각종 잡념과 공상이 떠오르는 것처럼 말씀의 묵상에도 악한 영들의 방해가 있습니다. 그래서 말씀을 묵상하는 가운데도 갖은 혼란스러운 생각과 옳지 않은 판단이 생길 수 있습니다. 영혼이 맑지 않은 상태에서는 기도를 하는 것에도 말씀의 묵상에도 어려움이 있는 것은 마찬가지입니다.

어떤 이들은 기도를 대치하는 것으로써 말씀을 강조하는 경향이 있습니다. 무식하게 떠들고 소리 지르며 기도하는 것보다는 조용히 말씀 앞에서 묵상하고 있는 모습이 거룩하고 영적이며 성숙된 모습이라고 생각합니다.

하지만 여기에는 기본적인 오해가 있습니다. 이들은 말씀을 고요한 것이라고 생각하는 것입니다. 말씀이란 조용히 묵상하고 관찰하고 연구할 때 깨달음이 오는 것으로 생각합니다.

기본적인 오해는 바로 그것입니다. 기질적으로 조용한 많은 사람들이 말씀을 문자로 생각하는 것입니다. 그래서 그 문자의 의미를 깊이 묵상하고 연구해야 한다고 생각합니다.

그러나 바로 그것이 오해입니다.

말씀은 문자가 아니고 소리입니다. 말씀은 정지되어 있는 글자가 아닙니다. 그것은 기본적으로 소리입니다. 그러므로 말씀은 소리내어 외쳐질 때 기본적으로 그 말씀의 능력과 역사가 나타나게 되어 있는 것입니다.

"저가 또 우리로 새 언약의 일군 되기에 만족케 하셨으니 의문으로 하지 아니하고 오직 영으로 함이니 의문은 죽이는 것이요 영은 살리는 것임이니라" (고후3:6)

의문은 죽이는 것이며 영은 살리는 것입니다. 말씀이 글자로 가만히 있을 때 그것은 여전히 진리이지만 능력이 흘러나오지 않습니다. 그러나 그 말씀이 선포되고 외쳐질 때 거기에서 영이 흘러나오게 됩니다. 소리는 영의 역사입니다. 그러므로 말씀이 소리가 되었을 때 그것은 사람의 영혼을 살리며 충격을 주게 됩니다.

말씀이란 나타나는 것입니다. 하나님의 뜻이 나타나는 것입니다. 하나님의 마음과 하나님의 사랑이 나타나는 것입니다. 하나님은 자신을 숨기지 않으시고 말씀이 되어 나타나셨습니다. 말씀이 육신이 되었을 때, 말씀이 몸을 입으시고 우리

가운데 나타났을 때 놀라운 은총과 구원의 역사가 있었습니다. 이와 같이 숨기지 않고 나타나고 드러날 때 그것이 능력과 구원을 일으킵니다.

그리고 이 나타난 말씀을 또한 나타나며 역사하게 하는 방법이 바로 소리 내어 말씀을 외치는 것입니다.

말씀을 고요히 묵상할 때 그 말씀은 그 사람의 안에 스며듭니다. 하지만 아직 그 말씀은 그 사람의 안에 있습니다.

그 말씀을 외치고 선포할 때 그 말씀은 흘러나옵니다.

그 말씀은 몸에 임하며 영혼에 임합니다. 그것은 말하는 자에게 더욱 더 강력하게 임하며 듣는 자에게도 임합니다. 말씀을 소리내서 표현할 때 그 소리로 인하여 말씀이 살아서 움직이게 되는 것입니다.

어떤 사람이 말씀을 깊이 묵상하고 속으로 생각만 한다면 말씀은 그 사람의 생각 속에는 있겠지만 능력의 역사를 이루지는 못할 것입니다.

그러나 그 사람이 말씀을 말해내기 시작할 때 거기서부터 하나님의 역사는 시작됩니다.

"비와 눈이 하늘로부터 내려서 그리로 되돌아가지 아니하고 땅을 적셔서 소출이 나게 하며 싹이 나게 하여 파종하는 자에게는 종자를 주며 먹는 자에게는 양식을 줌과 같이 내 입에서 나가는 말도 이와 같이 헛되이 내게로 되돌아오지 아니하고 나의 기뻐하는 뜻을 이루며 내가 보낸 일에 형통함이니라" (사55:10, 11)

하나님의 말씀은 비가 헛되이 내리고 사라지는 것이 아니라 땅에 운행하며 열매를 맺는 것 같이 이 땅에서 역사하여 열매를 맺습니다. 그런데 열매를 맺기 위하여 그것은 하나님의 입에서 말해지고 나가는 것입니다.

오늘날 사람들은 말씀을 묵상하여 그것을 자기 마음속에 있는 곳간에 조용히 모셔두는 것을 좋아합니다.

그러나 말씀은 마음의 창고에 쌓아두기 위하여 있는 것이 아닙니다. 그것은 말해지고 선포되어 입에서 나가서 역사하기 위하여 있는 것입니다.

말씀은 하나님이 말하신 것입니다. 하나님은 말씀으로 세상을 창조하셨습니다. 하나님은 침묵으로 세상을 창조하신 것이 아닙니다. 하나님은 생각으로 세상을 창조하신 것이 아닙니다.

하나님이 원하셨다면 그렇게 할 수 있었겠지만 하나님은 그렇게 하지 않으셨습니다. 하나님은 말씀하시는 것을 통해서 세상을 창조하셨습니다.

하나님의 말씀은 실제적인 소리입니다. 이것은 문자가 아닙니다. 기본적으로 이것을 이해해야 합니다. 말씀은 소리입니다. 문자에는 능력이 없습니다. 그러나 소리에는 힘이 있습니다. 소리는 파워를 일으킵니다. 과학적으로 소리는 전기적인 힘을 일으킵니다. 스피커를 서로 마주 보게 하고 소리를 내게 하면 전기가 발생해서 그 소리로 인하여 불을 켤 수도 있고 TV도 켤 수 있다고 합니다.

나는 TV에서 그런 실험을 하는 것을 보았습니다. 그것은 소리의 실제적인 힘을 분명하게 보여주는 실험이었습니다. 실제적으로 소리는 힘이 있으며 물질계에 영향을 줍니다.

소리에 놀라운 능력이 있다는 것은 더 이상 과학적으로 입증할 필요가 없을 것입니다. 그것은 우리의 삶에서 언제나 경험할 수 있는 것이기 때문입니다.

낙심이 되어 죽어 가는 사람에게 따뜻한 마음으로 몇 마디 위로를 하면 그 사람이 곧 힘을 얻고 생생해지는 것을 경험할 수 있을 것입니다. 마음이 여리고 상처를 잘 받는 자녀를 심하게 꾸짖어서 자녀가 깊은 타격을 받고 자살을 시도하는 이야기도 가끔 뉴스에 나옵니다. 이것은 소리에 실제적인 능력이 있어서 사람을 살릴 수도, 죽일 수도 있다는 것을 잘 보여주는 것입니다.

오늘날의 사역자들은 말씀을 많이 연구하고 생각하고 거기에서 메시지와 교훈을 얻으려고 합니다. 말씀을 깊이 묵상하는 것은 아주 좋은 일입니다. 하지만 말씀 자체를 선포하고 외치려고는 하지 않습니다. 그 말씀은 아주 단순하게 외칠 때 능력이 나타나는 것인데도 말입니다.

말씀을 깊이 연구하여 더 깊고 더 좋은 메시지를 짜내기 위해서 사역자들은 고생합니다. 그러나 온갖 고생을 하고 메시지를 만들어내도 사람들은 별로 반응을 보이지 않습니다. 그들은 이미 수 없이 많은 좋은 메시지를 들었기 때문입니다.

그렇기 때문에 사역자들은 점점 더 깊고 좋은 메시지를 만드느라고 고통을 겪으며 성도들은 더 좋고 감동적인 메시지와 예화에 익숙해집니다. 그래서 나중에는 무슨 메시지를 들어도 지루하고 따분하게 느끼게 됩니다.

만약에 사역자와 성도들이 모두 같이 일어나 큰 소리로 말씀을 외치고 읽으면 어떨까요!

그들의 심령은 같이 뜨거워질 것입니다. 하나님의 말씀은 깊이 연구하고 깨닫지 않아도 단순한 그 말씀 자체에 권능과 영광이 가득한 것이기 때문입니다.

사역자와 성도들이 같이 일어나 온 힘을 다하여 이사야서와 같은 선지자의 글을 큰 소리로 읽는다고 생각해보십시오. 모든 사람들의 마음이 뜨거워질 것입니다. 다윗이 쓴 시편을 마음을 다하여 뜨겁고 간절하게 읽어보십시오. 성도들은 통곡하기 시작할 것입니다.

그 말씀이 문자를 벗어나 소리가 될 때 그것은 역사하기 시작합니다. 번개가 치고 벼락이 칠 때 '콰르릉, 쾅!'이라고 쓴 글씨를 보여주면 아무도 놀라지 않습니다. 그러나 실제로 '콰르릉, 쾅!' 하고 벼락이 치는 소리를 들으면 누구나 다 놀랍니다. 그것이 글자와 소리의 차이입니다.

"이스라엘 자손이 자기들의 성읍에 거주하였더니 일곱째 달에 이르러 모든 백성이 일제히 수문 앞 광장에 모여 학사 에스라에게 여호와께서 이스라엘에게 명령하신 모세의 율법책을 가져오기를 청하매 일곱째 달 초하루에 제사장 에스라가 율법책을 가지고 회중 앞 곧 남자나 여자나 알아들을 만한 모든 사람 앞에 이르러 수문 앞 광장에서 새벽부터 정오까지 남자나 여자나 알아들을 만한 모든 사람의 앞에서 읽으매 뭇 백성이 그 율법책에 귀를 기울였는데...

하나님의 율법책을 낭독하고 그 뜻을 해석하여 백성에게 그 낭독하는 것을 다 깨닫게 하니 백성이 율법의 말씀을 듣고 다 우는지라" (느8:1,2,3,8,9)

에스라가 말씀을 읽을 때 이스라엘은 통곡하였습니다. 그처럼 말씀을 읽을 때 그 말씀은 살아 움직이는 것이 됩니다.

발성기도와 부르짖는 기도로 말미암아 심령이 충만하게 열린 사역자가 말씀을 강하게 읽는다면 그 말씀은 더욱 더 강력한 역사를 일으킬 것입니다.

읽혀진 말씀은 역사하게 됩니다.

나는 말씀을 낭송하는 집회를 정기적으로 여는 어떤 선교 단체의 이야기를 들은 적이 있습니다. 4박 5일 동안 기도원에서 강사의 인도를 따라 성경 전체를 낭송하는 말씀을 들으며 읽는 것입니다.

이 낭송 집회에서 시력이 거의 없었던 분이 눈이 회복되었다는 간증을 들은 적이 있습니다. 예수님께서 눈먼 자의 눈을 고치시는 장면을 강사가 읽고 있는 데 갑자기 어떤 분이 눈이 환하게 보인다고 소리를 질렀던 것입니다. 이러한 역사도 말씀을 읽을 때 그 말씀이 역사하는 한 실례입니다.

우리가 말씀을 큰 소리로 읽을 때 우리의 모든 질병이 낫는다고 생각할 수는 없을 것입니다. 그러나 어떤 형태로든 말씀을 강력한 목소리로 마음을 다해서 부르짖듯이 읽을 때 그 말씀은 역사를 일으킵니다.

나는 여러 예배나 소그룹 모임에서 이 말씀 읽기를 실행해 보았습니다. 그리고 성도들의 가슴이 뜨거워지며 곧 통곡의 바다에 잠기는 것을 많이 보았습니다. 그것은 읽혀진 말씀은 역사하기 때문입니다.

오늘날 많은 사역자들이 말씀을 전하고 있지만 너무나 소리가 약합니다. 그들의 소리에는 간절함이 부족하며 열정이 부족합니다. 하나님의 말씀을 전하면서도 그 중심의 뜨거움이 나타나지 않습니다.

그러한 무기력하고 덤덤한 소리는 심령에 뜨거움의 역사를 일으킬 수 없습니다.

많은 사역자들의 전하는 말씀이 논리는 있으나 권능이 없어서 심령에 시원함을 주지 못합니다.

세례요한은 아무 가진 것이 없었고 학위도 없었으나 그의 소리에는 강력함이 있었고 권세가 있었습니다.

그의 외치는 소리는 너무 강력하여 왕도 그를 함부로 할 수 없었습니다. 그에게서는 기적도 나타나지 않았지만 그의 소리는 사람을 사로잡았습니다. 군인들도, 권세자들도 그의 앞에서 쩔쩔 매었습니다.

오늘날의 사역자들은 거친 야성이 부족하며 너무나도 문화적입니다. 너무 점잖고 너무 온순합니다. 논리적이고 지식이 많으나 파워가 없습니다.

소리가 약하고 답답하며 자신도 자유함이 없고 성도들에게도 자유함을 주지 못합니다.

만일 사역자들이 메시지를 준비하는 그 열정으로 부르짖어 기도하고 심령을 주님께 토하여 그의 소리를 훈련한다면, 그래서 말씀의 메시지를 강력하고 간절한 소리에 담아서 전달한다면, 주님의 놀라운 메시지를 사역자들이 피를 토하듯이 심령으로 절규하듯이 전달한다면 그들이 인도하는 예배는 주님의 영광스러운 임재로 가득하게 될 것입니다. 영적인 갈망과 굶주림으로, 영적 침체로 허덕이는 성도들도 생기와 힘을 얻게 될 것입니다.

말씀은 문자가 아니라 소리입니다.

말씀이 소리가 될 때 그것은 역사를 일으킵니다.

부르짖어 말씀을 선포할 때 성도들은 더 이상 졸고 있을 수 없습니다. 성도들은 그 말씀에 사로잡히며 흐느껴 울고 자신을 주께 드리며 주님과 천국을 위하여 자기의 목숨을 아까워하지 않게 됩니다.

말씀은 소리입니다.

이 영광스러운 하나님의 소리가 교회에서, 예배에서 강력하게 외쳐질 때 이 땅에는 좀 더 강력한 하나님의 교회, 하나님의 왕국이 세워질 것입니다. 할렐루야.

25. 통성 기도는 영감으로 하는 기도이다

처음 교회에 왔거나 통성 기도에 익숙하지 않은 사람들은 예배나 기도 모임에서 많은 사람들이 합심하여 통성 기도하는 것을 들으면 정신이 하나도 없다고 말을 하곤 합니다. 아마 외국인 그리스도인들의 경우에도 그러할 것입니다.

보통 사람의 경우 말을 하기 이전에 먼저 생각을 하고 말을 하게 됩니다. 머리에서 생각이 떠오르면 그것을 정리해서 말을 하는 것입니다.

그러나 통성 기도를 하는 것을 보면 그런 것이 아닙니다. 생각을 하고 말을 하는 것이 아니라 속에서 말이 쏟아져 나오는 것입니다. 그러니 통성 기도에 익숙하지 않은 사람이 통성 기도를 하는 사람의 옆에 있거나 그러한 분위기를 처음 접하게 되면 어안이 벙벙할 것입니다.

발성 기도에 익숙하지 않은 초신자들은 기도를 시작할 때 무엇을 어떻게 기도해야 하는지 잘 모릅니다. 머리 속에서 생각은 많이 떠오르지만 막상 그것을 입으로 옮기는 것이 얼마나 힘이 드는지 모릅니다.

그래서 그들은 기도회 모임에 갔다가도 자기의 기도는 하지 못하고 다른 사람들의 기도를 듣기만 하다가 옵니다. 누군가 어떤 기도를 하면 옆에서 "주님, 저도요.." 하는 것입니다.

그처럼 처음으로 입을 벌린다는 것은 결코 쉬운 일이 아닙니다. 그러니 그러한 사람들은 통성 기도를 하면서 사람들이 쉬지 않고 빠르게 속사포같이 말을 쏟아놓는 것을 들으면 기가 팍 죽어버리는 것입니다.

서구의 그리스도인들도 그러할 것입니다. 그들은 논리적으로 생각하고 말을 하는 데에 익숙해져 있습니다. 충분한 생각과 논리와 결론이 없이 말을 쏟아 붓는 데는 익숙하지 않습니다. 그러니 그들은 열정적인 통성 기도가 이상하게 여겨질 것이며 잘 이해가 가지 않을 것입니다.

이와 같이 지적인 기질을 가진 이들은 통성 기도를 하는 것이 어려울 것입니다. 그들은 논리에 익숙하기 때문입니다.

통성 기도는 논리적인 기도가 아닙니다. 그것은 언어가 속에서 쏟아지는 것입니다. 그것은 영감으로 드리는 기도입니다. 그것은 영으로 사로잡혀서 드리는 기도입니다. 그러니 이러한 스타일에 익숙하지 않은 이성적인 사람들은 그러한 기도를 드리는 것이 쉽지 않은 것입니다.

[급하고 강한 바람처럼]이라는 책을 통해서 인도네시아를 휩쓸고 지나갔던 성령님의 역사와 부흥을 소개했던 멜 테리의 이야기 중에 통성 기도에 대한 재미있는 언급이 있습니다.

인도네시아에서는 통성 기도라는 것이 아예 없었다고 합니다. 예배가 있었고 기도가 있었지만 항상 한 사람이 기도했고 다른 사람들은 그 기도를 들었습니다.

멜 테리는 어느 날의 경험을 이야기합니다. 어느 날 아주 강력하게 성령님께서 예배 가운데 운행하셨습니다. 그리고 그 순간 모든 사람들이 함께 동시에 입을 벌려서 기도를 하기 시작했다는 것입니다.

그들에게 있어서 그것은 놀라운 일이었습니다. 한 사람이 기도하는 것이 아니라 모든 사람이 동시에 기도하다니! 그들은 전에는 그런 일이 없었던 것입니다.

하지만 우리나라에 있어서 그러한 경험은 아주 익숙한 것입니다. 우리는 예배 중에, 기도회 중에 모든 사람들이 합심하여 통성으로 기도하는 것에 아주 익숙해져있습니다.

인도네시아에서는 성령님의 특별한 역사를 통해서 통성 기도가 시작되었지만 우리는 평소에도 익숙하게 통성 기도를 해왔던 것입니다.

그처럼 통성 기도는 영감으로 인하여 시작되는 기도입니다. 합심하여 통성으로 부르짖고 기도하는 경험을 했던 사람들은 그 기도의 기쁨과 시원함을 압니다. 혼자서 기도할 때 얻을 수 없는 강렬한 능력과 힘과 후련함을 느끼게 되는 것입니다.

영이 열리지 않을 때 통성 기도는 아주 어렵습니다. 냉철하게 생각하고 정확하게 분석하고 결론을 내린 후에 움직이고 말하는 습관이 되어 있는 지성인들은 이 기도에 어려움을 겪게 됩니다.

통성기도를 하는 상황을 보면 주위는 시끄럽고 정신이 없습니다. 사람들은 여기저기서 떠들며 울부짖습니다. 찬양을 하는 사람들도 있고 손을 흔들거나 몸을 흔드는 사람들도 있습니다. 그러니 지적이고 내면적인 기질의 사람들은 기도고 뭐고 정신이 하나도 없을 것입니다. 그는 얼른 그러한 분위기에서 도망쳐서 조용한 자기만의 골방에서 차분하게 기도해야겠다고 생각할 것입니다.

통성 기도는 논리적인 기도가 아닙니다. 그것은 머리에서 나오는 기도가 아닙니다. 그것은 영감의 기도입니다. 그것은 마치 신이 들린 것 같은 기도입니다.

이것을 춤과 비교해서 설명할 수도 있습니다. 춤의 종류는 많지만 그 모든 춤들은 일정한 형식을 가지고 있습니다. 그 춤의 모든 동작들은 오래 동안에 걸쳐 형성된 것입니다.

그러한 춤을 추기 위해서 사람들은 한 동안 훈련을 합니다. 이러한 춤을 공연하려면 춤을 추는 사람들은 수없이 연습을 하고 리허설을 마친 후 무대에 서면 정확한 동작을 해냅니다.

그런데 이와 다른 춤이 있습니다. 각본이 없는 춤이 있습니다. 저절로 속에서 흘러나오는 것 같은 춤이 있습니다.

이런 춤을 추는 이들을 보면 신이 들린 것 같다고 하기도 합니다. 흔히 하는 말로 '필을 받았다'고 말하기도 합니다.

거기에는 형식이 없습니다. 리허설이 없습니다. 그저 강렬한 열정에 사로잡혀서 몸이 스스로 움직이는 것입니다.

통성 기도는 바로 이와 같은 기도입니다.

거기에는 각본이 없습니다. 거기에는 정해진 길이 없습니다. 그저 속에서 흘러나오는 대로 사로잡히고 파묻혀서 자신을 쏟아 붓는 것입니다.

그러므로 영감이 부족한 사람들은 통성 기도를 하기 어렵습니다. 영적인 경험이나 발성기도의 훈련이 부족한 사람들은 이 기도에 몰입하기 어렵습니다. 그러나 복잡하지 않고 생각이 많지 않은 단순한 사람들은 이러한 통성 기도회에 여러 번 참여하다보면 쉽게 영감을 받으며 이 기도에 몰입될 수 있을 것입니다.

통성 기도에 익숙해진 사람들은 기도를 두려워하지 않게 됩니다.

그는 기도란 정말 자신이 하는 것이 아니라 자신의 안에서 영감이 떠오르며 주님의 영이 기도를 인도하시는 것을 깨닫게 됩니다. 처음에 기도를 시작할 때는 생각지도 않았던 말과 감동과 느낌들이 자기 안에서 한없이 쏟아져 나오기 때문입니다.

그러한 기도를 반복하여 경험한 후에 사람들은 기도의 맛을 알게 됩니다. 기도의 기쁨과 기도 후의 후련함을 느끼게 되는 것입니다.

이처럼 통성 기도의 즐거움을 발견하고 경험한 사람들은 묵상으로 기도하는 것보다 통성으로 기도하고 싶어 합니다. 몸과 마음이 후련해지고 응답이 선명하며 주님의 임재와 은총을 실제적으로 느끼고 경험할 수 있는 이 기도의 세계로 더 깊이 들어가고 싶어지는 것입니다.

통성 기도는 영감의 기도입니다.

이것은 자연적인 기도가 아닙니다.

이것은 우리의 심령이 주님의 인도와 감동을 받아 속에서 감동과 기쁨과 전율과 언어가 쏟아지는 기도입니다.

우리는 모두 다 이 통성 기도의 은혜를 깊이 경험해야 합니다.

더 깊고 아름다운 통성 기도의 은혜를 경험할 때 우리의 기도는 더욱 더 깊어지게 될 것이며 더욱 풍성한 주님의 사랑과 은총을 누릴 수 있게 될 것입니다.

26. 발성이 부족하면 우울한 사람이 된다

하나님의 사람으로 알려진 신앙의 위인들 중에는 우울한 기질의 사람으로 알려진 이들이 더러 있습니다.

그래서 어떤 이들은 신앙과 영성의 깊이가 깊어지면 우울하고 창백한 면이 생기는 것이 아닌가 하고 생각하기도 합니다. 깊이 주님께 헌신하며 기도하는 사람은 우울하고 슬픔 가운데 있으며, 그러한 상태가 깊은 신앙이 아닌가, 웃고 즐겁게 사는 것은 세상적이며 경박한 삶이 아닌가.. 하고 생각하는 경향이 있는 것입니다.

하지만 우울한 모습은 성숙하고 깊이 있는 신앙의 모습이라고 보기 어렵습니다. 그러한 상태는 대부분 발성의 부족으로 생기는 것입니다. 충분히 소리를 내지 않고 부르짖어 기도하는 데에 익숙하지 않은 사람들은 우울하고 어두운 사람들이 되는 것이 보통입니다.

교회도 부르짖어 기도하며 예배 중에 통성으로 요란하게 기도하는 것이 익숙한 교회는 성도들의 성격이 대체로 밝고 명랑합니다. 그러나 고요한 침묵 기도나 고요한 예배에 익숙한 교회의 성도들은 대체로 어둡고 우울한 성격의 사람들이 많습니다. 그러한 우울함과 밝음의 차이는 발성으로 얼마나 표현을 하는가에 달려 있습니다.

대체로 어린 아이들은 밝고 명랑한 것이 보통입니다. 아주 심하게 억압을 당하거나 꾸짖음과 정죄의 분위기에서 자란 아이들이 아니라면 말입니다. 그들은 사소한 것에도 웃고 즐거워합니다.

그러나 어른이 되면 명랑하고 밝고 재미있는 사람을 찾기가 어렵습니다. 어른들은 대체로 점잖으며 우울한 사람이 많습니다. 기뻐하고 즐거워하는 어른을 보는 것은 어려운 일입니다.

왜 어린아이들이나 청소년들은 밝고 자유로운데 어른이 되면 그 기쁨을 상실하게 되는 것일까요? 어렸을 때는 즐거움과 장난과 개구장이 짓으로 가득하던 이들이 어른이 되면 그 때의 즐거움을 잃어버리고 심각하고 우울한 사람이 되는 것일까요?

그 중요한 차이는 바로 발성의 차이입니다. 근처에 초등학교나 중학교가 있는 사람들은 그들이 얼마나 시끄러운지 잘 알 것입니다. 수업시간이 끝나고 쉬는 시간이 되면 그 시간이 과연 휴식 시간인지 전쟁을 하는 시간인지 분간이 안 갈 정도로 아이들이 있는 곳은 시끄럽습니다.

그들은 시끄러운 것을 좋아합니다. 자기 속에 있는 생각과 느낌을 말로 표현하는 것을 좋아합니다. 그렇게 친구들과 말하고 웃고 떠들면서 노는 데에 그들은 익숙합니다.

그러나 어른이 되면 그들은 더 이상 떠들지 않습니다. 그들은 꼭 필요한 말이 아니면 하지 않게 됩니다. 그리고 점점 더 심각한 사람이 되는 것입니다.

떠드는 것과 마음이 밝고 명랑한 것은 어떤 관계가 있을까요? 그것은 서로 상관관계가 있습니다. 시끄럽고 요란하게 떠들고 나면 마음이 밝아집니다. 마음속에 있는 어두움의 기운들이 다 빠져나가는 것입니다.

지금 내 딸은 중학생인데, 그녀의 친구인 어떤 아이가 있습니다. 그 아이는 아빠가 지나치게 엄해서 자주 매를 맞으면서 삽니다.

그러나 이 아이는 집에서는 우울하지만 학교에 오면 친구들과 열심히 웃고 떠들면서 즐겁게 지낸다고 합니다.

이 아이는 학교에 오면 아빠에게 맞아서 팔과 다리에 멍이 든 곳을 보여주면서 '나, 여기 이렇게 맞았다!' 하면서 웃는다는 것입니다. 그 아이는 집에서는 '아빠, 잘못했어요.' 하면서 울고 학교에 와서는 친구들과 깍깍거리면서 웃고 놉니다.

만일 그 아이가 조용하고 내성적인 아이였다면 아마 우울하고 어두운 생각과 마음으로 가득 차서 슬프게 살았을 것입니다.

그러나 이 아이는 생각이 단순하며 복잡한 생각에 빠지는 스타일이 아니고 표현하고 떠드는 것을 좋아하는 아이였기 때문에 그리 심각하게 여기지 않고 그저 즐겁게 삽니다. 이 아이의 얼굴은 아주 밝고 명랑합니다.

딸아이의 다른 친구도 있습니다. 이 아이도 부모가 엄해서 자주 납득하기 어려운 이유로 혼이 나곤 합니다. 아이의 부모는 사회적으로 존경받는 위치에 있습니다. 그래서 이 아이는 아빠를 위선자라고 생각합니다.

이 아이는 머리가 영리하고 생각이 많습니다. 그리고 표현이 부족하고 조용한 편입니다. 그래서 이 아이의 분위기는 우울하고 어둡습니다. 이 아이는 얼굴은 예쁘지만 풍기는 분위기는 판단과 미움, 분노 등입니다.

두 아이가 환경은 비슷하지만 성격과 분위기는 판이하게 다릅니다. 그 차이는 어디에서 올까요? 한 사람은 표현하고 웃고 떠들며 한 사람은 그것을 마음속에 간직합니다. 거기에서 결정적으로 차이가 나는 것입니다.

말을 하지 않고 표현하지 않고 자기의 속에 무엇인가를 담아두는 데에 익숙한 사람은 어두워집니다. 침묵기도와 묵상에는 익숙하지만 발성기도나 표현에 서투른 사람은 어두워집니다. 그들은 경건하게 보이고 점잖게 보이지만 사실은 영적으로 눌려있는 것입니다.

그러한 이들은 겉으로는 별 문제가 없이 보여도 속으로는 많은 신앙적인 갈등과 번민을 가지고 있으며 신앙의 길, 주를 따라가는 길이 너무나 어려우며 십자가를 지고 가는 삶이라고 생각합니다.

그들은 우울한 표정으로 깊은 탄식을 발하면서 살며 그것이 깊은 삶이라고 생각합니다. 웃고 떠들고 즐겁게 사는 그리스도인들을 보면 낮고 유치한 사람으로 생각합니다.

그것은 속고 있는 것입니다. 그들이 우울하고 괴로운 것은 충분히 발성을 하지 않았기 때문입니다. 주님을 향하여 부르짖고 기도하며 그들의 중심을 토하지 않았기 때문입니다.

그들이 발성을 배우고 부르짖는 것을 배우면 그들은 당장 밝아지게 될 것입니다. 기분이 즐거워지게 될 것입니다.

그들이 가지고 있는 창백한 신학과 창백한 교리관이 바뀌게 될 것입니다. 기독교 신학자들이 부르짖어 기도하는 사람들이었다면 오늘날의 기독교는 이렇게 답답하고 어둡지 않았을 것입니다.

세상에는 기독교 외에도 많은 종교가 있습니다. 대표적인 것 중의 하나가 불교입니다. 그런데 이러한 기독교 외의 다른 종교들의 대부분이 고요함과 명상을 강조합니다.

뉴에이지 사상의 중요한 요소도 바로 고요함과 묵상입니다. 그들은 마음을 비우는 것을 좋아합니다. 뉴에이지는 불교 사상과 힌두교 사상이 종합된 것입니다.

반대로 기독교는 고요함보다 요란함이 더 강조됩니다. 기독교는 말씀의 종교입니다. 말씀을 읽고 선포하며 부르짖어 기도하는 것을 강조합니다.

대부분의 종교가 산 속에서 도를 닦고 깨닫는 것을 좋아하지만 기독교는 세상에 터를 잡고 빛과 소금이 되라고 합니다. 세상을 정복하고 다스리라고 합니다. 기독교는 염세적이고 도피적인 것이 아니며 적극적이고 활동적인 것입니다.

오늘날 기독교가 조용해지고 있는 것은 뉴에이지의 영향도 없다고 할 수 없을 것입니다.

뉴에이지의 묵상은 마음을 비우는 것입니다. 머리를 비우는 것입니다. 그래야만 귀신들이 그 사람의 마음을 정복하고 혼미함과 속임을 심어줄 수 있기 때문입니다.

뉴에이지에 몰두하는 이들은 갑자기 빛을 받았다, 우주 의식을 경험했다, 깨달았다고 하지만 그것은 고요함의 상태와 수동적인 의식 상태에 있을 때 속이는 악령들이 그들에게 들어간 것에 불과합니다.

그리스도인들은 무당들은 귀신을 받았으니까 마음이 불안할 것이라고 생각합니다. 하지만 그것은 오해입니다. 귀신들이 무당에게 들어갈 때 그들은 무당에게 황홀경을 줍니다. 그들은 엑스타시를 느낍니다. 마약을 하는 사람이 마약을 통하여 고통과 불안을 느낀다면 그들은 거기에 **빠질** 이유가 없을 것입니다.

무당들은 귀신들을 가지고 있으나 그것을 즐겁게 여깁니다. 그들에게 들어있는 영이 그들을 그렇게 속이기 때문입니다. 그들이 불안하고 고통스럽게 느낀다면 그것은 영적 권능으로 충만한 그리스도인들을 만났을 때입니다. 그들은 그 때에 비로소 불안해지며 고통을 느끼게 됩니다. 그들의 안에 있는 귀신들이 불안해지기 때문입니다.

기독교의 묵상은 마음을 비우는 것이 아닙니다. 마음을 주님으로 채우는 것이며 주님의 말씀으로 채우는 것입니다. 그것은 공허가 아니고 충만입니다.

기독교는 언어의 종교입니다. 기독교는 그 신앙의 형태가 말로 표현될 때 놀라운 은총이 임하는 것입니다.

소리 높여 찬양하고 소리 높여 기도하며 소리 높여 복음을 전하여 온 세계에 하나님의 말씀이 가득하게 하고 소리 높여 하나님의 사랑에 감사하고 찬송하는 것이 기독교입니다.

그것이 살아 있는 기독교이며 하늘의 권능이 임하는 기독교입니다. 그 모든 것을 묵상하고 마음속으로만 한다면 거기에는 능력이 없으며 하늘의 권능이 임하지 않습니다. 세상은 여전히 마귀 천지가 됩니다.

천국은 고요함과 적막이 흐르는 곳이 아닙니다.

천국은 기쁨의 소리와 아름다운 찬양의 소리가 있는 곳입니다. 환호와 웃음과 기쁨이 있는 곳입니다.

무덤에는 고요함과 적막이 가득합니다. 그러나 천국은 살아있는 생생한 공간이며 무덤과 같은 죽음의 공간이 아닙니다.

이사야는 하나님이 보좌에 계시고 그 옷자락은 성전에 가득한데 천사들이 소리 높여 찬양을 드릴 때 그 찬양의 소리로 인하여 문지방의 터가 요동하며 집에 연기가 충만한 것을 보았습니다. (사6:1-4)

요한은 환상 중에 생물들이 찬양하는 것과 장로들이 경배하며 외치며 면류관을 던지는 것을 보았고 새 노래로 노래하는 것을 보았습니다. (계4:8-11, 5:9,10)

그러한 곳이 천국입니다. 천국은 기쁨의 소리와 찬양으로 가득한 곳이며 결코 고요한 곳이 아닙니다. 이 땅에 살면서도 천국의 은총을 경험한 그리스도인들은 기쁨의 소리를 발하며 웃음과 찬양이 끊어지지 않습니다.

은혜 받은 그리스도인들은 명랑하고 밝습니다.

복음이 들어가지 않은 문화는 우울하고 어둡습니다. 기질적으로 불교를 좋아하는 사람들이 있는데 나는 그러한 사람 중에 명랑한 사람들을 본 적이 없습니다. 그들은 도를 찾는다고 하며 깨달음을 구한다고 하며 항상 어둡고 우울한 표정을 짓고 있습니다.

그러한 이들의 특성은 고요함과 명상을 좋아한다는 것입니다. 기독교는 시끄러우며 불교는 조용합니다. 그러므로 기독교인의 분위기는 명랑하며 불교인의 분위기는 우울합니다. 그것이 일반적입니다.

하지만 오늘날 기독교의 분위기도 다른 종교인 뉴에이지나 불교의 분위기로 나아가는 것 같이 느껴집니다. 기독교는 그 특유의 말씀과 밝음과 시원함과 후련함을 잃어버리고 있습니다. 그것은 오늘날의 기독교가 외침보다 묵상을 더 좋아하기 때문입니다.

기독교의 서적 중에 묵상에 대한 책과 부르짖어 기도하고 발성을 하는 것에 대한 책의 비율은 얼마나 될까요? 10 : 1 ? 100 : 1 ? 아마 그 이상일 것입니다.

이것이 오늘날의 기독교와 교회가 어둡고 눌리고 약해진 중요한 이유입니다. 오늘날의 교회는 너무나 많이 능력을 잃어버렸습니다. 성경이 수없이 가르치고 있는, 너무나 쉬운 권능과 능력의 비결이 바로 가까이 있는데 말입니다.

당신은 우울한 사람이 되기 위해서 노력할 필요가 없습니다. 말을 하지 않으면 됩니다.

당신은 깊고 심각하고 경건하고 점잖은 사람이 되기 위해서 노력을 할 필요가 없습니다. 다만 절대로 입을 벌려서 기도하지 마십시오. 성경을 묵상하되 절대로 입을 벌려서 그 말씀을 외치지 마십시오. 그러면 당신은 우울한 사람이 될 수 있습니다.

하루 10시간씩 성경을 묵상해도 당신이 입을 움직이지 않는다면 당신은 우울해집니다. 하나님께서 육체를 사용하도록 몸과 입을 만드셨는데 그것을 사용하지 않는다면 몸과 입과 함께 사람의 영혼은 병들 수밖에 없는 것입니다.

변비를 가지고 있는 사람의 특성이 있습니다. 그러한 사람들은 생각이 많고 상처가 많지만 그것을 잘 표현하지 않는다는 것입니다. 그들은 쌓이는 것이 많은 사람들입니다. 마음이 변비에 걸리면 몸에도 변비가 오게 됩니다.

사람이 가지고 있는 질병도 그 사람의 영혼의 표현인 것을 이해하십시오. 우리에게 다가오는 사건들도, 우리가 가지고 있는 신체적인 약함도 그 영혼의 특성입니다.

변비는 먹은 것을 잘 내보내지 못하는 것입니다. 그것은 그 사람의 영혼의 특성을 보여줍니다. 그들은 스트레스를 잘 받지만 그것을 마음속에 담아둡니다. 그러한 영혼과 마음의 특성이 몸에 변비라는 형태로 나타나는 것입니다.

그 반대의 사람을 생각해봅시다. 어떤 사람은 입으로 생각을 합니다. 즉 어떤 생각이 마음에 떠오르면 즉시 입으로 나와야 하는 사람입니다. 이런 사람은 마음속에 무엇을 담아두지 못합니다.

이런 사람이 변비에 걸릴 것 같습니까? 절대 걸리지 않습니다. 이러한 사람은 자주 설사를 할 수는 있지만 변비에 걸리는 일은 없습니다. 질병은 그 영혼의 특성을 보여주는 것입니다.

이런 이야기를 하자면 끝이 없지만 아토피와 같은 피부병도 비슷한 것입니다. 이러한 증상을 가지고 있는 사람들은 무엇인가를 속에 담아두고 있습니다. 화가 나지만 참고 속에 담아두고 있습니다. 아토피와 같은 피부질환은 속에 있는 부정적인 부분이 밖으로 표출되고 싶어 하는 특성을 보여주는 것입니다.

오늘날 아토피와 같은 증상이 점점 더 많아지고 있는 것은 환경의 문제이기도 하지만 또한 영적으로 점점 더 눌리고 억압되는 사람들의 영적 상태와도 관련이 있는 것입니다.

사람들은 어떤 질병이나 증상이 있을 때 물리적인 방법을 사용하려고 합니다. 그러나 근원적인 영적인 원인, 내면의 성향과 원인을 고치지 않으면 질병이든 환경의 고통이든 그것은 결코 사라지지 않습니다. 다만 형태만 바뀌어서 나타날 뿐입니다.

위대한 신앙인으로 알려진 이들 중에 우울한 이들이 많이 있습니다. 이들은 주님을 위한 깊은 희생과 헌신의 삶을 살고 목숨도 아까워하지 않기 때문에 사람들은 그와 같이 묶이고 눌린 삶이 깊은 신앙인 것으로 생각합니다. 사람들은 유명한 신앙인들은 아무런 흠이 없는 완벽한 사람인 것으로 생각합니다.

하지만 그것은 오해입니다. 유명하고 주를 간절히 따랐던 주님의 사람들도 여전히 사람이며 어떤 부분에 있어서 주님의 은총을 경험하지만 다른 부분들에서는 부족하며 약한 부분이 있을 수 있습니다.

우울하고 창백한 삶은 눌린 것입니다. 그것은 결코 깊은 신앙의 상태가 아닙니다.

그것은 그들이 묵상을 통해서 받은 은혜가 많았지만 입으로 표출되는 것이 부족했기 때문에 나타나는 현상입니다. 조금만 발성을 해도 그들은 넘치는 승리를 경험했을 것이며 그와 같이 어두운 상태에서 벗어났을 것입니다.

세상에 많은 책들이 있지만 모든 책들 중에서 기쁨의 책들보다는 어두운 책들이 많은 것이 보통이며 당연한 것입니다. 글을 쓰는 이들은 대체로 조용하고 사색적이며 소극적입니다. 그들은 말하거나 행동하는 것을 좋아하지 않고 조용히 사색에 잠기는 것을 좋아합니다. 문학을 좋아하는 기질의 사람들은 대체로 우울한 사람들이 많은 것을 볼 수 있을 것입니다.

말 하는 것을 좋아하고 행동하는 것을 좋아하는 사람들은 대체로 성품이 밝으며 사색에 잠기는 것을 별로 좋아하지 않습니다. 그러므로 이들은 책을 읽는 것도 별로 즐기지 않으며 책을 쓰는 것과도 거리가 먼 것이 보통입니다.

반대로 생각 에너지가 많은 사람들은 생각과 묵상을 통하여 많은 책을 읽고 책을 쓰지만 이러한 이들은 언어 에너지와 행동 에너지가 부족한 어두운 기질의 사람들입니다.

이들은 체질적으로 양이 아니고 음에 속하여 있습니다. 그러므로 그들이 쓰는 책의 성향도 기본적으로 음의 성분을 가지고 있으며 우울한 성향을 가지고 있는 것입니다.

부르짖어 기도하는 사람들이 책을 쓴다면 거기에는 성령의 운행하심과 역동적인 에너지가 담겨 있을 것입니다. 하지만 대체로 권능에 속한 사람들, 권능의 역사를 경험한 사람들은 책을 쓰는 것을 싫어하며 책에 대한 달란트를 가지고 있지 않습니다. 이러한 원리에 의해서 책을 좋아하는 사람들은 대체로 우울하고 소극적이며 책을 싫어하는 사람들은 밝고 적극적인 면이 있는 것입니다.

부디 이 사실을 기억하시기를 바랍니다. 당신이 밝고 명랑하고 즐겁게 살기를 원한다면 당신은 부르짖어 기도하며 큰 소리로 말하고 표현하는 것을 훈련해야 합니다. 그러면 모든 우울함이 사라지며 인생을 살아가는 것이 얼마나 즐겁고 행복한 일인지 알게 됩니다.

'주님을 따르는 것은 얼마나 힘든지..' '주님, 너무 힘들어요.. 저를 데려가 주세요..' 이런 이야기는 쏙 들어가게 될 것입니다. '주님.. 왜 이렇게 살아가는 것이 기쁘고 행복하지요?' 이런 고백을 하게 될 것입니다.

우리 집에는 하루 종일 웃음이 끊어지지 않습니다. 결혼해서 20년을 살았지만 우리 집은 시간이 지나갈수록 점점 더 행복해집니다.

그것은 우리 집이 모두 다 주님을 따르고 있기 때문이기도 하지만 무엇보다도 적극적으로 서로의 마음을 표현하며 발성하고 부르짖으며 기도하고 있기 때문입니다.

내가 이야기하면 아내가 폭소를 터뜨리고 아내가 말하면 아이들이 배를 잡고 엎어집니다. 아이들이 말하면 우리들이 땅을 치면서 웃습니다.

우리 아이들은 날마다 밤마다 부르짖어 기도합니다. 그러므로 아주 명랑합니다.

나의 성격은 기질적으로 어둡고 우울했습니다. 그런데 그러한 우울함의 원인이 생각과 묵상은 많으나 말의 표현이 부족해서 그런 것을 알고 난 후에는 의지적으로 열심히 부르짖어서 은혜도 많이 받고 기질과 성격이 다 변하게 되었습니다. 나의 기질을 그대로 가지고 있었다면 나는 평생을 주님을 위하여 죽기를 원했겠지만 그러면서도 우울하고 조용하게 살았을 것입니다.

부르짖고 외쳐서 기도하면 누구나 밝고 맑고 환해집니다. 마음속에 있는 모든 어두움들은 다 사라지게 됩니다.

칠흑 같은 고통과 환란이 다가와도 웃으며 그것을 이겨내게 됩니다. 돈이 없든 누가 괴롭히든 마음속에 항상 기쁨을 유지하게 됩니다. 그것이 부르짖는 기도와 발성기도의 위력이며 은총입니다.

부디 부르짖어 기도하는 사람이 되십시오. 당신의 기질과 성격과 스타일을 바꾸기 위해서 노력하십시오.

당신은 밝고 행복한 사람이 될 것입니다.

당신의 가정에도 항상 기쁨과 웃음이 끊이지 않는 천국의 행복이 임하게 될 것입니다.

할렐루야.

27. 발성이 부족한 묵상은 어두운 의식을 가져온다

묵상으로 기도하는 것 자체가 잘못된 것이라고 할 수는 없습니다. 다만 충분히 발성기도를 하지 않고 묵상 기도만을 하는 사람들은 영적으로 활력이 부족해지게 되며 침체되는 것이 보통입니다.

나는 새벽기도의 부르짖음이 새벽의 큐티로 바뀐 것이 한국 교회가 약해지고 무디어진 중요한 요인 중 하나라고 생각합니다.

발성보다 묵상을 좋아하게 될 때 그의 영혼은 결코 강건해지지 않습니다. 그들은 처음에는 묵상이 즐겁게 느껴질지 모르지만 점점 더 영적인 힘을 잃어버리게 됩니다.

발성기도를 전혀 하지 않고 오직 묵상기도와 묵상에 익숙해진 이들은 점점 더 영혼이 섬세해지며 약해집니다. 그리고 어두워집니다. 그리하여 근심이 많아지며 사물을 어둡고 비관적으로 보게 되는 등의 증상이 나타나게 됩니다.

그것은 발성의 부족으로 인하여 그의 영이 약해지기 때문에 생각도 어둡고 약해지는 것입니다. 발성과 묵상 어느 쪽에 치우쳐 있느냐가 그들의 의식에 영향을 주게 되는 것입니다.

그렇게 되면 이들은 사소한 일에도 많이 마음을 쓰고 신경이 예민해지게 됩니다. 아무 걱정이 없이 모든 것을 낙관적으로 보고 웃으며 사는 사람들을 보면 우습고 한심스럽게 보이게 됩니다.

그러한 사람들을 볼 때 아무 생각 없이 사는 사람들처럼 보이게 됩니다. 세상에 얼마나 문제가 많고 복잡한데 저렇게 걱정 없이 편하게 살고 뭐가 저렇게 좋아서 웃고 살까 한심스럽게 보이기도 합니다.

이러한 이들은 고난과 핍박과 십자가를 강조하는 신앙이 더 깊고 수준이 높은 것으로 느껴지게 됩니다. 형통이나 복에 대한 이야기를 들으면 그러한 것은 유치하게 여기게 됩니다.

그렇게 되는 이유는 무엇일까요? 그것은 발성이 부족해서 속에 어두운 기운이 배출되지 않고 쌓이게 될 때 그들의 속에 있는 그러한 어두운 기운들이 그러한 어두운 생각과 어두운 관념, 어두운 의식, 어두운 영을 끌어당기기 때문입니다.

그러한 상태에서는 밝고 맑고 환한 것이 좋지 않게 보이며 어둡고 우울하고 부정적인 것이 좋게 보이게 됩니다.

화가 나 있는 사람은 즐거운 사람을 보면 더 화가 납니다.

우울한 사람은 명랑한 사람을 보면 마음이 불쾌해집니다.

애인이 없는 사람은 서로 사랑하며 즐거워하는 연인 커플들을 보면 속이 상하고 슬퍼지는 것이 보통입니다.

그러므로 속의 의식이 어두운 사람들은 빛과 즐거움이 유치하고 한심스럽게 보이게 됩니다.

마음속에 쌓이는 어두운 부분에 대해서 발성과 기도를 통하여 주님께 토하고 드리지 않고 오래 동안 내버려두면 신자의 영적 상태는 변비처럼 마음이 막히고 답답한 상태가 됩니다. 그러한 상태에서는 밝고 행복한 의식과 생각을 받아들이기 어렵습니다. 자신의 속이 어둡기 때문에 그러한 성향과 비슷한 생각이 들어오게 되는 것입니다.

생각은 영계에 속한 것이며 영계는 끼리끼리 모이는 것입니다. 그러므로 어두운 마음은 어두운 생각을 끌어당기게 됩니다.

오늘날 기독교인들의 생각과 성향이 어둡고 우울한 경우가 참으로 많습니다. 이상하게도 불신자들은 명랑하고 재미있게 사는데 기독교인들 중에는 우울하고 우중충하게 사는 이들이 많이 있습니다. 항상 힘들다, 죽겠다, 어렵다고 말하며 징징거리는 이들이 참으로 많이 있습니다. 더 힘든 상황에서도 즐겁게 사는 사람들이 많은데도 말입니다.

부정적이고 염세적인 신앙관과 가치관도 발성과 토함의 부족으로 오는 것입니다. 인생이란 그리 슬픈 것이 아닙니다. 주님을 따르는 길은 그렇게 고달프고 고통스러우며 비극적인 것이 아닙니다. 하지만 발성이 부족하고 토하는 것이 부족한 사람들은 그렇게 생각하며 살게 됩니다.

노인들은 근심이 참으로 많습니다. 그들은 아무 것도 아닌 일로 근심하고 걱정합니다. 별 문제도 아닌 것을 가지고 자녀들에게 조심하라고, 조심하라고 걱정을 합니다.

그들은 자녀들이 자기들의 근심과 걱정에 동참하지 않으면 속상해 합니다. 건강 괜찮으냐, 사는 데 어려움이 없느냐, 무엇을 조심해야 한다.. 그들의 조바심은 끝날 길이 없습니다.

그러한 그들의 염려가 오히려 더 좋지 않은 영들을 끌어당기며 좋지 않은 영향을 끼치는 데도 말입니다. 오죽하면 '노파심' 이라는 말도 있습니다. 노인들의 마음에는 걱정이 많다는 의미입니다.

하지만 아이들은 걱정이 없습니다. 아무 생각 없이 그저 즐겁게 뛰어 놉니다. 걱정이 많은 노인들, 걱정이 없는 아이들.. 그 차이는 무엇일까요? 노인들은 조용하고 아이들은 시끄럽습니다. 바로 그 차이입니다.

떠들고 시끄러운 사람들은 범사에 낙관적으로 보기 마련이며 조용하고 생각이 많은 완벽주의적인 사람들은 온갖 걱정거리가 그 마음속에 떠오르기 마련입니다.

하지만 이러한 사람들도 부르짖어 토하게 되면 세상에는 근심할 만한 문제가 없다는 것을 알게 될 것입니다.

살면 살고 죽으면 죽는 것입니다. 먹을 것이 있으면 먹고 없으면 굶는 것입니다.

어차피 생사는 하나님께 달린 것입니다. 사람이 걱정한다고 되는 게 안 되는 것도 아니며 안 되는 것이 되는 것도 아닙니다. 그러니 모든 것을 주님께 맡기고 편하고 재미있게 살면 되는 것입니다.

부르짖어 마음의 짐들을 다 토하고 나면 사람은 이처럼 단순해지며 살든지 죽든지 근심하지 않게 됩니다. 아무 걱정이 없이 살던 어린 시절로 돌아가게 되는 것입니다. 낙엽만 구르면 까르르 웃던 그 시절로 말입니다.

오늘날 많은 그리스도인들의 의식이 어둡고 눌리고 창백합니다. 죄책감에 잠겨 있고 두려움과 염려에 잠겨 있으며 사는 것도 힘들고 신앙도 힘들다고 생각합니다.

그것은 그들의 안에 살며시 침투한 어두운 의식에 속고 있는 것입니다. 그것은 속의 나쁜 기운을 배출하지 않았기 때문입니다.

부르짖어 토할 때 사람의 의식은 달라집니다. 어두움은 사라지고 밝은 빛이 옵니다. 세상이 얼마나 아름다운지, 인생은 얼마나 즐겁고 행복한지, 주님을 따르는 삶은 얼마나 향기롭고 아름다운 것인지 경험하고 누리며 살게 됩니다.

오늘날 웃기고 즐거운 노인들을 보는 것은 참으로 어렵습니다. 무기력하고 푸념하고 원망하고 신세타령을 하며 낙심하는 노인들만 도처에 많이 있습니다.

그러나 그러한 노인들도 부르짖어 기도하고 마음의 짐을 토하며 발성의 즐거움을 알게 된다면 남은 여생을 건강하고 즐겁고 행복하고 재미있게 지내게 될 것입니다. 자녀들은 항상 웃음과 기쁨과 장난기가 가득한 부모들의 모습을 볼 수 있게 될 것입니다.

어두운 관념, 어두운 신앙관, 비극적인 세계관.. 그러한 모든 것은 대부분 발성의 부족으로부터 옵니다.

발성이 회복될 때 그 모든 것들은 찬란하고 아름답고 밝은 빛의 의식으로 바뀌게 될 것입니다. 할렐루야.

28. 나쁜 기운을 소리로 토할 때 속이 치유된다

　우리는 날마다 몸을 씻어야 하며 자주 옷을 세탁하고 갈아입어야 합니다. 특별히 땅 바닥에서 뒹굴지 않아도 살아가다 보면 우리의 몸은 더러워지며 옷도 더러워지기 때문입니다.
　그것이 이 세상입니다. 그러므로 청결함을 유지하기 위해서는 몸과 옷을 청결하게 관리해야 합니다.
　마음과 영혼도 마찬가지입니다. 우리의 마음과 영혼은 더러워집니다. 특별하게 나쁜 일을 하지 않더라도 우리의 마음은 더러워지고 어두워지며 상하게 됩니다. 그러므로 관리를 하지 않으면 우리의 겉이 쉽게 더러워지는 것처럼 우리의 속도 더러워지고 썩게 됩니다.
　사람은 누구나 상처를 받습니다. 상처는 나쁜 기운이 몸 안으로, 영혼 안으로 침투하는 것입니다. 영혼의 껍질이 얇고 방어하는 힘이 부족한 사람은 외부의 나쁜 에너지가 쉽게 침투하게 되므로 상처받는 일이 많아집니다.
　다른 사람들이 무례한 행동을 하거나 공격하거나 악한 말로 대할 때 영혼이 약하고 그러한 기운을 방어하지 못하는 사람들은 그러한 기운이 몸과 영혼 안에 들어오게 됩니다. 그래서 고통이 안으로 쌓이게 됩니다.
　TV나 컴퓨터에서 나오는 악한 기운을 방어하지 않고 무심코 쳐다보고 있으면 그 나쁜 기운이 안으로 들어옵니다. 그러면 영이 예민한 사람은 속이 답답해집니다. 그러한 것들이 쌓이면 고통스럽게 됩니다.

하지만 그러한 상태에서 아무런 조치도 취하지 않고 내버려두면 차츰 더 많은 악한 기운이 들어오게 되며 나중에는 감각이 무디어져서 느낌이 없어지게 됩니다. 그리하여 영적 감각이 완전히 죽어버리게 되는 것입니다.

그렇게 되면 이러한 사람들은 기도를 해도, 찬양을 해도, 예배를 드려도 아무런 느낌이 없으며 그저 모든 것이 지루하고 따분할 뿐입니다. 이미 세상의 영이 그들의 안에 들어와 있기 때문에 천국의 영에 속한 것에 대하여 기쁨을 느끼지 못하게 되는 것입니다.

아무튼 사람은 조심을 하고 방어를 하지 않으면 세상의 나쁜 기운이 우리의 몸과 마음에 언제든지 침입할 수 있다는 것을 분명히 인식하고 있어야 합니다.

그런데 사람의 안에 들어오는 상처나 고통, 악한 에너지는 어떤 형태로 들어오는 것일까요? 그것은 바로 소리입니다.

악한 생각들, 근심이나 염려나 미움과 같은 악한 생각들도 사람의 영혼을 어둡게 하고 더럽히는 근원이며 통로입니다.

그러나 소리는 생각보다 더 강렬하며 직접적으로 사람을 더럽히고 어둡게 하며 상처와 충격을 주며 좀 더 강한 능력으로 사람을 파괴하는 것입니다.

아름다운 소리는 사람의 몸과 마음에 좋은 영향을 끼칩니다. 그것은 상식적인 것입니다.

아름다운 소리는 사람에게 뿐 아니라 동물에게도 좋은 영향을 끼치기 때문에 목장에서 소의 젖을 짤 때에도 감미로운 음악, 클래식을 들려주면 좋은 양질의 젖을 짤 수 있다고 합니다. 좋은 음악은 치유의 효과가 있으며 사람의 성격에 긍정적인 영향을 미친다는 것은 이미 널리 알려져 있습니다.

반면에 악한 소리는 악한 영향을 끼치게 됩니다. 앞에서 솔로몬 군도의 원주민들이 큰 나무를 쓰러뜨릴 때 소리를 지른다고 했는데 여러 사람들이 강렬하게 지르는 소리는 커다란 나무의 생명을 죽일 수도 있는 힘을 가지고 있는 것입니다.

그런데 소리는 나무만을 죽이는 것이 아니라 사람도 죽일 수 있습니다. 그처럼 악한 소리의 파괴력은 엄청나고 치명적인 것입니다.

사람들이 소리를 지르며 싸우는 것을 보고 마음이 평화로워지는 사람은 아마 없을 것입니다. 그렇게 소리를 지르며 싸울 때 그들의 입에서 나오는 기운은 저주와 재앙의 기운과 같습니다.

그것은 사람을 상하게 하고 죽게 하는 것입니다. 그것은 독과 같아서 그 분량이 많아지면 죽을 수도 있는 것입니다.

사람이 화를 내면서 말을 할 때 그 사람의 입에서 나오는 기운을 저장해서 압축한 후에 쥐에게 주사하는 실험을 했더니 그 쥐가 즉사했다는 보고를 읽은 적이 있습니다. 악한 말을 할 때 입에서 나오는 기운이 죽이는 기운이라는 것이 느낌뿐이 아니라 실제라는 것이 과학적으로 입증된 것입니다.

사람의 입 기운은 그처럼 무서운 것입니다. 그러므로 잔소리와 푸념과 꾸짖음을 많이 듣고 자라는 자녀들은 저주를 받고 자라는 것과 같은 것입니다. 그러한 자녀들의 영혼은 당연히 억압되고 눌리며 그러한 기운을 극복하지 못하게 되면 비참한 인생을 살아가게 됩니다.

"여호와의 말씀으로 하늘이 지음이 되었으며 그 만상을 그의 입 기운으로 이루었도다" (시33:6)

"내가 보건대 악을 밭 갈고 독을 뿌리는 자는 그대로 거두나니 다 하나님의 입 기운에 멸망하고 그의 콧김에 사라지느니라" (욥4:8,9)

이 말씀들은 하나님의 입에서 나오는 기운이 창조의 역사를 이루기도 하며 악한 자들을 멸망시키기도 한다는 것을 보여줍니다.

하나님의 형상으로 지음을 받은 우리 인간도 비슷한 능력을 가지고 있습니다. 즉 모든 사람들은 자기의 입 기운, 자기의 입으로 말할 때 나오는 그 기운을 통해서 자기의 삶을 창조할 수도 있고 파괴할 수도 있는 것입니다.

하나님께서는 사람을 그렇게 만드셨습니다. 그러므로 사

람은 입의 기운에 대해서 조심해야 하며 그 힘과 파괴력을 이해해야 하며 잘 관리를 해야 합니다.

사람의 입 기운에는 놀라운 힘이 숨겨져 있습니다. 하지만 불행하게도 이 놀라운 입 기운의 능력을 긍정적이고 좋은 용도로 사용하는 이들은 많지 않습니다.

아름다운 고백과 사랑의 고백과 믿음의 시인을 통하여 천사들의 도움과 축복의 통로가 되는 이들은 많지 않습니다.

아주 많은 사람들이 비난과 잔소리와 공격적인 말과 원망하는 말과 상처를 주는 말을 하면서 그들의 입 기운으로 저주를 내뿜습니다. 안타깝지만 이것이 오늘의 현실입니다.

그러므로 우리는 소리를 통하여 우리의 영혼이 상하고 망가질 수 있다는 것을 명심해야 합니다.

소리는 우리에게 영향을 줍니다. 바깥에서 들어온 악한 소리는 우리의 영혼에 충격을 줍니다. 우리는 여기에 대해서 깨어 있어야 합니다.

누구나 이러한 경험이 있을 것입니다. 상대방이 어떤 말을 했는데 그 말이 비수처럼 가슴에 꽂히는 것입니다. 방심한 상태에서 상대방의 말을 듣다가 갑자기 가슴에 화살이 꽂히고 통증이 옵니다.

그런 경험을 하지 않은 이들은 없을 것입니다. 그것은 실제로 영적인 화살과 칼이 그의 가슴에 꽂힌 것입니다.

사람의 영혼, 영체는 사람의 육체 안에 같이 겹쳐져 있습니다. 여기서 영체가 본체이며 육체는 그림자에 불과합니다. 그래서 영체가 아프거나 상하면 육체도 같이 아프게 됩니다.

사람들은 몸이 아플 때 그 몸 자체를 고치려고 애를 쓰지만 더 중요한 것은 그 부위의 영체가 망가진 것이기 때문에 그 영체를 먼저 치유해야 합니다. 그래서 그 영체가 회복되면 그 부위의 몸도 같이 회복됩니다.

우리는 흔히 마음, 영혼이라는 말을 하면서 그것을 하나의 개념인 것 같이 생각하지만 영혼은 분명한 몸을 가지고 있습니다. 영체란 영혼의 몸을 말하는 것입니다.

보이는 육체는 시간이 지나면 죽고 없어지지만 보이지 않는 영체는 영원한 것으로서 육체의 옷을 벗고 육체의 집을 떠날 뿐이지 소멸하는 것은 아닙니다. 영혼이 없다고 생각하는 사람들은 옷을 벗으면 몸도 사라진다고 생각하는 것과 같은 것입니다.

그러므로 소리를 통해서, 사람의 입 기운을 통해서 그 영향이 사람의 몸보다 먼저 영혼에게 부딪치게 됩니다.

그렇기 때문에 방심한 상태에서 악한 말을 들을 때 그 악한 기운이 영체의 심장을 찌르고 그 순간 실제적으로 가슴이 아파지는 것입니다.

이것은 아주 중요한 원리입니다. 어떤 소리가 당신의 안에 들어오느냐, 당신이 어떤 소리를 받아들이느냐가 당신의 영적 건강을 좌우하는 아주 중요한 요소임을 당신은 항상 기억하고 있어야 합니다.

악한 소리, 싸우는 소리, 원망하는 소리, 비난하는 소리, 근심하는 소리, 시끄러운 기계음.. 그 모든 소리들은 당신의 안에 들어와 당신의 영혼과 몸을 파괴합니다. 어떤 것은 심장에 꽂히며 어떤 것은 내장을 상하게 하며 어떤 것은 피부를 상하게 합니다.

사람들은 말이 비수처럼 심장에 꽂힐 때 그러한 것은 잘 인식하고 기억합니다. 하지만 내장에 악한 기운이 꽂히고 겨드랑이에 음란한 기운이 들어오고 (대체로 겨드랑이에 음란하고 더러운 기운이 침입합니다) 피부와 전신에 나쁜 기운이 침입하는 것들에 대해서 잘 인식하지 못하며 느끼지 못합니다.

하지만 당신이 느끼지 못할 때도 좋지 않은 소리들은 당신의 안에 나쁜 영향을 주고 있는 것입니다.

조심을 해야 하지만 너무 두려워할 필요는 없습니다.

중요한 것은 모든 악한 소리가 있는 곳을 피하는 것이 아니라 그러한 소리를 차단하고 이길 수 있는 영적인 강건함을 소유하는 것입니다. 영적인 갑옷을 입고 영적인 방패를 가지는 것입니다.

사람들은 에베소서 6장에 나오는 여러 영적인 무기들, 갑옷과 창과 방패.. 이러한 말들이 상징인 것으로 알지만 그것은 영계에서 실제입니다.

"끝으로 너희가 주 안에서와 그 힘의 능력으로 강건하여지고 마귀의 간계를 능히 대적하기 위하여 하나님의 전신 갑주를 입으라 우리의 씨름은 혈과 육을 상대하는 것이 아니요 통치자들과

권세들과 이 어둠의 세상 주관자들과 하늘에 있는 악의 영들을 상대함이라

그러므로 하나님의 전신 갑주를 취하라 이는 악한 날에 너희가 능히 대적하고 모든 일을 행한 후에 서기 위함이라

그런즉 서서 진리로 너희 허리 띠를 띠고 의의 호심경을 붙이고 평안의 복음이 준비한 것으로 신을 신고 모든 것 위에 믿음의 방패를 가지고 이로써 능히 악한 자의 모든 불화살을 소멸하고 구원의 투구와 성령의 검 곧 하나님의 말씀을 가지라"(엡6:10-17)

갑옷이 있고 방패가 있으며 투구가 있습니다.

그것은 실제적인 무기입니다.

방패가 없는 사람은 말로 인하여 수시로 찔리고 상처를 받습니다. 두껍고 견고한 갑옷을 입고 있는 사람은 살벌한 전투의 현장에서 자신을 보호할 수 있을 것입니다.

이 세상은 겉으로 보기에는 평화로운 것 같지만 영적인 시각으로 보면 상대방을 쓰러뜨리려는 악한 기운의 공격과 칼과 불화살이 난무하는 곳입니다. 주고받는 언어에 칼이 있고 가시가 있으며 말투에 창과 화살이 숨겨져 있습니다. 그러므로 마음이 약하고 조심하지 않으며 무장이 되어 있지 않은 사람은 항상 상처를 받고 낙심하며 대인관계를 두려워하고 삶과 일을 힘들어하게 됩니다.

이러한 영적 공격의 가장 대표적인 것은 바로 소리입니다.

악한 마음과 기운이 담겨있는 소리인 것입니다. 가장 가까이에 있는 사람의 말소리를 통해서 우리는 자주 상처를 입게 됩니다.

우리와 아주 원수가 진 사람이 아니라고 해도 상대방이 악한 기운으로 짜증이나 불평이나 원망의 소리를 발했을 때 그 악한 기운은 우리의 영혼에 침투하게 됩니다. 그래서 우리는 가슴이 답답해지며 아프게 느끼며 마음이 위축되고 다운되는 것을 느끼게 됩니다.

그렇게 들어온 악한 소리의 기운은 저절로 사라지는 것이 아닙니다. 청소하지 않는데 먼지가 저절로 소멸되겠습니까? 몸을 씻지 않는다면 몸이 자동으로 정화되겠습니까?

그렇지 않습니다. 우리는 그러한 악한 기운을 청소해야 합니다. 그렇지 않으면 우리 안에 들어온 악한 기운은 나중에 쌓이고 쌓여서 결국은 질병이 되고 나쁜 사건을 끌어당기는 에너지가 됩니다. 그러므로 속히 날마다 수시로 우리 안에 들어온 나쁜 소리의 기운을 청소해야 하는 것입니다.

소리로 들어온 나쁜 기운을 청소하는 방법이 무엇일까요? 그것은 바로 소리를 내는 것입니다. 소리를 배출하는 것입니다. 소리를 지르고 표현해서 그것을 없애는 것입니다.

경험적으로 우리는 소리를 지를 때 모든 스트레스와 무거운 기분이 마음이 회복되는 것을 느낄 수 있습니다. 그래서 등산을 하고 높은 산에 올랐을 때 사람들은 '야~호~' 하고 소리를 지르며 시원함을 느끼고 즐거워하는 것입니다.

고통의 소리를 내는 것, 신음 소리를 내는 것도 같은 원리입니다. 우리는 어딘가 아플 때 신음 소리를 내고 비명을 지르게 됩니다. 몸이 아프면 본능적으로 저절로 앓는 소리를 내게 됩니다. 그것은 아주 자연스러운 것입니다.

아플 때에 신음 소리를 내면 우리는 고통이 조금 완화되는 느낌을 가지게 됩니다. 신음 소리를 내면 고통의 기운이 그 소리를 통해서 바깥으로 배출이 되기 때문에 우리는 좀 더 빨리 회복될 수 있는 것입니다.

산부인과에서 아이를 낳을 때 간호사들은 산모에게 소리를 지르라고 권합니다. 이와 같이 고통의 소리를 발하고 신음 소리를 내는 것은 상처의 회복과 치유에 있어서 중요한 원리이며 방법인 것입니다.

"백성들아 시시로 그를 의지하고 그의 앞에 마음을 토하라 하나님은 우리의 피난처시로다" (시62:8)

성경은 우리에게 하나님 앞에서 마음을 토하라고 말합니다. 우리가 가지고 있는 아픔과 슬픔과 문제들을 토로하라는 것입니다.

보통의 신음 소리도 고통의 치유에 도움이 되는데 하물며 하나님 앞에 나아가 그분 앞에서 우리 마음속의 아픔과 신음을 토하며 고통의 소리를 발하는 것이 얼마나 회복과 치유에 도움이 될까요. 하나님은 우리의 주인이시며 자비로우신 치유자이시니 말입니다. 성경은 하나님께서 우리의 고통하는 소리, 신음 소리를 들으신다는 것을 많이 기록하고 있습니다.

"하나님이 그들의 고통 소리를 들으시고 아브라함과 이삭과 야곱에게 세운 그의 언약을 기억하사" (출2:24)

"여호와께서 그의 높은 성소에서 굽어보시며 하늘에서 땅을 살펴보셨으니 이는 갇힌 자의 탄식을 들으시며 죽이기로 정한 자를 해방하사" (시102:19, 20)

그러므로 신음 소리를 내며 탄식하는 것은 우리 마음과 영혼의 청소와 치유에 도움이 되는 것입니다. 더구나 하나님 앞에서 탄식하며 토하는 것은 우리 영혼의 무거운 짐과 상처를 회복시킵니다.

그런데 신음소리를 내지 못하는 사람들이 있습니다. 고통을 표현하지 못하는 사람들이 있는 것입니다. 이들은 잘 참는 사람들입니다. 참고 인내하는 것을 잘 하는 것입니다.

이들은 아파도 얼굴을 찡그리지 않으려고 노력합니다. 마음이 상했어도 그것을 잘 나타내지 않으려고 합니다.

누가 옆에서 '언니 괜찮아?' 하면 속으로는 전혀 괜찮지 않아도 '응. 괜찮아.' 하는 것입니다.

이들은 자기 마음을 표현하는 것을 부끄러워합니다. 자기를 보여주는 것을 싫어하는 사람들입니다. 그래서 고통도 표현하지 않습니다. 그 결과는 어떻게 될까요? 그러한 사람들의 속은 썩게 되는 것입니다. 그들은 점점 더 어둡고 상하고 삶의 기쁨을 전혀 느끼지 못하게 됩니다.

우리는 살아가는 동안 좋든 싫든 항상 나쁜 소리를 들을 가능성이 있습니다. 사람이 24시간 항상 긴장하고 살수는 없는 것입니다. 언제 누구에게 악한 소리의 칼을 맞을지 모릅니다.

그러나 그럴 때에 소리를 지르고 가슴에 막힌 것을 토하여 그 나쁜 독 기운을 청소한다면 우리는 곧 회복될 수 있을 것입니다.

그러나 그것을 참고 또 참으며 마음속에 간직하고 있다면 우리는 서서히 병들어가게 될 것입니다. 삶의 아름다움과 환희를 만끽하지 못하고 우울하고 어두우며 슬픔과 허무함에 잠겨 서서히 죽어 가는 사람이 될 것입니다.

부디 기억하십시오. 소리를 통하여 상처가 생깁니다. 누구나 가슴을 찌르는 소리를 들었던 아픈 경험이 있습니다. 그 언어와 소리는 그 사람의 속에 남아서 썩게 됩니다.

신음과 비명이 고통을 완화시킨다는 것을 반드시 기억하십시오. 그것을 배출하지 않고 참고 있는 사람은 그 고통이 속에 그대로 남아있으며 전체에 퍼지게 됩니다.

소리를 내보내는 것은 고통과 슬픔과 어둠을 소멸하는 가장 쉬운 방법입니다. 그것은 자연의 방법입니다.

세상에 고통이 없는 사람들은 없습니다. 그러나 내성적인 사람은 그 고통을 평생 가슴속에 담고 삽니다.

그래서 병을 키우고 비참한 인생을 살게 되는 것입니다. 그것은 심히 어리석은 일입니다.

소리를 토하는 것, 소리를 내는 것은 참으로 아름다운 일입니다. 그것은 치유의 빛이며 열쇠입니다. 소리를 마음껏 내지 못하는 이들은 영혼이 병든 것이며 점차 몸도 같이 시들어지게 됩니다.

부디 당신의 안에 있는 나쁜 기운을 청소하는 방법을 배우십시오. 충분히 자연스럽게 소리를 내고 신음 소리를 내며 마음을 치유하는 것을 연습하십시오.

당신은 단순히 소리를 내고 표현할 때 자유함이 느껴짐을 알게 될 것입니다.

이것이 어렵게 느껴집니까? 단순히 '아~' 하고 길게 소리를 내면 됩니다. 좀 더 강하고 빠르게 '아!' 할 수도 있습니다.

자세한 것은 2권에서 다룰 것입니다. 아무튼 이렇게 간단한 방법으로 마음이 금방 시원해지며 상쾌해지는 것을 느낄 수 있을 것입니다.

무엇보다 가장 좋은 것은 하나님 앞에서 소리를 토하는 것입니다. 탄식을 하며 한숨을 쉬는 것입니다.

하나님 앞에서 우리의 아픔을 토하는 것입니다.

사람 앞에서 마음을 토하다보면 여러 가지 부작용이 생길 수 있습니다. 자신은 좋지만 남에게 피해를 줄 수도 있습니다. 관계가 불편해질 수도 있습니다.

그러나 하나님 앞에서 신음소리를 내고 토하는 것에는 아무런 부작용이 없습니다.

바로 그것이 부르짖는 기도인 것입니다.

부디 이 소리의 요령을 배우십시오.

당신의 안에 들어있는 모든 나쁜 말로 인한 상처들을 입으로 다 쏟아버리십시오.

지금까지 당신이 몇 십 년 동안 살아오면서 들었던 모든 좋지 않은 소리들은 당신이 버리지 않았다면 여전히 당신의 안에 있습니다.

그 모든 소리들을 밖으로 내보내십시오.

소리를 토함으로 그것이 가능해집니다.

억울한 꾸지람들, 무례한 말투, 공격적인 소리들. 당신의 안에 들어온 모든 나쁜 소리를 입으로, 소리로 토하십시오.

당신은 정말 오랜만에 가슴의 후련함을 느끼게 될 것이며 개운하고 행복한 잠을 잘 수 있을 것입니다.

나쁜 소리를 청소하십시오.

당신의 안에 오직 아름다운 소리만이 가득하게 하십시오.

조금씩 배우며 시도할 때에 당신은 점점 더 아름답고 풍성한 삶의 세계 속에 들어갈 수 있게 될 것입니다.

29. 발성기도와 묵상기도의 관계와 순서

앞에서 발성기도가 부족한 상태에서 묵상기도만을 많이 하게 되면 영적 침체와 무기력증이 올 수 있다는 이야기를 했습니다.

기질적으로 성품이 조용하여 묵상기도를 좋아하시는 분들은 이러한 이야기가 충격이 될 지도 모르겠습니다. 그러나 이것은 발성기도가 묵상기도보다 우월한 기도라는 말이 아닙니다. 그리고 묵상기도가 좋지 않다는 의미도 아닙니다.

발성기도도 하나님께 드리는 기도이며 묵상기도도 하나님께 드리는 기도인데 어느 기도는 옳고 어느 기도는 틀렸다고 할 수는 없는 것입니다.

다만 이것은 기도의 특성과 의미에 대한 이야기입니다. 즉 묵상기도는 묵상기도로서의 특성과 의미가 있고, 발성기도는 발성기도로서의 의미가 있는 것입니다.

우선 기도의 순서에 대해서 이해할 때 기도는 묵상기도보다는 발성기도로부터 시작되어야한다는 것을 알아야합니다. 그것이 올바른 순서입니다.

어떤 사람이 기도를 배우기 시작할 때 그는 먼저 입으로 소리를 내서 기도하는 것부터 시작해야합니다. 먼저 묵상기도와 침묵기도부터 시작하는 것은 좋지 않습니다.

그렇게 묵상으로만 기도를 하는 것이 습관이 되어 소리를 내는 기도는 하지 못하고 항상 속으로만 기도를 하게 된다면 그것은 곤란합니다. 지금까지 위에서 많이 언급했던 여러 부작용들이 나타날 수 있습니다.

기도는 발성기도로부터 시작해야합니다. 물론 처음부터 강렬하게 부르짖는 기도로 시작해야하는 것은 아닙니다. 기도의 입문자들에게 그것은 무리한 일일 것입니다.

처음에는 무리하지 말고 적당히 어느 정도의 소리를 내어서 기도를 시작해야합니다. 그러다가 어느 정도 기도의 영이 임하고 기도에 주님의 은총과 감동이 임하면 상황에 따라 좀 더 강력하고 간절한 기도로 나아갈 수 있을 것입니다. 그것은 자동차가 달리기 시작할 때 처음에는 천천히 달리다가 조금씩 가속도를 내는 것과 같습니다.

아무튼 기도의 시작은 소리를 내는 발성기도입니다. 침묵기도도 필요한 것이지만 그것은 다음 단계입니다. 침묵과 묵상은 기도의 첫 단계에서 하는 것이 아닙니다.

그 이유를 조금 더 설명해보겠습니다.

발성기도는 몸을 사용하여 드리는 기도입니다. 물론 기도는 하나님과 교제를 나누는 영적인 행위이지만 발성기도는 그것을 몸의 한 부분인 입을 사용하여 표현한다는 것입니다. 그런 의미에서 발성기도는 몸으로 드리는 기도라고 할 수 있습니다.

이에 비하여 묵상이나 침묵기도는 몸을 사용하는 기도가

아니고 마음과 영을 사용하여 드리는 기도입니다.

그러면 왜 기도에 있어서 마음으로 드리는 기도보다 몸으로 드리는 기도를 먼저 해야 하는 것일까요?

그것은 몸에 속한 차원이 마음과 영혼의 차원보다 낮고 기초적인 영역이기 때문입니다.

몸과 물질의 영역은 제한이 있고 묶임이 있습니다. 그것은 영계보다 낮은 영역입니다. 기도를 낮은 영역, 기초적인 영역부터 시작해야 하는 것은 당연한 것입니다. 누구나 대학에 들어가기 전에 초등학교를 졸업해야합니다.

침묵과 묵상기도는 아무나 쉽게 할 수 있는 것이 아닙니다. 거기에는 고도의 교육과 훈련이 필요합니다.

훈련되지 않은 대부분의 사람들은 묵상기도를 하다보면 속에서 수많은 엉뚱한 상념들이 일어나는 것을 경험하게 됩니다. 그는 곧 잡념에 빠지거나 졸게 될 것입니다.

기도를 시작했다가 잠이 들어버린 사람은 나중에 깨고 나서는 이제는 집으로 돌아가서 잠이나 자야겠다고 생각할 것입니다.

그는 그렇게 어설프게 기도를 마친 후에 자신의 상태가 기도하기 전보다도 좋지 않은 것을 느끼게 될 것입니다.

이상하게 기도하기전보다도 몸도 찌뿌둥하며 기분도 다운 되는 것을 느낄 것입니다.

그 이유는 무엇일까요? 그리고 묵상 기도를 할 때 수많은 잡념들이 떠오르는 이유는 무엇일까요?

그것은 그가 인식하지 못했지만 기도를 하는 중에 악한 영들의 공격을 받았기 때문입니다. 즉 악한 영들은 항상 기도를 방해하기를 원합니다. 그들은 기도하는 이들에게 여러 가지 잡념을 일으키기도 하고 공상을 심어주기도 합니다. 졸음을 심어주기도 합니다.

그렇게 되어 그 사람이 마음과 정신이 혼미해지면 악한 영들은 그의 몸과 마음과 영혼을 억압합니다.

그 결과 기도를 어설프게 하고 나면 몸과 마음이 오히려 다운되는 것입니다. 그가 졸고 있는 사이에 악한 영들이 그의 몸과 마음에 여러 가지 장난을 치기 때문입니다.

그렇기 때문에 기도는 대충 적당히 해도 좋은 것이 아닙니다. 그런 식으로 어설프게 하는 기도는 오히려 해로울 수도 있습니다. 기도는 그 기도의 싸움에서 승리하였을 때 아름다운 열매와 결실을 얻는 것이기 때문입니다.

그러나 누구나 기도의 싸움에서 승리하는 것은 아닙니다. 기도에는 항상 마귀의 방해가 있다는 것, 영적인 전쟁이 있다는 사실조차 알지 못하는 사람들이 많이 있습니다.

적의 존재나 활동이나 전략에 대해서 전혀 알지 못하고 전쟁을 하는 사람들이 있다면 그들이 전쟁에서 승리할 수 없다는 것은 너무나 명백한 일일 것입니다.

기도에는 전투가 있습니다. 악한 영들의 방해가 있습니다. 악한 영들은 우리가 기도를 통해서 하나님께 나아가는 것을 방해하려고 합니다. 우리가 그것을 느끼든 느끼지 못하든 그것은 사실입니다.

우리는 하나님께 나아가기 전에 먼저 방해하는 악의 세력을 깨뜨려야 합니다. 그들을 처리한 후에 우리는 주님과의 아름다운 기도의 교제 속으로 들어갈 수 있습니다.

이스라엘은 가나안 땅을 약속으로 받았습니다. 그러나 그 땅에는 이미 가나안 족속이 살고 있었습니다. 그러므로 그 땅에서 살기 위해서는 먼저 전쟁을 통하여 그 족속들을 물리쳐야 했습니다. 기도도 이와 같습니다.

기도는 먼저 전투를 통해서 악한 세력을 파괴한 후에 주님의 깊으신 임재를 경험하게 되는 것입니다.

기도를 하는 사람들은 많지만 기도의 깊은 맛이나 기쁨이나 행복감을 경험하는 이들은 많지 않은데 그것은 기도의 전투에서 승리를 경험하는 이들이 많지 않기 때문입니다.

기도가 전투이며 기도의 방해자가 있다는 사실조차 아는 이들이 많지 않으니 기도의 승리자가 부족한 것은 당연한 일일 것입니다.

전투에 있어서 묵상이란 적절한 것이 아닙니다.

전투기도에는 발성기도가 적합합니다.

발성으로 소리를 내는 것은 악한 영들에게 충격을 줍니다.

분명하게 소리를 사용하여 외칠 때 그들은 여리고 성처럼 무너지며 달아납니다.

그렇다면 기도의 방해자들이 물러갔는지, 우리가 기도의 전쟁에서 승리했는지 어떻게 알 수 있을까요?

그것은 쉽게 알 수 있습니다. 우리는 부르짖고 발성을 하며 외칠 때에 마음이 후련해지며 기쁨이 오는 것을 느끼게 됩니다. 무엇인가 속에서 막혀있는 담이 무너진 것 같은 개운함이 옵니다. 그것이 우리의 기도가 전쟁에서 승리한 것을 의미하는 것입니다.

기도를 하지만 아직 마음이 찜찜하고 개운하지 않을 때 그것은 아직 전쟁이 끝난 것이 아닙니다.

그것은 아직 승리한 것이 아닙니다. 그러한 기도는 아직 방해꾼들이 남아있는 것이며 우리의 기도가 하늘에까지 상달되었다고 보기 어려운 것입니다. 그러나 마귀가 패주하여 사라졌다면 우리는 마음이 가벼워지며 기쁨으로 가득하게 됩니다.

이때 비로소 우리는 묵상 기도에 들어갈 수 있는 것입니다.

그 때 우리는 침묵 기도에 들어갈 수 있습니다. 마귀의 방해가 사라졌기 때문에 우리는 마음 놓고 주님과의 아름다운 교통 속으로 들어갈 수 있습니다.

이 때에 묵상기도를 하는 것은 좋은 것입니다. 그 때는 그렇게 해도 영이 눌리지 않습니다.

이 때는 깊이 기도하고 침묵하며 하나님의 임재를 즐거워할 수 있습니다. 이 때의 묵상은 결코 졸리거나 따분하지 않으며 거룩한 영광으로 가득한 세계를 경험하게 됩니다.

묵상 기도란 이처럼 처음의 기도 단계에서 승리한 후에 하는 것이 일반적인 법칙인 것입니다. 다소 예외의 법칙이 있을 때도 있지만 이것이 일반적인 원리입니다.

오늘날 기도의 법칙을 알지 못하는 많은 이들이 처음부터 묵상기도를 시작합니다. 바로 옆에서 마귀가 장난을 치고 있어도 그들은 입을 다물고 조용히 기도합니다. 곧 그들의 마음과 머리는 어수선해지고 심란한 생각이 떠오르며 그들의 영은 무기력해집니다.

마귀를 다 부숴 버린 후에 묵상으로 들어가야 하는데 그렇게 하지 않고 원수의 목전에서 깊은 기도를 시작했기 때문에 그들의 기도가 주님께로, 하늘로 올라가지 못하고 방해하고 공격하는 악한 영들에게 눌리는 것입니다. 이것은 많이 볼 수 있는 기도의 오류입니다.

하지만 오늘날 많은 그리스도인들은 자신이 눌렸다는 사실조차도 알지 못합니다. 그저 기도란 원래 좀 지겹고 따분한 것이라고 생각하는 것입니다. 자기의 기도가 어둠의 권세를 뛰어넘지 못했기 때문에 낮고 어두운 수준에 머물러 있는 것을 모르고 말입니다.

이 원리를 꼭 기억해야 합니다. 발성 기도는 전투의 기도이며 묵상 기도는 깊은 교제의 기도입니다.

그리고 깊은 교제가 있기 전에 먼저 전투가 있습니다.

전투에서 승리한 사람이 비로소 깊은 교제의 아름다움 속에 들어갈 수 있습니다.

하나님은 다윗에게 성전의 건축을 맡기지 않았습니다. 다윗은 피를 많이 흘렸기 때문에 성전을 지을 수 없다고 말씀하셨습니다. 그리고 그의 아들은 평화의 사람이라 성전을 지을 수 있다고 하셨습니다.

그렇다면 다윗은 틀렸고 솔로몬은 옳은 것입니까? 아닙니다. 다윗은 전쟁의 사람이었고 솔로몬은 평화의 사람이었습니다. 그것은 그들이 그렇게 역할과 사명을 맡은 것입니다.

다만 이 순서를 기억해야 합니다. 먼저 다윗의 전쟁이 있었고 나중에 솔로몬의 평화가 있었습니다. 건축이 있었습니다. 먼저 전쟁이 있은 후에 다음으로 평화가 오는 것입니다.

구약의 기도 특성은 부르짖는 기도입니다. 이것은 전투적인 기도입니다. 신약 기도의 특성은 골방의 기도입니다. 주님께서는 문을 닫고 들어가 기도하라고 하셨습니다.

구약에도 묵상 기도가 있지만 부르짖는 기도가 주된 기도이며 신약에도 부르짖는 기도가 있지만 골방의 깊고 은밀한 기도가 신약의 기도입니다.

먼저 구약이 있고 그 다음에 신약이 있습니다. 이와 같이 먼저 전투가 있고 그 후에 안식이 있습니다. 먼저 싸움이 있고 그 후에 평화가 있으며 교제가 있습니다. 연합이 있습니다. 전쟁에서 승리한 사람이 교제와 연합을 이루게 됩니다.

우리아는 전쟁 중에 다윗의 초청을 받았지만 그는 집에 들어가 아내와 잠자리를 하지 않았습니다. 그는 자신이 전쟁 중에 있다는 것을 알고 있었습니다. 지금은 싸움이 끝나지 않았으므로 아직 안식의 때가 아니라는 것을 알고 있었습니다.

그래서 그는 안식과 누림과 연합을 거절하였습니다. 그의 그러한 결정은 다윗의 마음을 애타게 했지만 그러나 그것은 옳은 결정이었습니다.

결혼한 남자는 바깥에서 일을 합니다. 그는 하루 종일 집을 위해서 직장에서 수고하며 일을 합니다.

그 다음에 저녁이 되어 그는 집으로 돌아옵니다. 그는 하루 종일 일과 전쟁에 지쳤습니다. 하지만 집에 돌아와서 그는 안식을 취합니다. 그는 이제 몸을 씻고 음식을 먹으며 사랑하는 아내와 교제하고 연합합니다.

바깥에는 일이 있고 전쟁이 있습니다. 그러나 집으로 돌아오면 그 때는 교제와 안식이 있습니다. 먼저 일을 하고 나중에 안식과 교제와 연합이 있는 것입니다.

먼저 부르짖어 기도하고 일을 하고 마귀를 부수며 승리를 하고 그 후에 사랑의 주님과 깊은 교제와 연합과 사랑을 나눕니다. 이것이 기도의 순서입니다.

오늘날 많은 이들이 주님이 멀리 계신데 조용히 속삭입니다. 그러다가 옆에 있는 악한 영들에게 눌립니다.

이 말씀을 오해하지 마십시오. 주님은 우리와 항상 같이 하시겠다고 말씀하셨습니다. 영원의 차원에서 주님은 우리와 같이 계시며 떠나지 않으십니다. 그러나 마음과 물질의 영역에서 우리는 스스로 그분을 멀리할 때가 많이 있습니다.

우리의 영혼이 깨어있으며 심령 깊이 주님을 의식하고 추구하지 않으면 우리는 주님의 실제를 쉽게 잃어버리는 것입니다. 그리고 악한 영들이 가까이 옵니다.

이 때 어떻게 해야 할까요? 강하게 부르짖고 크게 외치는 것입니다. 그러면 악한 영들은 달아나고 우리의 심령은 시원해집니다.

오늘날 많은 사람들이 주님이 아주 가까이 계시는데 그의 임재를 즐기지 않고 소리를 지릅니다.

이것도 진리를 알지 못하는 것입니다. 그의 영은 좀 더 자라야 하며 그의 지식도 좀 더 자라야 합니다.

오늘날 어떤 그리스도인들은 전혀 소리를 지르지 않아 영이 약하고 눌리며 소극적입니다. 오늘날 어떤 그리스도인들은 너무 소리만 지르고 조용히 묵상하지 않으므로 영이 거칠고 사나우며 깊지 않습니다. 이 두 가지가 다 한 쪽에 치우쳐 있는 것이며 진리를 알지 못하는 것입니다.

그러므로 발성기도와 묵상기도의 특성과 순서를 기억하십시오.

발성기도가 어느 정도 쌓였을 때 그 사람의 묵상기도는 몹시 아름답고 풍성한 것이 됩니다.

그는 묵상기도를 하더라도 영이 눌리지 않으며 아름다움과 천국의 풍성함을 경험할 것입니다. 그러나 발성기도가 쌓이지 않은 상태에서 묵상으로 기도한다면 그는 눌리고 답답해질 것입니다.

발성기도는 씨를 뿌리는 것과 같습니다.

그리고 묵상기도는 추수를 하는 것입니다.

씨를 충분히 뿌렸다면 추수할 것이 많을 것입니다. 그러나 씨를 전혀 뿌리지 않았다면 그는 아무리 수고해도 아무 것도 추수하지 못할 것입니다. 그와 같이 묵상기도의 열매는 발성기도의 기초 위에서만 얻을 수 있는 것입니다.

충분히 발성으로 기도한 후에 조용히 묵상을 해보십시오. 당신은 묵상기도가 너무나 달콤하고 행복하다는 것을 알게 될 것입니다.

아마 당신은 이렇게 생각할 지도 모릅니다. '아까 발성으로 기도했을 때는 몹시 힘이 들었어. 하지만 지금 조용히 기도하니까 너무나 마음이 편안하고 기쁘구나. 그러니 묵상기도가 발성기도보다 더 아름답고 좋은 기도인 것 같아. 나는 앞으로 묵상으로만 주로 기도해야 하겠다.'

그렇게 되면 어떤 결과가 생길까요? 그 영혼은 무기력해지고 눌릴 것입니다. 그는 이상하게 여길 것입니다. '이상하다. 그 때는 그렇게 달콤하고 아름다웠던 묵상기도가 오늘은 왜 이렇게 졸리고 힘이 들고 어렵지? 왜 아무런 달콤한 느낌도 없는 걸까?

이제 여러분은 그 이유를 아실 것입니다. 발성을 어느 정도 하고 영의 승리를 경험한 후의 묵상은 아름답습니다. 그러나 씨를 뿌리지 않고 묵상에만 매달리면 알맹이가 없는 쭉정이를 거두게 됩니다.

어떤 바보가 떡을 하나 먹었습니다. 그러나 하나를 먹었으나 배부르지 않았습니다. 그는 다시 하나를 먹었습니다. 그러나 여전히 배가 부르지 않았습니다. 그는 결국 다섯 개를 먹었습니다. 그러자 비로소 배가 불렀습니다. 그러자 그 바보는 생각했습니다. '내가 어리석었어. 처음부터 저 다섯 번째의 떡을 먹었으면 금방 배불렀을 텐데.. 전혀 쓸데없는 네 개의 떡을 먹지 않아도 되었을 텐데..'

이 생각이 어리석은 생각임을 아실 것입니다. 이처럼 묵상기도는 발성의 기초 위에서 아름답고 행복한 기도가 되는 것입니다.

발성기도가 부족한 상태에서 침묵기도를 드리는 것은 좋지 않으며 위험한 것입니다.

오늘날 어떤 이들은 충분한 발성기도가 부족한 상태에서 하나님의 음성을 기다리는 듣는 기도를 많이 합니다. 그것도 역시 같은 의미에서 위험한 것입니다. 그것은 미혹의 영들, 속이는 영들을 초청하는 것과 같은 것입니다.

나는 그렇게 기초가 부족한 상태에서 듣는 기도를 하다가 좋지 않은 영을 받고 이상하게 된 사람들을 많이 보았습니다. 순진하고 선한 사람들이 영적인 지식과 경험의 부족으로 인하여 이러한 피해를 입게 되는 것입니다.

기도는 발성으로 시작하여 묵상으로 나아가야 합니다.

그러나 묵상이 즐거워도 너무 거기에 머물러 있어서는 안 됩니다. 그는 다시 발성으로 기도해야 합니다. 그리고 조금 후에 그는 다시 조용한 기도와 묵상기도로 나아가야 합니다.

이렇게 발성기도와 묵상기도, 전투기도와 안식의 기도를 계속적으로 반복하면서 그는 조금씩 영혼이 발달하고 영감이 새로워져서 깊고 아름다운 차원의 기도 세계 속에 들어가게 되는 것입니다.

이러한 구체적인 기도의 원리와 방법들은 2권에서 좀 더 자세하게 배울 것입니다.

기도의 세계에서는 우리가 알아야 하고 배워야 할 것이 말로 형용하기 어려울 정도로 많이 있습니다.

그러한 원리들을 이해하고 깨닫고 적용하여 내 것으로 만들 때 우리는 진정 아름답고 행복한 기도의 사람, 천국의 사람, 주님께 속한 사람이 될 수 있을 것입니다. 할렐루야.

30. 부르짖는 기도는
생기가 넘치는 사람을 만든다

오늘날의 많은 그리스도인들은 생기와 활력이 부족합니다. 하나님의 영으로 충만하고 열정과 사명감으로 불타고 가정과 직장의 삶에서 승리와 자유함의 삶을 사는 그리스도인들은 그리 많지 않습니다.

이상하게도 불신자들은 가운데는 밝고 명랑하며 생기 있고 매력적인 사람들이 많이 있습니다. 그러나 그리스도인들은 선하고 성실한 사람들은 많지만 이상하게도 대체로 생기가 없고 무기력하며 의욕이 부족하고 피곤해 보입니다.

도대체 그 이유가 무엇일까요? 나는 그 중요한 원인이 발성 기도의 부족, 부르짖는 기도의 부족에 있다고 생각합니다.

만일 그리스도인들이 부르짖어 기도하고 말씀을 큰 소리로 외치며 힘차게 찬송을 부르고 발성으로 기도하는 습관을 들인다면 그는 곧 생기 있고 활력이 넘치는 사람으로 변화될 수 있을 것입니다.

부르짖어 기도하고, 발성으로 기도하지 않으면 왜 사람은 생기를 잃어버리게 되는 것일까요? 그것은 하나님께서 사람을 그렇게 만드셨기 때문입니다.

인간은 동물입니다. 움직이는 존재인 것입니다. 그러므로 움직이지 않으면 병이 나게 되어 있습니다. 식물은 움직일 수 없으며, 그 자리에 잘 붙어서 살도록 만들어져 있습니다.

그러나 동물은 움직여야 삽니다. 몸은 움직임을 통하여 강건해지며 활기가 생깁니다. 또한 영혼은 소리를 통하여 강건해지며 활기가 생깁니다.

소리를 내는 것은 영혼의 운동입니다. 소리를 내지 못하고 자란 아이들은 기가 죽어 있습니다. 그러나 소리를 충분히 표현하면서 자란 아이들은 생기가 넘치게 됩니다.

운동을 하는 것은 건강에 좋은 일이지만 처음에 운동을 시작하는 것은 힘이 드는 일입니다.

가만히 쉬고 누워있는 것이 움직이는 것보다 훨씬 편합니다. 그러나 누워있는 것이 편하다고 누워만 있는 사람은 서서히 몸이 약해져서 각종 질병에 시달리게 될 것입니다.

소리를 내는 것도 이와 같습니다.

소리를 내는 것은 영혼의 운동입니다. 하지만 소리를 내는 것 보다 소리를 내지 않는 것이 훨씬 더 편합니다. 부르짖어서 기도하는 것보다 묵상으로 속으로 기도하는 것이 훨씬 더 편한 것은 당연한 것입니다.

그러나 그것은 영혼을 운동시키지 않고 누워있게만 하는 것과 같은 것입니다. 그렇게 하면 그의 영혼은 운동부족으로 서서히 약해지고 무기력해지게 됩니다.

그렇게 되면 그의 영혼은 적군들과 싸울 수 없을 것입니다.

그리하여 사소한 일로 염려하고 두려워하며 매사에 의욕을 잃고 소극적인 사람이 될 것입니다. 그것은 영혼이 운동부족으로 인하여 영적인 체력이 약화되었고 힘을 잃었기 때문입니다.

이와 같이 소리의 부족으로 침체된 영혼은 매사에 소극적이고 나약한 삶을 살게 됩니다.

그는 직장에서, 유능한 사람이 될 수 없습니다. 그는 생기가 부족하고 의욕이 부족합니다. 그는 항상 지금 해야 할 일을 다음으로 미루게 될 것입니다.

그가 만일 학생이라면 그는 항상 숙제를 미룰 것이며 시험공부를 뒤로 미룰 것입니다. 시험 전날 밤이 되면 그는 졸리고 피곤한 몸과 마음으로 한숨을 쉬면서 책상에서 자신의 삶을 한탄하고 있을 것입니다. 이는 그에게 생기가 부족하기 때문입니다.

이러한 사람들은 에너지와 의욕이 부족하므로 항상 쉽게 지치고 피곤합니다. 사소한 실패나 사소한 일에 심하게 상처를 받습니다. 이러한 이들은 인생을 힘들고 어렵게 생각하는 것이 당연할 것입니다.

이들은 해야 하는 일들이 산적해 있어도 멍하니 TV를 쳐다보면서 시간을 보내거나 신문을 구석구석 읽거나 컴퓨터에 매달려 있게 될 것입니다. 이들은 항상 지쳐 있어서 무엇인가 도피할 거리를 찾고 있기 때문입니다.

이들은 인간관계를 두려워합니다. 사람을 만나는 것을 힘들어하게 됩니다. 만남 자체가 피곤하고 부담스럽습니다.

활기가 부족하여 사람을 리드하고 제압하지 못하고 항상 끌려 다니는데 만남이 즐거울 리가 있겠습니까? 그러니 만남 자체가 고문이 되는 것입니다.

누군가를 사랑하고 좋아하는 것도 활기와 에너지가 넘칠 때 가능한 것입니다. 그러므로 이러한 사람들은 누군가 자기를 좋아해 주기를 바라며 멋진 사랑에 대한 공상에 빠질 뿐이지 적극적으로 사람을 좋아하고 사랑하지도 못합니다. 소리가 약하고 활기가 부족한 사람들은 대체로 이러한 증상들을 다 가지고 있습니다.

문제는 교회 안에 이렇게 생기가 부족한 이들이 참으로 많다는 것입니다. 이러한 사람들은 신앙의 일에, 교회의 일이나 봉사하는 일에는 즐거이 뛰어 들까요?

그렇지 않습니다. 영적 활기가 부족한 사람들은 일하고 섬기며 봉사를 하는 것을 좋아하지 않습니다. 사역자들은 이들에게 무엇을 시키려면 너무나 힘이 드는 것을 느끼게 될 것입니다.

사람은 많아도 일할 사람은 많지 않습니다.

일을 맡길 사람이 많지 않습니다. 간신히 일을 맡겨도 이들은 거절하고 도망갑니다. 힘들어서 못하겠다고 말하며 감동이 오지 않는다고 합니다.

사역자는 끊임없이 성도들에게 기도를 하라, 봉사를 하라, 하면서 직분을 맡기려고 하지만 성도들은 열심히 달아나기 바뽑니다. 이는 그들이 생기와 활력을 가지고 있지 않기 때문입니다.

물론 그렇다고 지치고 피곤한데 억지로 무슨 일이든 맡기는 대로 해야 한다고 말하는 것은 아닙니다. 문제는 영적 에너지이며 활력이기 때문입니다.

도대체 어떻게 그러한 에너지와 활력을 얻을 수 있겠습니까? TV에서 선전하는 대로 간을 좋게 하는 각종 알약이나 음료수를 마시면 될까요?

이제 여러분은 아주 간단한 해답을 알고 있을 것입니다.

그것은 부르짖어 기도하는 것이며 발성으로 기도하는 것입니다.

소리를 내어 영혼을 움직이고 운동시키는 것입니다. 속에 쌓인 탁한 기운을 입으로 몰아내며 신선한 생기를 받아들이는 것입니다. 그것이 가장 쉽고 간단하며 근원적인 해결책입니다.

오늘날 전도서 1장의 말씀대로 만물의 피곤함을 측량할 수가 없습니다. 세상도, 사람도 지쳐 있습니다. 그러나 지치고 힘든 피조물인 사람이 그 입을 벌려 주를 외치기 시작할 때 피로와 무기력은 사라지게 될 것입니다.

부르짖어 보십시오. 당신은 생기와 활력이 넘치는 사람이 될 것입니다. 당신은 속에서 기쁨과 후련함과 활력의 넘침을 경험하게 될 것입니다.

부르짖어 기도할 때 사람들은 일을 미루지 않게 됩니다.

TV를 보며 헛된 시간을 낭비하지 않게 됩니다.

즐거운 마음으로 자신에게 맡겨진 일을 하고 일을 마친 후에는 보람과 성취감을 느끼게 됩니다.

그는 사람을 만나서 대화하고 교제하는 것을 즐기게 됩니다. 까다롭거나 상대하기 어려운 사람을 대할 때에도 여유를 가지고 대하게 됩니다. 영적 에너지로 충전되고 무장되면 그것이 어렵지 않습니다.

교회 일에도 열심을 내어 활동하게 됩니다. 봉사하는 것이 즐겁고 전도하는 일이 즐거우며 속에서 활력이 넘쳐서 자꾸 움직이고 싶기 때문입니다.

조용한 교회에서는 일하려고 하는 사람이 별로 없습니다. 다들 일을 싫어하고 부담을 느끼며 달아납니다. 그들은 모든 것을 귀찮아합니다. 그러나 요란한 교회는 일군들로 넘칩니다. 그들은 움직이려고 하며 봉사하려고 하며 의욕으로 가득 차 있습니다. 요란한 교회는 살아있고 충만하며 생기가 넘치는 교회입니다.

부디 부르짖으며 발성으로 기도하고 소리를 내어 당신의 영혼을 운동시키십시오.

처음에는 익숙하지 않더라도 당신은 나날이 더 생기 있고 새로워지며 활동적이고 매력적인 하나님의 사람으로 변화되어 갈 것입니다. 할렐루야!

31. 조용한 예배, 조용한 교회에는 활력이 없다

교회의 크리스마스 행사를 기억할 것입니다. 뭔가 유쾌하기도 하고 설레기도 하는 흥분되고 즐거운 분위기가 교회를 지배합니다.

교회에는 사람들이 들락거리며 행사 준비를 합니다. 청년들은 교회를 예쁘게 장식하고 성가대는 칸타타 연습을 하고 주일 학교는 무대에서 선을 보일 율동과 연극 연습을 합니다.

그것은 아주 흥겨운 분위기입니다. 물론 자칫하면 이러한 분위기가 주님의 오심 그 자체의 의미보다 행사자체를 즐기는 것으로 흘러갈 위험성도 있습니다. 그것은 곤란한 일입니다.

그러나 본질에서 벗어나지 않도록 조심한다면 그러한 흥겹고 즐거운 분위기가 교회에서 흐르는 것은 좋은 일입니다. 그러한 즐거운 분위기는 어디에서 나오는 것일까요?

그것은 소리입니다. 찬양을 하고, 춤을 추고, 율동연습을 시키고, 연극연습을 하고 그러다가 틀리면 까르르 웃고… 거기에는 소리가 있습니다. 아우성이 있고 웃음이 있습니다. 거기에는 행복한 흥겨움이 있습니다.

반대로 아주 조용하고 웃음도, 소리도 없는 침묵의 교회, 침묵의 모임이나 행사를 생각해 보십시오. 그것은 정말 썰렁할 것입니다.

혼자 자취를 하고 혼자 사는 사람은 밤마다 불이 꺼져 있고 침묵만이 가득한 자기의 집으로 들어가는 것이 즐겁지 않을 것입니다. 그는 집안에 환하게 불이 켜져 있고 사람들의 말하는 소리, 아이들의 웃음소리가 나오는 집을 보고 몹시 부러움을 느낄 것입니다.

소리는 사람의 기분을 흥겹게 하는 요소가 있습니다. 소리가 전혀 없는 적막은 사람을 침체에 빠뜨립니다.

서로 사랑하며 행복한 부부는 같이 이야기하는 것을 좋아합니다. 두 사람은 같이 차를 마시며 하루 종일 있었던 일을 이야기하고 재미있었던 이야기를 하면서 웃습니다.

그러나 사이가 좋지 않은 부부는 서로 말을 하지 않습니다. 그들은 같이 있어도 오직 침묵만이 흐를 뿐입니다. 그러한 가정은 썰렁하고 삭막할 뿐입니다.

살아있고 풍성한 교회에는 소리가 풍성합니다. 사람들은 모이는 것을 좋아하며 이야기하는 것을 좋아합니다. 그들은 서로 친밀하며 같이 나누는 것을 즐거워합니다.

그러나 소리가 없는 교회에는 그러한 풍성함과 즐거움과 흥겨움의 분위기가 없습니다.

그들은 모이려고 하지 않으며 모인다고 하더라도 말을 하지 않습니다. 그들은 서로 눈치를 보며 흠을 잡히지 않으려고 합니다. 그들이 모인 곳에는 냉기가 흐르며 그들은 어서 모임을 마치고 집에 가고 싶어 합니다.

그것은 어떤 사람도 썰렁하고 어색한 분위기는 견디기 힘들어하기 때문입니다. 모든 사람들은 그러한 분위기에서 어서 해방되고 싶어 합니다.

예배 가운데 은혜가 충만하고 기쁨이 충만하면 성도들은 집으로 가려고 하지 않습니다. 그들은 은혜가 넘치는 아름답고 포근한 분위기에서 떠나고 싶어 하지 않습니다. 소리가 있고 풍성함이 있는 예배가 있을 때 사람들은 좀처럼 가려고 하지 않습니다.

나는 소리와 외침과 뜨거움이 있는 집회를 많이 인도해 보았습니다. 그때마다 발견하게 되는 것은 사람들은 그 공간을 좀처럼 떠나려고 하지 않는다는 것입니다. 그들 모두가 밤을 새고 싶어 했습니다. 집회시간이 7시간이 넘어도 아무도 움직이려고 하지 않았습니다.

그렇기 때문에 모임이나 집회를 끝내고 사람들을 억지로 집에 보내며 헤어지는 것은 몹시 힘든 일이었습니다. 사람들은 울고 웃으며 서로 포옹을 하고 떨어지지 않으려고 합니다.

그러므로 간신히 그들을 떼어놓고 집으로 보내야 했습니다. 그렇게 헤어지는 데는 한참 시간이 걸렸습니다. 그것이 충만하고 은혜가 넘치는 집회의 특성입니다.

소리가 있고 외침이 있는 곳에는 뜨겁고 강렬한 영의 흐름이 있으며 사람들은 그 달콤한 분위기에서 떠나는 것을 몹시 싫어하게 되는 것입니다.

그러나 소리가 없고 그러한 영의 흐름이 없는 예배는 사람들이 예배가 끝남과 동시에 모두가 다 사라져 버립니다.

1부 부르짖는 기도의 원리와 능력

그들은 예배가 어서 끝나기만을 간절히 기다렸기 때문에 예배가 끝나면 마치 100m 달리기 시합에 나온 선수들처럼 재빠르게 자기의 집으로 달아나는 것입니다. 그리하여 예배를 마친지 얼마 되지 않아서 교회는 깊은 적막에 빠져 버리게 됩니다. 책임을 맡고 있어서 남아서 회의를 해야 하는 사람들 외에는 아무도 남아 있지 않습니다.

예배 가운데 적막이 흐르는 교회는 예배가 끝난 후에는 더 심한 적막에 사로잡히게 됩니다.

소리는 사람을 끌어당기는 요소가 있습니다. 적막은 사람을 쫓아내는 요소가 있습니다. 사람들은 교회를 선택할 때도 그 교회에서 흘러나오는 소리에 끌리게 됩니다. 예배를 드리며 찬송이 힘차고 기도 소리가 아름다울 때 불신자들은 그것을 욕하지만 심령의 감각이 살아있고 은혜를 사모하는 이들은 그러한 교회에 모여들게 됩니다.

여름밤에 날벌레가 빛을 보고 가까이 오듯이 사람들은 소리를 듣고 흥분하고 전율하며 감동을 느끼고 가까이 옵니다.

인간은 소리를 즐거워하며 소리를 찾아가는 존재입니다.

산 속에 있는 폐가에는 소리가 없습니다. 귀신들만이 그러한 곳을 좋아합니다.

악령들은 빛이 없고 소리가 없는 곳을 찾습니다. 그러나 사람들은 밝고 환하며 소리가 있는 곳을 찾습니다. 사람들은 불이 환하게 켜져 있고 여럿이 모여서 즐겁게 이야기를 하는 곳을 보면 기웃거립니다.

가게에서 물건을 사더라도 그러한 곳에 들어갑니다. 그러나 어둡고 조용한 곳은 그냥 지나칩니다. 어둡고 조용하고 침침한 곳에 기웃거리는 사람은 없습니다. 밝고 흥겨운 소리가 있는 곳에는 활력이 있으며 조용하고 어두운 곳에는 활력이 없기 때문입니다. 사람은 누구나 생기를 좋아합니다.

여름이 되면 날씨가 더우므로 창문을 열고 살게 됩니다. 그러다 보니 다른 집에서의 소음이 그대로 들립니다. 나는 이웃집의 소음을 들으면서 각 집마다 거의 하루 종일 TV를 켜놓고 사는 것을 알고 놀랐습니다.

그들은 보지 않을 때에도 TV를 습관적으로 틀어놓는 것 같았습니다. 어떤 이들은 집에 들어오자마자 TV를 켭니다.

아침에 잠이 깨자마자 TV를 켭니다. TV를 보지 않을 때에도 TV에서 나오는 소리를 듣고 있는 것입니다. TV를 틀어놓고 잠이 드는 사람들도 있습니다.

혼자 사는 이들은 더욱 그런 경향이 있는 것 같습니다.

내가 사는 집 근처에 혼자 사시는 할머니가 있습니다. 나는 그녀가 집에 계신지 외출하셨는지를 곧 알 수 있습니다. 그녀가 집에 있을 때는 항상 TV의 소리가 엄청나게 크게 흘러나옵니다. TV의 소리가 들리지 않을 때는 그녀가 집에 없을 때입니다.

왜 사람들은 항상 TV를 틀어놓고 살며, TV를 보지 않을 때에도 늘 켜놓고 있는 것일까요? 그것은 사람들이 기본적으로 소리, 소음을 좋아하기 때문입니다.

각 사람마다 좋아하는 소리는 다 다르지만 어쨌든 사람들은 어떤 소리라도 있는 것을 좋아합니다. 아무 소리도 소음도 없으면 허전하고 썰렁해서 견디지 못하는 것입니다.

어두운 곳을 좋아하며 소리가 없는 곳을 좋아하는 이들도 가끔 있습니다. 그러나 그러한 이들은 대체로 몸과 마음에 문제가 있거나 병이 있는 사람들입니다. 치유되고 회복되면 사람은 다시 빛과 소리를 찾게 됩니다.

어둠과 침묵은 사람이 살 수 있는 여건이 아닙니다. 어둠과 침묵이 있는 광야는 일시적으로 있을 수도 있지만 근본적으로 사람이 살기 위하여 있는 곳이 아닙니다.

사역자가 활기 있는 예배와 활기 있는 교회를 원한다면 그는 성도들로 하여금 입을 벌리도록 격려하고 분위기를 조성하는 것이 필요합니다.

예배 중에 성경 봉독도 반복하여 시키고 찬양도 쉽고 부르기 편한 부분을 자주 반복하여 부르고 통성 기도도 조금씩 훈련시키며 예배 중에도 상호간의 인사나 대화에 익숙해지게 하는 것이 필요합니다.

그런 식으로 성도들이 조금씩 입을 벌리고 소리에 적응하여 소리를 즐길 수 있도록 인도해야 합니다.

그렇게 하면 불과 얼마 되지 않아서 예배에 활력이 넘치고 교회의 분위기가 바뀌고 생기가 도는 것을 느끼게 됩니다.

소심하고 문제가 생길 것을 두려워하는 사역자는 시끄러운 것을 좋아하지 않습니다. 그래서 소리내는 것을 격려하지 않으며 조용하고 무난한 것을 선호합니다. 그렇게 하면 문제는 생기지 않지만 사람들의 영혼은 서서히 파리해지며 병들어 가게 됩니다. 무덤은 조용한 곳이며 그곳에서는 아무런 문제도 생기지 않습니다.

시끄럽고 요란한 교회에는 활력이 있으며 성령의 역사가 있습니다. 하지만 좋은 일만 있는 것은 아닙니다. 성령의 역사 못지않게 악령의 역사도 있습니다.

성령의 역사가 왕성한 곳에는 마귀들도 잠만 자고 있지는 않습니다. 그들은 어떻게 해서든지 그러한 역사를 막으려고 공격하며 괴롭히며 시험을 줍니다. 그래서 잠시라도 긴장의 끈을 늦추고 있으면 교회에 크고 작은 시험거리와 문제가 생길 수 있습니다. 그러므로 더욱 깨어있어 기도하는 것이 필요합니다.

그렇기 때문에 활력이 있고 은혜가 있고 기쁨이 있는 곳에서는 그러한 긴장과 전쟁을 각오해야 합니다. 하지만 사역자는 그러한 시험과 전쟁을 두려워할 필요가 없습니다. 기도를 쉬지 않는 한 우리는 반드시 마귀의 궤계를 물리치고 승리할 수 있기 때문입니다.

마귀의 방해가 극심할수록 주님의 임재와 부어주시는 은총은 더욱 더 크고 풍성하게 될 것인데 이는 주님이 마귀보다 크신 분이기 때문입니다.

조용한 교회에는 전쟁이 없으며 긴장이 없습니다. 모든 이들이 악한 영들에게 눌려서 지치고 피곤하여 생기와 열심과 의욕을 상실하고 있다면 거기에 전쟁이 있을 리가 없는 것입니다. 그러나 그러한 평화는 비극적인 평화입니다. 그러한 평화보다는 시험이 있고 긴장이 있어도 활력과 생기가 넘치는 교회가 더 유용한 주님의 통로가 될 수 있을 것입니다.

나는 청년시절에 한국 교회에서 어느 정도 알려져 있는 유명한 교회를 자주 탐방하러 다니곤 했습니다. 철야예배가 있는 금요일이면 특색 있는 것으로 알려진 교회를 찾아가서 철야 기도회에 참여하곤 했습니다.

나는 다양한 흐름에 접해보고 싶었고, 한국 교회의 전체 분위기를 이해하고 싶었습니다.

어느 금요일 밤 나는 지적인 분위기를 가지고 있으며 사역자가 말씀을 잘 가르치기로 소문난 교회의 철야 기도회에 갔습니다.

그러나 말이 철야 기도회이지 기도회는 거의 없었습니다. 지루하고 졸린 설교가 한없이 계속 되었을 뿐입니다.

밤은 원래 졸린 시간입니다. 그러므로 오랜 시간의 설교를 버티는 것은 쉬운 일이 아닙니다. 게다가 설교자의 억양은 차분하고 평화롭기 그지없었습니다. 나는 답답하고 졸려서 견딜 수가 없었습니다.

가끔 통성 기도를 하기는 했습니다. 그러나 기도해야할 내용을 소개하는 데는 5분 이상의 시간이 걸렸고 막상 통성으로 기도하는 시간은 1분도 걸리지 않았습니다. 도대체 기도회인지 기도제목 설명회인지 분간이 가지 않았습니다.

하지만 1분도 안되어서 기도를 멈추게 하는 것도 이해는 되었습니다. 통성 기도라고 하지만 성도들의 기도소리가 거의 들리지 않았던 것입니다.

그들은 모두 소리를 내어서 기도하는 데에 익숙하지 않은 것 같았습니다. 아마 그 상태에서 기도를 멈추게 하지 않으면 모두가 다 잠이 들어 버릴 것 같았습니다.

아무튼 중간 중간에 그런 식으로 잠깐의 기도를 마친 후에는 또다시 길고 긴 설교가 시작되었습니다. 이것은 철야기도회가 아니고 철야 설교회 같았습니다.

나는 결국 답답해서 미칠 것 같아 중간에 그 교회를 나왔습니다. 그리고 열정적으로 기도하는 교회로 알려진 곳의 철야 기도회로 달려갔습니다. 그곳에 가니 많은 사람들이 소리를 지르고 울고 손을 들고 손뼉을 치며 기도를 하고 있었습니다.

얼마나 마음이 뭉클하고 기뻤는지요! 그곳이 마치 천국과 같이 느껴졌습니다. 나는 너무나 행복해서 즐거운 기도의 기쁨 속에 빠져 들어갔습니다.

물론 그러한 기도의 분위기를 싫어하며 그러한 분위기에서 고통을 느끼는 이들도 많이 있을 것입니다. 그것은 심령의 감각의 차이입니다.

나는 많은 교회의 철야 기도회를 참석하여 보았습니다. 그리고 평소에 발성 기도를 거의 훈련시키지 않은 교회의 철야 기도회는 너무나 답답하고 피곤하다는 것을 알게 되었습니다. 그러한 교회는 통성 기도에 전혀 익숙하지 않았습니다. 인도자나 성도들이나 입을 제대로 벌리지 않았습니다.

그러한 곳에는 영의 흐름이 없었고 기쁨의 흐름도 감동의 흐름도 없었습니다. 그저 졸리고 답답하고 마음과 영이 침체되었을 뿐입니다.

거의 기도하지 않으면서 예배를 여러 번 반복해서 드리는 곳도 있었습니다. 한 인도자가 나와서 예배 시작 기도를 하고, 사도행전을 읽고.. 그리고 순서에 따라 찬양을 하고 설교를 합니다.

이런 식으로 예배를 마치면 다시 다른 인도자가 나와서 두 번째 예배를 시작합니다. 다시 예배 시작 기도, 묵상 기도를 하고 사도행전을 암송하고 설교를 하고.. 이런 식입니다. 이렇게 예배를 4-5번 드리면 새벽이 되고 철야 기도회가 끝납니다.

나는 이렇게 거의 발성 기도를 하지 않은 채 밤을 새우는 철야 기도회를 여러 번 참석했었습니다. 그리고 나면 몸이 어찌나 힘들고 피곤한지 며칠 동안은 생활을 하기가 힘들었습니다.

철야기도회를 할 때는 밤새 부르짖고 기도하여 외치고 찬양하고 선포해야 합니다. 그렇게 하고 나면 밤을 꼬박 새도 거의 피곤하지 않습니다. 조금 피곤하기는 하지만 몸과 마음은 신선한 생기로 충만해지게 됩니다.

그러나 그렇게 졸면서 밤을 새우게 되면 몸과 마음과 영이 몹시 지치고 상하게 됩니다. 마음도 피곤하고 건강에도 좋지 않습니다. 그럴 바에는 집에서 편안하게 잠을 자는 것이 낫습니다.

지금은 밤을 꼬박 새서 기도하는 교회는 거의 없는 것 같습니다. 뜨겁고 열정적이라고 알려진 교회도 밤에 잠깐 모여서 조금씩 기도하고 집으로 갑니다.

아직도 밤 기도회가 있기는 하지만 실제적으로 철야 기도회는 한국 교회에서 거의 사라진 것이 아닌가 싶습니다. 그것은 부르짖는 기도, 발성기도가 거의 실종되었기 때문입니다.

부르짖어 기도하고 소리를 내어서 기도하면 며칠 밤을 새도 멀쩡하며 힘차게 기도할 수 있지만 조용히 묵상하면서 밤을 새면 건강을 망치게 됩니다. 그러므로 발성 기도를 잃어버리면 결국 기도가 점점 약해지며 기도자체를 잃어버릴 수도 있는 것입니다.

나는 몇 십 년이 지났지만 그 날 밤의 신선한 충격이 아직도 생생히 기억납니다. 소리의 흐름이 없는 답답한 예배를 드리다가 정말 견딜 수가 없어서 자리를 옮겨 뜨겁게 기도하고 찬양하는 곳으로 가서 기도하는 순간 심령 가득하게 느꼈던 뭉클함과 기쁨과 감동과 전율, 그 행복감을 잊을 수가 없습니다.

소리를 내어서 기도하고 목이 메어 주의 이름을 큰 소리로 부르며 손뼉을 치고 찬송하는 것.. 그것은 정말 이 땅에 임하는 천국의 장엄한 영광이었습니다.

오늘날의 교회는 너무 생기가 없고 창백합니다. 그래서 성도들도 힘이 없고 사역자들도 지쳐있습니다.

기도와 믿음보다도 사람의 계획과 의논과 회의에서 많은 것들이 이루어지고 결정됩니다. 기도를 의지하기보다는 사람의 지혜를 많이 의지하는 것입니다.

이것은 너무나 안타깝고 비참한 모습입니다. 생기와 능력과 영적인 충만함을 회복하기 위하여 교회는 반드시 부르짖는 기도를 되찾아야 합니다. 교회에서 성도들의 입을 다시 벌리게 해야 합니다. 그때에 교회는 다시 생기와 기쁨과 훈훈한 감동을 되찾을 수 있게 될 것입니다.

예전에는 방탕한 영혼이 술에 취한 채 길거리에서 헤매다가 교회에서 흘러나오는 찬송의 소리와 기도소리에 가슴이 뭉클하여 교회에 들어와 울고 주님께 엎드러지는 일들이 꽤 있었습니다. 교회에서 울려 퍼지는 소리는 방황하는 영혼들에게 천국의 위로와 은총을 베푸는 통로였던 것입니다.

오늘날 교회는 소리를 되찾아야 합니다.

소리는 따스함과 훈훈함과 아름다움을 가져옵니다.

추운 겨울날 따뜻한 화롯불에 모여 앉아서 도란도란 정겨운 이야기를 나누듯이 교회에서 회복된 소리는 교회의 그러한 정겨움과 사랑과 그리움과 행복, 그 모든 것들을 되돌아보게 할 것입니다.

소리가 충만한 교회는 활력이 있으며 아름다움이 있습니다. 우리는 다시 그 아름다움과 활력으로 돌아가야 할 것입니다.

32. 소리에는 치유가 있다

　소리에는 강건함이 있습니다. 자유롭게 소리를 사용하고 표현하는 이들에게는 강건함이 있습니다.
　소리는 영혼에도 강건함을 주며 육체에도 강건함을 줍니다. 소리가 약하고 무기력한 사람은 몸도 약한 것이 보통입니다. 소리가 크고 강하고 분명한 사람은 몸도 건강합니다.
　조용한 교회에는 아픈 사람들도 많고 병으로 죽는 사람들도 많습니다. 어디에나 환자가 있고 나이든 사람들이 있으며 죽는 사람들도 있겠지만 그러나 조용한 교회에는 그러한 비율이 높을 뿐만 아니라 아픈 사람들이 있어도 치유가 되고 회복이 되는 경우는 별로 없습니다.
　계속 아프거나 병으로 인하여 하늘나라로 갈 뿐입니다.
　그러나 시끄러운 교회는 다릅니다. 평소에 통성으로 기도하며 활발하게 소리를 표현하는 교회는 다릅니다.
　내적인 성숙도에 있어서는 다를지 모르지만 그러한 곳에는 육신적인 강건함이 있습니다. 또한 환자들이 있어도 치유가 되고 회복되는 사례들이 많이 있습니다.
　그것은 소리의 표현, 소리의 흐름에 치유의 능력이 임하기 때문입니다. 소리는 영의 흐름이며 표현의 한 부분이므로 소리가 있는 곳에는 능력과 생기와 치유가 임하는 것이 보통입니다. 조용한 교회에서 성령의 능력을 경험하거나 은사들을 경험하는 이들은 드뭅니다. 방언을 하는 사람들도 거의 찾아볼 수 없습니다.

소리를 내어서 기도하는 것을 좋지 않은 기도라고 배우거나 조금만 소리를 내어서 기도하면 주위의 눈총을 받는 분위기에서는 능력과 은사가 임하기 어려우며 그러한 것들을 경험한 이들은 다 떠나게 됩니다. 오직 조용하고 잠잠한 것을 원하는 이들만 남을 것입니다.

그러나 발성으로 기도하고 표현하는 것이 익숙한 교회에서는 많은 성도들이 방언으로 기도하며 성령의 은사들을 경험합니다. 주님의 임재와 능력으로 인한 기적이나 간증들도 많은 것이 보통입니다.

그것은 주님이 사랑하시는 교회와 성도가 따로 있는 것이 아니라 주님을 제한하는 교회나 신앙이 있고 주님을 표현하는 교회와 신앙의 형태가 있기 때문입니다.

주님은 그를 믿는 모든 이들의 심령 안에 계십니다. 그러나 입을 벌리지 않고 있는 이들에게는 그저 그의 심령에 머물러 계실 뿐입니다. 반면에 입으로 주를 시인하고 외치며 표현하는 이들에게서는 직접 흘러나오고 운행하시며 그들을 사로잡으시는 것입니다.

기질적으로 생각이 많고 사색적이며 조용한 것을 좋아하는 이들은 마음속에서 주님의 은혜와 감동을 잘 느낍니다.

그러나 몸에 임하시고 구체적인 실상으로 역사하시는 주님을 체험하지는 못합니다.

그것은 그들이 마음과 생각으로는 주님을 향하지만 그들의 몸과 입술을 주님께 드리지 않았기 때문입니다.

그들 가운데는 육체적으로 연약한 이들이 많습니다. 하지만 이들은 중병에 걸리기 전까지는 주님의 역사를 구하지 않습니다.

이들은 약을 먹고 병원에 가고 병이 낫기 위해서 온갖 수단을 사용하지만 주님의 능력이 미치도록 부르짖지는 않습니다.

그러다가 병으로 인하여 사형선고를 받게 되면 마지막 수단으로 기도원에 가서 기도하게 됩니다.

치유가 잘 나타나는 기도원은 요란하고 시끄러운 기도원인 것이 보통입니다. 고요함과 침묵이 가득한 기도원에서 병이 낫는 경우는 드뭅니다.

그러므로 평소에 교양 있고 고상한 형태의 신앙생활을 좋아하던 이들도 문제가 생기고 사형선고를 받으면 할 수 없이 요란하고 시끄러운 것으로 알려진 기도원에 갑니다. 그리고 비로소 뜨거운 예배와 뜨거운 기도를 하려고 하게 됩니다.

"많은 사람에게 붙었던 더러운 귀신들이 크게 소리를 지르며 나가고 또 많은 중풍병자와 못 걷는 사람이 나으니 그 성에 큰 기쁨이 있더라"(행 8: 7-8)

이 상황이 벌어지고 있는 당시의 분위기를 생각해 보십시오. 이 분위기가 고요하고 잔잔하며 평화스러웠을 것 같습니까? 아니면 시장 바닥같이 정신없고 시끄러웠을 것 같습니까?

귀신들은 소리를 지르며 떠나가고 사람들은 놀라서 그것을 구경하고 겁이 많은 사람들은 놀라서 숨고, 병자들은 나아서 소리를 지르며 환호하고 사람들은 흥분하고 놀라고 기뻐하고...

이것이 당시의 분위기였습니다. 이것은 요란 시끌벅적한 분위기였으며 전혀 평화롭고 우아한 분위기가 아니었던 것입니다.

소리가 있는 곳에는 치유의 역사가 있습니다. 귀신들은 소리를 지르며 떠나가고 질병들은 소멸되어 갑니다.

소리에는 흐름이 있고 변화가 있습니다. 조용하게 얌전하게 있을 때 사람들이 가지고 있는 질병이나 상처나 두려움이나 근심들은 그들의 안에 그대로 조용히 머물러 있을 것입니다.

그러나 소리를 지르고 표현할 때 그것들은 밖으로 나갑니다. 소리에는 움직임과 흐름이 있기 때문입니다.

높은 산에 올라 큰 소리로 고함을 지를 때 사람들은 속이 후련해지는 것을 느낍니다. 소리를 통해서 속에 쌓여있는 몸과 마음의 찌꺼기들이 바깥으로 나가는 것을 느끼는 것입니다.

그것은 사람의 마음을 시원하게 하며 즐겁게 만듭니다. 그렇기 때문에 사람들은 산의 높은 곳에 오르면 즐거이 소리를 지르는 것입니다.

조용한 사람들은 변화되지 않습니다. 그들은 계속 그 스타일대로 취향도, 성격도 기질도 바뀌지 않으며 그 상태 그대로 있습니다. 질병도 그대로 있습니다.

그러나 소리를 지를 때 사람은 바뀝니다. 그 안에 있는 것이 움직이게 됩니다. 아픈 사람은 회복됩니다. 그의 안에 있는 질병과 나쁜 기운은 밖으로 나가고 그는 신선한 기운으로 새롭게 채워지게 됩니다.

소리에는 치유의 능력이 있고 흐름이 있으므로 사람은 소리를 통해서 회복되는 것입니다.

치유에 대하여 가르치는 사역자들이 조용히 병에 대하여 설명을 하면 사람들은 마음의 평화를 느끼겠지만 병이 떠나가지는 않을 것입니다.

그러나 사역자가 큰 소리로 병을 꾸짖으며 대적하고 선포한다면, 큰소리로 그 자리에 있는 성도들에게 병이 나으라고 선포한다면, 그곳에 있는 성도들은 온 몸이 찌릿찌릿해지는 것을 느끼게 됩니다.

전신에 전율이 오는 것을 경험하게 됩니다.

가벼운 병은 곧 회복되고 무거운 병도 어느 정도 호전 반응이 나타나게 됩니다.

그것이 소리의 능력입니다. 소리에 담긴 영적인 능력에 의해서 역사가 이루어지게 되는 것입니다.

그리스도인들에게는 어느 정도 치유의 능력이 누구에게나 있습니다. 사역자나 평신도나 할 것 없이 치유의 권세가 있습니다. 그것은 주님이 우리에게 주신 것입니다.

그런데 왜 어떤 사람은 많은 병을 고치며 어떤 이들은 별로 병을 고치지 못하는 것일까요? 거기에는 믿음과 기도 등의 여러 요인이 관련되어 있겠지만 중요한 차이는 바로 소리에 있습니다.

큰소리로 기도하며 병 낫기를 구하는 이들에게는 치유의 역사가 나타납니다. 개인의 기도분량이나 믿음의 분량에 따라서 차이가 있겠지만 능력의 역사가 나타나게 됩니다.

그러나 소리를 내서 기도하는 습관이 되지 않은 이들은 거의 치유의 역사를 경험하지 못합니다.

그러한 이들은 속으로 생각할 것입니다. 성경에는 많은 치유의 사례들이 있는데 왜 나는 치유의 역사를 경험하지 못할까? 그리고 나서 그는 치유의 역사가 과거에 이미 끝났다고 생각할 것입니다.

그러나 사실은 주님의 역사가 끝이 난 것이 아니라 그 자신이 주님을 제한하고 있는 것입니다. 그가 소리를 질러 기도하며 큰 소리로 병을 꾸짖는다면 그는 하나님의 역사가 끝난 것이 아님을 알게 될 것입니다.

사역자가 능력 있는 사역자로, 성도들의 아픔이나 질병을 치유하는 도구로 쓰이고 싶다면 그는 믿음을 가지고 부르짖으면 됩니다. 모든 병들이 한 순간에 다 떠나 버릴 것이라고 할 수는 없지만 적어도 그는 치유의 사례들을 조금씩 경험하게 될 것입니다.

만일 당신이 조용히 기도하는 사람이라면 나는 당신이 환자를 위하여 병 낫기를 기도하는 것을 권하고 싶지 않습니다. 그것은 위험하기 때문입니다.

소리가 약한 사람은 심령이 약하며 능력이 약합니다. 그러므로 이러한 사람들은 다른 사람들의 질병을 고쳐주거나 감당할 수 있는 영력이 없습니다.

그러한 사람이 환자를 붙들고 간절히 기도해 주면 어떻게 될까요? 환자는 낫지도 않을뿐더러 오히려 환자의 질병에너지가 기도하는 사람에게 들어오게 됩니다. 그러므로 기도자가 앓게 되는 것입니다.

나는 조용히 기도하며 영력이 약한 사람이 환자들을 기도해 주다가 죽는 경우를 여러 번 보았습니다. 그것은 심히 어리석은 것입니다. 그것은 영계의 법칙을 모르고 일을 하기 때문입니다.

영력이 약한 사람이 함부로 환자들을 기도해 주고 손을 얹는다면 그의 몸은 곧 종합병원이 되거나 죽게 됩니다.

어떤 사역자가 나에게 보낸 메일에 이런 내용이 있었습니다. 그는 나의 책 [예수 호흡기도]를 읽고 여러 가지 영적인 현상을 경험하자 기쁨과 자신감으로 가득해졌습니다.

그는 그 후 병원에서 열심히 전도하며 환자들에게 안수하며 기도해주다가 그의 몸 안에 여러 가지 질병의 증상이 나타나게 되자 놀라서 내게 어찌하면 좋겠느냐고 메일을 보냈습니다.

나는 그에게 소리를 내어 그에게 들어온 질병의 기운을 토하라고 권한 후에 안수기도에는 영적 전이현상이 따르므로 함부로 하지 말라고 조언을 하였습니다.

이제 조금 영적인 은사들을 경험하고 열리기 시작한다고 해서 함부로 환자들에게 안수하는 것은 위험한 일입니다.

사역자는 자기의 영력을 넘어서는 일을 해서는 안 됩니다. 경험이 없는 사역자는 믿음만 있으면 다 된다고 무모하게 움직이다가 중병을 앓기도 합니다. 그것은 어리석은 일입니다.

우리는 어느 정도 은사와 능력을 경험할 수는 있으나 기도의 분량과 능력의 분량과 믿음의 분량을 넘어설 수 없으며 주님의 인도하심을 초월하여 일할 수 없습니다.

적지 않은 경우 사람들이 말하는 '믿습니다'는 만용일 때가 많습니다. 아무튼 부르짖음의 경험이 없는 조용한 사역자가 안수기도를 많이 한다면 그것은 좋지 않습니다. 그것은 위험합니다.

심령이 약한 목회자들은 몸이 종합병원에 가까울 정도로 질병에 시달리는 경우가 많습니다. 이러한 것은 대부분 그들이 소리에 대해서 훈련되지 않은 상태로 많은 환자들을 심방하고 기도해주기 때문입니다.

영력이 약하다고 해서 환자들을 기도해 줄 때마다 다 병이 옮아오는 것은 아닙니다. 그것은 체질에 따라 다릅니다.

예를 들어 영감이 둔하고 마비되어 전혀 느낌이 없는 사람은 남의 병을 고치지도 못하지만 남의 병이 옮아오지도 않습니다. 이런 사람들은 영의 흐름이 없으므로 은혜도 끼치지 못하지만 본인도 위험하지 않습니다.

그러나 심령이 예민하고 약한 사람들이 있습니다. 정서적으로 민감한 사람들이 있습니다. 이들은 환자들이나 악한 영에 시달리는 사람들과 같이 있거나 기도해줄 때 그 영들이 옮아올 수 있습니다.

영이 강한 것과 깊은 것은 다른 것입니다. 영이 섬세하고 맑고 깊은 이들은 대체로 영이 약합니다. "주님의 음성이 들린다", "이런 감동이 온다" 하는 사람들은 대체로 영이 섬세하고 약합니다.

이러한 이들은 영이 섬세하므로 영적 전투에 나서지 않는 것이 좋습니다. 이러한 이들은 먼저 영적 권능을 받아야 합니다. 권능의 대부분은 소리에 달려있는 것입니다.

심령이 맑고 섬세한 이들은 어떤 사람이 깊은 깨달음이나 조언을 받기 위해서 오면 도와줄 수 있을 것입니다.

그러나 중환자가 오거나 귀신들린 사람이 온다면 도망가는 것이 좋을 것입니다. 그는 그러한 사람들을 도울 수 없습니다.

그러한 사람들을 돕기 위해서는 영권과 강력한 소리가 필요하며 그것이 없을 때 무리하게 싸우다가는 비참한 결과를 낳을 수도 있기 때문입니다.

소리가 약한 사람들은 일에 있어서, 사역에 있어서 조심해야 합니다.

그의 심령은 여리고 상처받기 쉽기 때문에 그는 수시로 충격을 받고 사소한 일로 근심에 빠질 것입니다.

그러므로 그는 능력을 받기 전까지는 자기의 분수를 뛰어넘는 영적 전투에 뛰어들어서는 안 됩니다.

영적 세계에 대해서 이해하지 못하고 다만 마음이 선하고 순수하기만 한 목회자와 사모가 사역에 시달리다가 정신질환에 이르는 경우가 많이 있습니다.

이것은 다 심령은 착하지만 강하지 못하고 영적 세계도 잘 알지 못하므로 악한 영들에게 공격을 받았기 때문입니다.

이런 경우에 사역자들은 성도들로 인하여, 사람들로 인하여 목회에 회의가 오고 상처를 받았다고 생각하지만 사실은 그 배후에 있는 악령들에게 폭격을 당한 것입니다. 아무튼 소리의 훈련이 부족한 사역자들이나 성도들이 겪는 어려움은 엄청나게 많이 있습니다.

소리에는 치유의 능력이 있습니다. 소리를 지르며 간절하게 예배를 드리면 여기저기서 치유의 간증이 있는 것이 보통입니다.

오래된 병이나 중한 병의 경우에는 좀 더 많은 시간이 필요하겠지만 가벼운 병이나 몸의 상태가 좋지 않은 것은 뜨겁고 간절한 예배를 드리면 곧 회복되고 몸과 마음이 날아갈 듯이 개운해지는 것이 보통입니다.

나는 여름 수련회를 인도하거나 부흥집회를 인도했을 때 당시에 가지고 있던 가벼운 질병이 회복되는 것을 경험하곤 했습니다. 지독한 무좀이 있었던 것이 며칠 동안 강력하게 부르짖어 기도하는 집회를 인도했더니 어느새 나아버린 것을 경험한 적도 있었습니다. 병에 대해서 기도하지도 않았고 아예 잊어버리고 있었는데도 말입니다.

이처럼 특별히 병에 대하여 기도하지 않아도 강력한 소리가 있는 곳에는 자연스럽게 치유와 회복이 일어나게 되는 것입니다.

나의 딸인 예원이는 피부로 인하여 고민이 많았습니다. 예원이는 이제 중3이고 아주 예쁜 아가씨이기 때문에 얼굴에 신경을 많이 쓰는 것 같았습니다. 예원이는 아토피도 있었고 피부가 예민한 편이어서 피부 트러블이 더러 있었던 것입니다.

그런데 이 아이가 여름 수련회를 며칠 다녀오면서 얼굴의 피부가 아기 피부가 되어 버렸습니다. 아주 하얗고 부드럽고 탄력 있는 상태가 되었던 것입니다.

나는 너무나 신기해서 여러 번 예원이의 얼굴을 만져 보았습니다. 너무나 부드럽고 깨끗해져 있었습니다. 피부를 위해서 기도하지도 않았는데 말입니다.

예원이는 그 후에 밤마다 오빠와 함께 30분에서 1시간 정도 부르짖는 기도를 합니다. 그런데 부르짖는 기도를 하고 나면 불과 1-2시간 전의 피부와 확연하게 차이가 나는 것입니다.

발성기도에는 분명한 치유의 능력이 있는 것을 다시 한번 확인할 수 있었습니다.

소리에는 치유의 능력이 있습니다. 예수의 이름을 부르며 주의 이름을 높이고 찬양하며 강렬하게 소리를 지를 때 우리의 영 안에서 놀라운 일이 생기며 또한 우리의 몸 안에서도 놀라운 작용이 일어나기 시작합니다. 그것은 망가지고 파괴된 것들을 새롭게 일으키고 회복시키는 아름다운 역사입니다.

치유의 사역에 대해서 필요성을 느끼고 관심은 있으나 무력감을 느끼고 있는 이들은 고민을 할 필요가 없습니다. 단순한 믿음을 가지고 소리 질러 기도하며 치유를 주장하면 됩니다.

엘리사가 "엘리야의 하나님이 어디 계시니이까!" 하고 외칠 때 주님이 역사하신 것처럼 우리가 "성경에 나타난 그 놀라운 능력이 어디에 있습니까?" 하며 부르짖고 기도할 때 주님께서는 "내가 여기 있다!" 하고 말씀하시며 역사하실 것입니다.

소리는 힘이 있습니다. 영혼을 소생시키는 힘이 있습니다. 병든 몸을 소생시키는 힘이 있습니다.

소리는 주님이 우리에게 주신 귀한 은총이며 보배로운 선물입니다.

우리는 결코 이 은혜의 보물을 땅속에 묻어 두어서는 안 됩니다. 이 보물을 사용할 때 우리의 믿음과 우리의 삶은 한층 더 풍요롭게 될 것입니다. 할렐루야!

33. 소리의 힘은 영혼을 제압한다

소리가 강한 사람은 일반적으로 대인 관계가 좋으며 친구들도 많고 사이도 원만한 편입니다. 이들은 모임에서도 주도권을 가지고 이끌어 가는 것이 보통입니다.

목소리가 아주 크고 성품이 명랑하며 조금만 우스운 이야기를 들어도 큰소리로 호탕하게 웃는 형제가 있었습니다.

나의 예상처럼 이 형제는 친구들도 많고 친구들과의 만남이나 의리를 아주 중시하는 사람이었습니다. 친구들의 모임이 있을 때도 이 형제가 빠지면 모임이 싱거울 정도로 이 형제는 친구들에게 인기가 있었습니다.

이 형제는 결혼을 하고 사업을 하게 되었는데 그의 시원시원한 성격이나 대인관계를 통해서 예상할 수 있었던 것처럼 사업도 어렵지 않게 잘 꾸려 나갔습니다. 소리가 시원하고 웃음도 호탕하고 시원한 이들은 대체로 대인관계를 잘하며 사회생활을 잘하는 것이 보통입니다.

소리가 약한 사람은 그렇지 않습니다. 대부분 그러한 사람들은 대인관계에서 어려움을 겪습니다. 그들은 소리의 힘이 강하지 않기 때문에 여러 사람이 있는 곳에서는 말을 잘 하지 못합니다. 그들은 이야기를 하는 것보다는 주로 이야기를 듣는 쪽입니다.

모임에서의 화제나 대화의 내용이 그의 의견과 다르더라도 그는 그것을 잘 표현하지 못합니다. 이러한 사람은 그 자리에서는 침묵을 지키거나 다른 이들의 의견에 동조를 하지만 그 자리를 벗어나면 그 내용에 대해서 비판을 하게 됩니다.

그것은 그가 다른 의견을 가지고 있더라도 그것을 당당하게 표현하지 못하고 속으로 삭이기 때문에 다른 데에 가면 딴 소리를 하는 것입니다.

소리가 약한 사람들은 대인관계가 힘듭니다. 이들은 아주 소수의 친한 사람, 말이 통하는 사람들 외에는 자기 마음을 잘 드러내지 않습니다. 그러나 마음을 나누고 진실한 속의 이야기를 나눌 수 있는 사람은 아주 적고 그가 접하고 만나는 대부분의 사람들과는 마음을 나눌 수 없기 때문에 이러한 이들은 자주 공허감이나 외로움을 느끼게 됩니다.

공허감이나 외로움을 느끼면서도 소리가 약한 이들은 사람들을 만나는 것을 부담스러워 합니다. 그래서 여럿이서 같이 있는 것보다는 혼자서 TV를 보거나 책에 파묻히거나 컴퓨터와 씨름을 하거나 하는 식으로 자기만의 세계 속에 잠기는 것을 좋아합니다.

소리가 약한 사람들이 교제나 만남을 별로 좋아하지 않는 이유는 그들의 심령이 약하기 때문에 사람들을 만나면 사람들에게 제압이 되기 때문입니다.

이들은 심령이 약하고 자기 영혼에 대한 방어력이 부족하기 때문에 다른 사람들의 행동이나 말에 영향을 많이 받습니다. 예를 들어 거칠거나 무례한 사람을 만났을 때 이들은 상대방을 좋아하지 않으면서도 상대방으로부터 자신을 보호하지 못합니다. 원하지 않는 말이나 대우를 받으면서도 항의 한 번 하지 못하는 것입니다.

소리가 아주 약한 사람들은 다른 이들이 싸우는 소리를 듣기만 해도 가슴이 울렁거립니다. 그러므로 이러한 사람들은 거친 사람에게 대항할 생각조차 하지 못하는 것입니다.

우리가 만나는 사람들 가운데 상대방을 항상 배려해주며 친절과 호의를 베푸는 이들은 많지 않습니다.

이 살벌한 경쟁사회인 세상의 인간관계에서 적용되는 법칙은 약육강식의 법칙입니다. 그러므로 마음이 약하고 여린 사람은 무시당하고 쉽게 취급을 받는 것이 보통입니다.

심령이 약한 사람들이 다른 이들에게 친절을 베풀어도 사람들은 그것을 이용하고 오히려 압제하며 그 사람에게 별로 고마워하지 않습니다.

그러므로 소리가 약하고 심령이 약한 사람들은 남에게 잘 해주면서도 좋은 소리를 듣지 못하고 남에게 무시를 당하고 상처를 받게 되며 그렇기 때문에 대부분의 사람들에게 마음 문을 닫게 되는 것입니다.

주로 조용하고 깊은 기도를 드리는 이들, 주님을 사랑하지만 심령이 약한 이들 가운데는 소극적인 사람들이 많이 있습니다. 이들의 마음은 선하기는 하지만 세상의 악함과 전쟁에 대하여 준비되어 있지 않습니다. 그러므로 이들은 할 수 있으면 사람을 피하여 광야와 같은 곳에서 혼자서 살고 싶어합니다.

영적으로 예민한 이들은 대체로 영력이 약합니다. 이들은 다른 사람들을 보면 좋지 않은 나쁜 기운이 묻어온다고 합니다. 그러므로 사람들을 피하려고 합니다.

영적으로 예민하여 사람들의 영적 상태를 감지할 수 있고 분별할 수 있다면 그것은 좋은 일입니다. 그러나 사람들의 상태를 느끼고 분별은 할 수 있지만 거기에 눌려서 고통을 느끼기만 하고 그것을 제압할 수 없다면 그것은 곤란한 일입니다.

그렇게 되면 그는 가는 곳마다 사람들의 고통과 문제를 짊어지게 될 것입니다. 그러므로 영을 느끼고 분별하는 것은 좋은 일이지만 동시에 그러한 기운들을 이기고 제압해서 처리할 수 있는 능력을 가지고 있어야 합니다.

그리스도인들은 강건한 사람이 되어야 합니다. 우리는 세상에서의 역할을 위하여 부르심을 받았습니다. 주님께서는 우리에게 세상의 빛과 소금이 되라고 말씀하셨습니다. 결코 세상을 피하여 광야로 도피하고 깊이 묵상하면서 살라고 하지 않으셨습니다.

사람을 피하고 문제를 피하여 혼자 살면 평화롭고 안전할 것입니다. 그러나 그것은 비겁한 삶입니다. 거기에는 승리의 열매가 없습니다.

치열한 현실의 삶 속에서 사람과 문제에 부딪치며 기도로 전쟁을 하고 승리를 함으로써 우리는 열매를 맺고 주의 사명을 감당하며 영적으로 성장해 가야 하는 것입니다. 도피하는 삶은 안전하지만 그것은 건강한 삶이 아닙니다.

심령이 약한 이들은 가는 곳마다 그를 괴롭히는 사람을 만나게 됩니다. 그 이유는 무엇일까요? 그것은 약육강식의 영적 법칙 때문입니다.

그가 약할 때 그의 연약함은 사람들의 안에 있는 악성, 야수성, 잔인성을 일으킵니다. 그의 연약함이 사악함을 끌어당기는 것입니다. 약한 사람의 옆에는 항상 강하고 잔인한 사람이 오게 되는 것입니다. 그것은 초식동물이 있는 곳에 맹수들이 다가오는 것과 같습니다. 하지만 맹수들도 그들보다 강한 짐승의 앞에서는 아주 약하고 부드러워 집니다. 그것이 정글의 법칙입니다.

또한 그리 강하고 악한 사람이 아니더라도 이렇게 약한 사람의 옆에 있으면 강퍅하고 악한 사람이 됩니다. 그것은 연약한 사람의 연약함이 사악함을 끌어당겨서 다른 이들의 악성을 일으키기 때문입니다.

그것은 유약한 부모 밑에서 자라는 자녀들의 성품이 강퍅해지는 것과 같습니다. 그러나 그러한 아이들도 강한 사람의 옆에 있게 되면 다시 온순하고 부드러운 아이들이 됩니다.

이와 같이 부모의 성품이 선량하지만 연약한 이들은 아이들의 성품에 악을 형성하게 됩니다. 이것은 부모의 연약함이 자녀의 악성을 끌어당기기 때문입니다.

반대로 부모의 성품이 거칠고 완악하면 자녀들의 성품이 선하게 나타나는 경우가 많이 있습니다. 부모에게 눌려서 기도 못 펴고 자란 이들 가운에 선한 사람들이 많이 있습니다. 그것은 자녀들의 악성이 부모의 강함에 눌려서 자라나지 못했기 때문입니다.

이처럼 유약한 선함은 악을 자라게 하며 강한 성품은 악을 억제합니다. 그러므로 유약한 선함은 악을 일으키므로 악한 것이나 마찬가지입니다.

남편이 유약하면 아내가 독해지며 아내가 유약하면 남편이 강팍해집니다. 그러므로 강함이 결여된 선이란 비참한 것이며 악과 같은 것입니다.

약한 자들 앞에서 강팍한 사람이 되는 것은 심령이 약한 사람들도 마찬가지입니다. 이들도 바깥에서는 눌려서 살지만 집에 와서 자기보다 약한 자신의 배우자나 자녀들에게는 때로 잔인한 모습을 보입니다. 이것은 역시 약육강식의 법칙인 것입니다.

당신은 당신을 괴롭히는 어떤 사람에게 상처를 받으며 그 사람을 아주 못된 사람으로 생각할 것입니다. 그러나 그 사람도 설설 기며 어려워하는 대상이 있습니다. 당신에게는 악성을 드러내지만 그보다 강한 다른 사람 앞에서 그는 웃음을 지으며 친절하고 부드러운 사람이 되며 선한 사람이 되는 것입니다.

이러한 원리 때문에 심령이 약한 이들은 가는 곳마다 악한 사람들을 끌어당기므로 어려움을 겪게 되며 그를 괴롭히는 사람들을 만나게 됩니다.

그러니 소리가 약하고 심령이 약한 사람은 대인 관계가 몹시 고통스러우며 만남이 피곤해져서 소수의 사람을 제외하고는 만남을 기피하게 되는 것입니다.

해결책은 없는 것일까요? 세상이 악하고 사람은 원래 악하니 그저 사람을 피하는 것만이 대책일까요?

물론 그렇지 않습니다. 심령이 약한 사람의 문제는 거의 소리에 있기 때문에 이러한 사람들은 소리를 훈련하고 소리를 강건하게 하면 점점 대인관계의 올무와 눌림에서 벗어나게 됩니다.

기도와 훈련을 통하여 목소리가 윤택하고 강건해지며 충분히 자신의 의사를 표현하고 강건하게 말하게 되면 그는 사람들의 반응이 과거와 달라지는 것을 보고 놀라게 됩니다.

이상하게도 과거에는 얼굴을 찌푸리며 함부로 대하던 사람들이 부드럽게 대하며 웃으며 친절을 베풀게 되는 것입니다. 이것이 우연일까요?

아닙니다. 그것은 영적 법칙입니다. 심령의 약함은 강한 사람과 잔인함을 끌어당기지만 심령이 강건한 사람이 되면 그 강함이 자동적으로 상대방의 안에 있는 악을 제압함으로 상대방의 악과 강퍅함은 결박되고 제압되어 상대방의 안에 숨겨져 있던 선과 부드러움이 나타나게 되는 것입니다.

나는 성품이 좋지 않거나 악하다고 여겨지던 이들이 내 앞에서 예상외로 웃고 부드러운 모습을 보여주는 것을 보고 이상히 여기던 적이 있었습니다. 다른 이들에게 악평을 듣고 있는 이들이 내 앞에서는 아주 온순하게 대하며 친절한 태도를 보이는 것을 많이 경험했습니다.

또한 나에게 공격적인 태도를 가지고 있다가 막상 대면을 하고 나니 공격적인 말은 한마디도 못하고 부드러운 태도로 웃으며 인사만 하고 돌아가는 것을 보았습니다.

나는 당시에는 그것이 이상했지만 나중에 그것이 영적 제압인 것을 알게 되었습니다. 강한 심령을 가지고 있을 때 그 사람 앞에서 악한 사람들의 악성은 속에 제압되어 숨어버리고 부드러운 모습만 나타나게 되는 것입니다.

널리 알려진 〈빌라도의 보고서〉에도 이러한 내용이 나옵니다. 유대의 총독인 빌라도가 한낱 죄수에 불과한 유대청년 예수 앞에서 그 영혼이 제압되어 사시나무 떨듯이 떨었던 것입니다.

영혼이 강한 사람 앞에서 지위나 나이나 계급은 아무런 의미도 없는 것입니다. 영이 제압될 때 사람들은 그 사람 앞에서 함부로 대할 수 없게 됩니다.

어떻게 영혼이 강건한 사람이 되어 사람의 영혼을 제압할 수 있을까요? 사람을 사로잡고 분위기를 사로잡으며 우리가 원하는 방향으로 이끌어갈 수 있을까요?

그것은 소리에 달려있는 것입니다. 소리의 훈련, 발성기도와 부르짖는 기도의 훈련을 통해 당신의 영혼은 강건해질 수 있습니다. 그리고 사람들에게 끌려 다니지 않게 되며 영혼을 제압할 수 있게 됩니다.

우리는 사람들을 우리가 원하는 대로 마음대로 조종하기 위하여 다른 이들의 영혼을 제압하려고 해서는 안 됩니다. 그것은 악한 일입니다. 우리가 사람의 영혼을 제압하여야 하는 것은 그렇게 할 때 사람들의 안에 있는 악이 흘러나오지 못하도록 결박할 수 있으며 그 영혼들을 주님께서 이끄시도록 인도할 수 있기 때문입니다.

항상 모이면 험담을 하며 원망을 하고 불평을 하는 무리들이 있습니다. 그 그룹에 강건한 영혼을 가지고 있는 사람이 끼어듭니다.

자, 그들은 평소와 같이 마음 놓고 험담을 하고 불평을 늘어놓을 수 있을까요? 이상하게도 그것이 잘 안됩니다. 원망하는 말을 하려고 해도 잘 나오지 않게 됩니다.

그것은 그들의 영혼이 제압되었기 때문입니다. 영혼의 강건함을 소유한 사람은 그처럼 어떤 공간에서든지 그 영적 분위기를 사로잡고 이끌어갈 수 있습니다.

나는 찰스 피니의 경험에 대한 이야기를 읽은 적이 있습니다. 그가 어느 공장에 말씀을 전하기 위하여 초청을 받았습니다. 그런데 시간이 조금 남아서 그는 많은 여공들이 일하고 있는 곳에서 잠시 기다리게 되었습니다.

여공들은 그가 있는 것을 알지 못하고 평소에 하는 대로 악하고 음란한 말들을 많이 하고 떠들면서 일을 하고 있었습니다. 피니의 마음은 죄로 가득한 그들의 말에 대해서 안타깝고 속상한 마음이 가득하게 되었습니다.

그러다가 열심히 떠들고 있던 한 여공이 문득 피니를 발견하게 되었습니다. 나이가 많은 할아버지가 그들의 이야기를 듣고 있었는데 그 할아버지의 불꽃같은 눈동자를 보고 그녀는 몹시 놀랐습니다.

그녀는 더 이상 조금 전의 속된 말을 할 수가 없었습니다. 그녀는 말이 막히고 숨이 막히는 것을 느꼈습니다.

그녀는 잠시 가만히 입을 다물고 있다가 그 자리에서 내려와 무릎을 꿇었습니다. 그리고 울면서 자신의 죄와 더러움을 회개하는 기도를 드리기 시작했습니다.

그러자 바로 옆에 있던 다른 아가씨가 또 무릎을 꿇고 울기 시작했습니다. 그리고 불과 몇 분 안에 그 방안에 있던 모든 사람들은 흐느껴 울면서 회개를 하기 시작했습니다.

피니가 한일은 무엇이었을까요? 그는 그저 그 자리에서 가만히 그들을 쳐다보고 있었을 뿐입니다. 그러나 그가 가지고 있는 영력의 강력함이 그러한 역사를 일으키게 되었던 것입니다.

당시의 영적 분위기와 지금을 단순 비교할 수는 없을 것입니다. 그 때도 물론 죄와 악들이 있었지만 당시 사회에서는 기본적으로 대부분의 사람들이 기독교 신앙을 가지고 있었으니까요. 그러나 이 예화는 영적 권능이란 어떤 것인지를 분명하게 보여줍니다. 강한 영력을 가지고 있는 사람은 사람의 악을 제압하고 영혼의 선함을 일으킨다는 것입니다.

오늘날 우리에게 정말 필요한 것은 바로 이러한 영력이며 이러한 영력이 충만한 사람일 것입니다.

그리스도인들은 영력이 충만한 사람이 되어야 합니다. 강건한 사람이 되어야 합니다. 그리하여 사람들을 사로잡고 대인관계를 이끌어가야 합니다. 영력이 약하여 항상 골방이나 광야에서 머물러 숨어있어야 한다면 그것은 부끄러운 일입니다.

그러면 우리는 어떻게 그런 강건한 사람이 될 수 있을까요? 영력이 충만한 사람이 될 수 있을까요?

대답은 아주 간단합니다. 부디 소리를 훈련하십시오. 소리를 표현하십시오. 소리를 내어 말하는 것을 즐기며 소리를 내어서 기도하는 것을 즐거워하십시오.

소리를 내서 부르짖고 당신의 가슴을 찢으며 주님께 부르짖으십시오. 당신의 소리가 바뀌어갈 때 당신의 영혼은 달라질 것입니다. 당신의 영력은 달라질 것입니다.

당신의 인간관계도 달라질 것입니다. 당신에게 해롭게 하던 이들이 당신을 보고 웃으며 친절하게 대하고 선의를 베풀 것입니다. 부디 소리를 훈련하십시오. 강건한 영혼이 되십시오.

당신도 원하면 그렇게 될 수 있습니다.

주님은 우리에게 그러한 강건함을 공급해 주실 것입니다 할렐루야!

34. 제자 훈련과 해외 선교의 중심과 전제

　제자 훈련은 이 시대의 유행하는 신앙 스타일입니다. 제자 훈련을 강조하는 이 신앙의 시스템은 백인들에게서 나온 것이며 백인들의 기질에 맞는 것입니다.

　성경은 '너희는 여호와의 선하심을 맛보아 알찌어다'(시 34:8)라고 말합니다. 신앙이란 하나님을 체험하는 것이며 하나님의 실상을 우리 영혼이 맛보고 경험하는 것입니다. 그럼으로써 우리의 영혼은 깨어나고 신앙은 실체가 되는 것입니다.

　그러나 백인들은 기질적으로 지적인 사람들로서 신앙에 있어서도 지적인 이해를 좋아합니다. 그러므로 그들은 하나님을 체험하는 것보다는 하나님을 이해하고 싶어합니다. 하나님의 말씀을 체험하는 것보다는 하나님의 말씀을 지적으로 이해하고 싶어합니다.

　그러한 그들의 기질적인 특성이 담겨있는 신앙의 패턴이 제자훈련 류의 신앙입니다.

　제자훈련은 백인들의 영향을 받아서 생긴 젊은이들 중심의 선교단체에서 시작되었습니다. 젊은이들의 성향은 백인들의 성향과 통하는 데가 있습니다. 젊은 청년의 시절은 일생 중에서 지성이 가장 발달하고 움직이는 시기로서 이해와 논리능력이 발달하는 시기이기 때문입니다.

　어린 아이들은 몸이 빠르게 자라며 청년 시절에는 지성과 개념에 대한 이해가 빨리 증가합니다. 중 장년이나 노년이 되면 실패와 자기 한계와 삶의 다양한 경험을 통하여 논리와 옳고 그름이 생명이 아님을 깨닫게 됩니다.

　젊은 시절에는 무엇이 진리인가, 무엇이 옳은가에 대해서 많이 생각하고 그것에 의해서 움직이지만 나이가 더 들고 경험이 쌓이면 그것이 모든 것이 아님을 알게 됩니다. 이 세상에는 옳고 그름을 넘어선 좀 더 심원한 차원이 있음을 느끼게 되는 것입니다. 그래서 젊어서 예리하고 날카롭던 사람들이 점차 따뜻해지고 너그럽게 되는 경향이 생기는 것입니다.

　젊은 시절은 논리적으로 옳아 보이는 것을 추구하는 시기입니다. 이상과 개념에 몰두합니다. 그러다 나이가 들면서 현실적인 삶에 부딪치면 허상과 개념에서 벗어나 실제적인 삶과 신앙에 접하게 되는 것입니다.

　그러므로 젊은 시절에 신앙이 좋다고 알려진 이들이 나중에 무덤덤해지는 경향이 많이 있습니다. 그러한 것은 그들이 신앙적으로 타락을 한 것이 아니라 이상에서 현실로 돌아오는 과정입니다.

　젊은 시절에는 지적으로 발전하는 시기이므로 지적이고 논리적인 백인들의 성향이 잘 맞습니다. 그래서 비논리적이고 모순이 많아 보이는 기성세대의 신앙을 비판하면서 논리적으로 분석하고 단정 짓는 이론 중심의 신앙이 되는 것입니다.

이렇게 백인들의 영향을 받아서 형성된 선교 단체의 제자 훈련이 처음에는 대학생, 젊은이들을 중심으로 시작되었다가 차츰 지적인 신자들을 중심으로 제자 훈련 형태의 신앙 패턴이 한국에도 형성되었습니다. 대학생이나 청년이 아닌 일반인들에게까지 제자 훈련 스타일의 신앙 패턴이 보급되었던 것입니다.

그러나 이러한 패턴의 신앙은 백인들에게는 어울릴지 모르지만 한국 사람들에게는 별로 어울리지 않는 것입니다.

여러 교회들이 지적인 제자 훈련의 패턴을 도입해서 양적인 성장을 이루는 것을 보고 많은 사역자들이 그러한 흐름을 따라갔지만 이러한 패턴의 신앙생활이 맞는 한국 사람들은 그리 많지 않습니다. 소수의 지적 엘리트들만이 이런 식으로 배우고 암기하고 이해하고 토론하는 것을 좋아합니다.

대다수의 한국 사람들은 영감의 사람들이며 정서적인 사람들입니다. 냉철하고 논리적인 스타일의 사람들은 그리 많지 않습니다.

제자 훈련이라는 개념은 별로 일반적인 개념은 아닙니다. 아마 처음에 이 개념에 대해서 들은 이들은 이상한 느낌을 가지게 될 것입니다. 내 경우에도 그러했습니다.

20여 년 전에 제자 훈련이라는 말을 처음 들었을 때 나는 아주 기분이 묘했습니다. 어떤 신앙의 대가가 무엇을 전수하기 위하여 제자를 선발하고 어떤 교육을 시키는 것인지 나는 몹시 궁금했습니다. 그러다가 그 교육의 내용이라는 것이 교재에 들어있는 몇 가지의 성경을 요약한 내용을 가지고 젊은 사역자들이 가르치면서 토론도 하고 내용을 나누는 것이라는 것을 알게 되자 웃음이 나왔습니다.

나는 우스웠습니다. 주님께서 제자들을 가르치시고 훈련하신다는 것은 이해가 갔습니다. 모세나 엘리야처럼 하나님을 개인적으로 경험하고 그분의 음성을 들으며 친히 동행하고 사역을 해나가면서 평생을 통하여 개인적으로 경험한 놀라운 영적인 비밀이나 능력이 있어서 무엇인가를 가르친다면 그것은 그럴듯하다고 생각되었습니다.

그러나 아직 젊고 신앙에 대해서도, 하나님의 실상에 대해서도 충분히 경험하지 못하고 신앙의 일가견을 가지고 있다고 말할 수 없는 젊은이들이 성경에 대하여 몇 가지를 설명하고 있는 교재를 가지고 무엇인가를 설명하면서 그것을 제자훈련이라고 표현하는 것이 우스웠습니다.

나는 나중에 그것이 백인들로부터 시작되었다는 것을 알고 그러한 행태들이 이해가 되었습니다. 백인들은 항상 어떤 실체를 알기 전에 개념을 이해하고 싶어 합니다.

그들은 내적인 실상이 무엇인지 모르며 항상 겉에 있는 것을 핥아먹고 그것이 실체라고 생각합니다. 그것이 백인들의 특성입니다. 그리고 한국 사람들은 백인들이 하는 것을 그대로 따라하는 것을 워낙 좋아하니까 신앙의 방식도 그것이 옳아 보이고 유식하게 보여서 그들을 따라 하는 것입니다. 하지만 그것은 좋은 것이 아닙니다.

나는 영적인 측면, 신앙이나 근원적인 통찰력에서 한국인들이 백인들보다 앞서는 면이 있다고 생각합니다. 신앙도 한국적인 것이 백인적인 것보다 보다 근원적인 면이 있다고 생각합니다. 문화에 대해서도 그런 면이 있다고 생각합니다.

한국 문화의 절대적인 우월성을 주장하고 싶은 것은 아닙니다. 백인들의 문화나 한국의 문화나 서로 특성과 장단점이 있는 상호보완적인 것이겠으나, 진리의 측면이나 근원이라는 측면에서 보면 한국적인 것이 좀 더 근원적인 것이라고 생각합니다.

백인들의 문화는 주로 외형적인 면에 치우쳐져 있습니다. 그것은 그들의 기질적인 면이며 사명적인 것과도 관련이 있을 것입니다.

그들은 사명적으로 외적이고 실용적인 부분에 대하여 이해가 뛰어납니다. 그리하여 그들은 물질문명을 많이 발달시켰고 육체의 편리와 필요를 위한 문화를 발전시켰지만 상대적으로 정신적인, 영성의 실제적인 부분은 그다지 발전되지 않은 상태에 있습니다.

겉과 표면을 중시하고 내적이고 근원적인 면을 소홀히 하는 그들의 특성은 모든 분야에서 나타납니다.

의학적인 부분을 보아도 그렇습니다. 감기가 걸려서 열이 오르면 그들은 주사를 놓고 약을 주어서 열을 떨어뜨리게 합니다. 겉으로 드러난 감기의 증상을 없애려고 하는 것입니다.

그러나 한의학이나 자연의학은 열을 억지로 떨어뜨리는 것이 아니라 오히려 이불을 뒤집어쓰고 열을 올리고 땀을 내게 하여 감기를 근본적으로 처리하려고 합니다.

간질 환자가 경련을 하면 그들은 항경련제를 처방합니다. 그러나 한의학이나 자연의학은 단순히 경련과 발작을 누르려고 하지 않고 그 발작이 일어나는 것을 돕습니다.

우리 몸에서 생기는 것은 다 이유가 있어서 생기는 것이라고 생각하기 때문에 그것을 억제하지 않고 오히려 도와주는 것입니다. 발작이 있는 것은 혈액순환에 문제가 있어서 생기는 것이므로 오히려 그러한 증상을 더 북돋아주는 것입니다.

암이 생겼을 때 서양 의학은 그 암 덩어리를 잘라서 없애려고 합니다. 아니면 광선으로 녹여서 없애려고 합니다. 그러므로 항암 치료를 받는 과정에서 암세포만 죽는 것이 아니라 정상세포도 많이 죽게 되며 몸도 많은 고통을 겪게 되고 서서히 약해집니다.

그러나 한의학이나 대체 의학은 그러한 수술을 권장하지 않습니다. 몸에 칼을 대는 것은 신체의 보이지 않는 기운을 꺾는 것이기 때문에 암 덩어리를 제거하는 것보다 몸 자체의 기운을 강화시켜서 병을 극복할 수 있도록 돕습니다. 이것은 어느 쪽이 옳다는 것을 말하는 것이 아니라 접근방식에 있어서 이러한 방법적인 특성과 차이가 있다는 것을 말하는 것입니다.

이처럼 서양의학은 병의 증상을 없애려고 하는 대증요법이 주종을 이룹니다. 그러나 한의학이나 자연의학은 병의 근원을 다루려고 합니다. 표면의 문제를 다루느냐, 내적인 근원의 문제를 다루느냐, 이것은 동서양의 사고방식의 차이라고 할 수 있습니다.

음식도 서양의학은 그 음식물이 가지고 있는 열량, 에너지를 계산할 뿐입니다. 그러나 한의학은 음식물의 보이지 않는 내적인 에너지를 측량합니다. 음식의 기운을 보는 것입니다.

무당들은 제사에 올려진 음식을 먹지 않는다고 합니다. 어떤 연구가가 무당에게 그 이유를 묻자 그들은 이렇게 대답했다고 합니다. '에이, 그 음식에는 양분이 없어요.' 제사에 참여한 영들이 와서 그 음식을 먹었기 때문에 그 음식에는 양분, 즉 기운이 없다는 것입니다.

실제로 그 음식에 에너지나 칼로리가 줄어들었을까요? 아닙니다. 측정을 해보면 동일한 수치를 확인할 수 있습니다.

그러나 무당들은 그 음식을 먹으면 바로 설사를 하거나 문제가 생긴다고 합니다. 보이지 않는 음식의 기운이 그에게 영향을 주는 것입니다.

백인들의 옷도 그렇습니다. 백인들의 옷은 몸의 아름다움을 강조합니다. 백인들의 옷에는 여백이 없으며 여인들은 몸이 드러남으로 몸에 대해서 많이 신경을 쓰게 됩니다.

그러므로 백인들의 옷은 영혼의 움직임이나 발전에 도움이 되지 않으며 성적인 측면을 자극하고 발전시킵니다. 그것은 사람의 육성과 본능을 자극합니다.

그러나 한복에는 여백이 있고 부드러움이 있습니다. 그것은 몸을 드러내지 않게 합니다. 그것은 영혼의 움직임이나 깨어남을 돕는 데에 유리합니다.

백인들의 문화는 항상 표면적인 것이며 몸을 위한 실용적인 것입니다. 그들이 지은 아파트나 주택은 몸에는 편리하지만 영혼을 답답하게 합니다. 내면을 병들게 합니다.

그러나 한옥은 생기가 있고 기운의 흐름이 있으며 몸은 조금 불편해도 숨을 쉬는 데에, 영혼을 안정시키는 데에 도움이 됩니다.

백인들의 문화는 의리나 정보다 돈을 좋아하는 문화입니다. 그들이 흔히 말하는 '프로정신'이란 어떤 의리나 인간관계보다 돈을 많이 주는 곳으로 가는 것을 당연한 것으로 여기는 것입니다.

이러한 이기심과 물질 중심의 사상이 백인들 문화의 특성입니다. 그러므로 이들의 문화를 접한 곳마다 겉으로는 풍요해지지만 탐욕과 이기심과 악성이 자라게 되며 내면은 점점 병들어가게 됩니다.

백인들의 문화가 있는 곳에는 물질은 많고 소유는 많아져도 점점 더 외로움과 절망과 타락이 많아지며 영혼의 신음소리가 가득하게 됩니다. 그것이 외적인 문화를 추구하는 이들의 한계입니다.

춤을 보아도 백인들의 춤은 몸이 강조되며 몸에서 흘러나오는 것입니다. 그러나 한국의 춤은 그 내면에서 저절로 흘러나오는 것입니다. 겉을 강조하는 문화와 내면을 강조하는 문화, 이것이 백인들과 한국인들의 차이입니다.

어느 쪽이 좋고 어느 쪽이 나쁘다고 할 수는 없을 것입니다. 다만 그들은 겉에 머물러 있으며 깊은 것을 알지 못합니다. 그들은 근원에 속한 사람들이 아닙니다.

신앙에 있어서 한국인들은 그들의 영향에서 벗어나 한국적인 것을 찾아야 합니다. 교회의 건물을 크게 짓고 사람들이 많이 모이면 성공한 것이라는 물질주의의 개념도 다 태평양을 건너온 개념입니다.

물질적인 복을 많이 받는 것이 나쁜 것은 아니지만 그것이 신앙의 목표라고 할 수는 없습니다. 그러므로 낮고 표면적인 신앙에서 우리는 이제 좀 더 본질적인 곳으로 가야합니다.

백인들의 역사에도 본질에 속한 것을 추구하는 사람들이 많이 있었지만 전체의 흐름에 비하면 그것은 아주 미미한 정도였습니다.

제자 훈련은 백인들의 신앙 스타일입니다. 그것은 한국적인 것이 아닙니다. 그렇다고 제자 훈련 자체가 잘못이라고 할 수는 없습니다. 성경에는 주님께서 제자들과 함께 동거하시면서 사역하시는 장면이 나옵니다. 분명히 주님은 제자들을 가르치셨습니다. 하지만 주님의 가르치심과 훈련은 오늘날의 제자훈련과 다른 것입니다.

주님은 단순히 이론을 가르치시지 않았습니다. 주님은 제자들에게 귀신을 쫓는 권세를 주셨습니다. 악한 영들을 파괴하고 깨뜨리는 법을 가르쳐주셨습니다. 병을 고치는 능력과 권세를 주셨습니다. 기적과 능력을 보여주셨습니다.

주님은 실제로 살아 계신 하나님의 능력과 역사를 보여주셨습니다. 빌립이 아버지를 보여 달라고 묻자 주님께서는 이렇게 대답하셨습니다.

"예수께서 이르시되 빌립아 내가 이렇게 오래 너희와 함께 있으되 네가 나를 알지 못하느냐 나를 본 자는 아버지를 보았거늘 어찌하여 아버지를 보이라 하느냐" (요14:9)

오늘날 누가 이렇게 제자들을 가르치고 있습니까? 주님은 바로 하나님의 영광과 능력과 실제를 제자들에게 가르치고 보여주셨던 것입니다.

모세도, 엘리야도 그러한 하나님의 실상을 경험하고 알고 있었습니다. 그래서 그들은 여호수아를 가르쳤고 엘리사를 가르쳤습니다. 그들에게서 하나님의 실상을 경험하고 배웠던 제자들은 스승을 이어서 하나님의 역사를 이루었습니다.

여호수아는 모세의 후계자로서 이스라엘 백성을 가나안땅으로 이끌었으며 엘리사는 이스라엘의 영적인 지도자로서 하나님의 살아 계심과 능력을 보여주었습니다. 이러한 것이 진정한 제자 훈련의 결과와 열매로서 나타나야 하는 것들입니다.

예수님은 날마다 제자들을 가르치셨지만 거기에는 교재가 없었습니다. 예수님이 말씀하시기를 '얘들아. 오늘 1시부터 2

시까지 사도신경 강해다. 그리고 2시부터는 구원론 강의다..' 이렇게 하시지 않았습니다. 주님은 제자들과 같이 먹고 주무시고 대화하면서 사셨습니다. 그리고 그것이 바로 제자 교육이었습니다.

주님 자신이 곧 교재이고 그분의 삶, 그분의 임재와 생명 자체가 그들에게 교육이 되었던 것입니다. 이것이 진정한 제자훈련입니다.

주님 자신을 먹고 마시고 경험하고 주님의 실상을 알아 가는 것, 그것이 곧 진정한 제자훈련인 것입니다.

제자 훈련이 필요 없다고 할 수는 없습니다. 다만 중요한 것은 제자 훈련은 하나의 개념이나 논리를 가르치고 배우는 것이 아니라 하나님을 경험하는 데에 초점을 두어야 한다는 것입니다.

만일 지금처럼 지적 훈련 중심이었다면 예수님의 12제자 중에서 남아있을 사람은 가룟유다 밖에는 없었을 것입니다.

주님의 훈련은 지적 훈련이 아니라 생명 체험의 훈련이었습니다. 오늘날의 제자 훈련도 그렇게 해야 합니다.

제자 훈련은 하늘의 권능을 경험하고 악한 마귀를 제압하고 부수는 것을 가르치고 훈련하며 하나님의 생명을 경험하고 나누어줄 수 있는 강력한 용사를 만드는 것을 목표로 해야 합니다.

설명을 잘하고 이해를 잘하는 사람을 만드는 것이 목적이 아닌 것입니다. 어디에 가든지 사람의 영혼을 사로잡고 하나님의 영광과 빛과 실제를 보여주고 공급할 수 있는 사람이 될 수 있도록 성경과 성경에 나타난 영의 실제를 경험하고 가르쳐야 하는 것입니다.

바르게 참다운 주님의 사람, 권능의 사람을 세우기 위하여 제자훈련을 해야 합니다. 그 훈련에 있어서 아주 중요한 것이 부르짖는 기도의 훈련입니다. 제자 훈련에서는 반드시 이러한 소리의 훈련이 필요합니다.

진정한 주님의 제자를 세우기 위해서는 그들을 복음에 대한 이론으로만 무장시키는 것이 아니라 성령의 권능과 하늘의 능력을 힘입어 활동할 수 있는 사람으로 무장시켜야 합니다. 그 중심에 있는 것이 바로 부르짖는 기도의 훈련이며 발성의 훈련인 것입니다.

그리스도의 강한 군사로 훈련되기를 원하는 젊은이들이 다 같이 모여서 부르짖고 기도하는 데에 익숙해진다면 그들은 장차 이 나라를 위기에서 구원하는 능력의 사람들이 될 것입니다. 부르짖는 기도를 통하여 하늘을 움직일 수 있는 사람은 어디에서 무엇을 하든 승리의 사람이 될 수 있습니다.

제자 훈련과 함께 이 시대에 아주 강조되는 것이 해외 선교입니다. 젊은이들은 훈련을 받으며 해외선교에 대한 헌신과 비전을 품는 것에 대하여 많이 도전을 받게 됩니다. 선교에 대한 헌신을 일으키는 집회도 적지 않습니다.

전에는 이러한 해외 선교의 비전을 젊은이들만이 주로 가지고 있었으나 지금은 일반 성도들도 그러한 꿈을 가지고 있는 이들이 많이 있습니다.

기회가 되는 대로 짧은 단기 선교를 거금을 들이고 다녀오는 이들도 많이 있습니다. 과거와 달라서 해외여행은 돈만 있다면 얼마든지 할 수 있는 여건이 되었기 때문에 단기 여행을 다녀온 이들은 긍지를 가지고 열심히 자신의 여행경험과 소감과 느낌에 대해서 나누고 싶어 합니다.

아직 단기 선교를 다녀오지 못한 이들 중에서는 열등감을 가지고 있는 이들도 있으며 언젠가 상황이 나아지면 꼭 자신도 동참을 해야겠다고 다짐을 하기도 합니다.

물론 해외 사역은 귀하고 필요한 것입니다. 주님의 마지막 명령이 복음 전파에 대한 것이었으며 예루살렘, 즉 가까운 곳에서부터 땅 끝, 즉 먼 곳에까지 생명의 복음을 전파하라는 것이 주님의 중요한 명령이었기 때문에 그 말씀을 실천하고 이행하는 것은 지극히 당연한 것입니다.

하지만 그보다 먼저 준비되어져야 할 것이 있습니다. 그것은 돈이 아니고 영력입니다. 원수의 진을 파괴하고 초토화시킬 수 있는 강력한 영권을 먼저 얻는 것입니다. 그것이 해외선교를 떠나기 전에 먼저 준비되고 훈련되어져야 하는 것입니다.

복음 전파는 전투와 같은 것입니다. 해외 선교는 그 나라에 속한 영들과 전쟁을 하기 위하여 떠나는 것입니다.

전쟁에 참여하기 전에 먼저 준비해야 할 것은 무엇입니까?

그것은 무기입니다. 무장을 하지 않고 전쟁터에 떠나는 사람이 있다면 그 사람은 어리석은 사람입니다.

오늘날 영적 전쟁에 대해서 준비되지 않고 단지 열심만 가지고서 선교나 사역에 뛰어드는 사람들이 적지 않습니다. 그들은 많은 희생과 헌신을 하지만 별로 열매를 얻지 못하며 몸과 마음이 피폐해지고 고통을 겪습니다.

선교와 사역의 결과 가정도 엉망이 되고 몸도, 상황도 비참해진 이들을 나는 많이 보았습니다. 그것은 그들이 영적 전쟁에 거의 준비되지 않고 모르는 상태에서 쉽게 뛰어들었기 때문입니다.

힘이 강해서 동네 깡패들을 다 처리할 수 있는 사람이라면 다른 곳으로 원정을 가서 그 동네의 나쁜 놈들을 처리하는 것도 좋을 것입니다. 그러나 힘이 약해서 동네 깡패들에게 얻어터지고 있는 사람들이라면 다른 곳으로 원정을 가서 온 세상의 깡패들에게 맞으면서 살아갈 필요는 없을 것입니다.

그러한 사람들에게 먼저 필요한 것은 어딘가로 떠나기 전에 먼저 맞지 않고 상대를 쓰러뜨릴 수 있는 강한 사람이 되는 것입니다. 먼저 무기를 얻고 무장하는 것이 필요한 것입니다.

나는 딸인 예원이로부터 이런 이야기를 들었습니다. 학교의 선생님들 중에 그리스도인들이 많이 있으나 그 선생님들 중에 카리스마가 넘치고 아이들을 사로잡는 선생님은 별로 없다는 것입니다.

불신자인 선생님 중에는 아주 강력해서 아이들이 꼼짝을

못하는 선생님이 있다고 합니다. 이런 분이 복음을 전하며 아이들에게 주님을 소개하면 얼마나 좋을까 하는 것입니다.

그러나 열심히 주님을 소개하고 교회에 가라고 전도를 하시는 분들은 대체로 아이들을 사로잡지 못하며 영적인 힘이 약해서 아이들이 무시를 하고 함부로 대하는 선생님들이라는 것입니다.

한번은 주님을 믿지만 마음이 너무 약해서 아이들을 전혀 통제하지 못하는 선생님이 수업을 하러 들어오셨다고 합니다. 그런데 아이들은 수업을 안 듣는 것은 당연하고 심지어는 저희들끼리 떠들고 장난을 치고 게임을 하더라는 것입니다.

그것을 보고 선생님이 너무나 무기력한 모습으로 '하나님. 도와주세요..' 하고 기도를 하시는데 예원이는 너무나 속이 상해서 눈물이 나왔다고 합니다.

주님을 믿는 선생님이 아이들에게 무시를 당하며 너무나 약한 태도로 기도를 하고 그 모습을 아이들이 비웃는 것이 너무 고통스러웠다는 것입니다.

예원이는 지혜가 있고 리더십이 있어서 아이들에게 인기가 있었습니다. 그래서 그녀는 항상 반에서 회장을 하였습니다. 그녀는 사람의 마음을 잘 느낄 수 있었기 때문에 상황에 따라 적절하게 대처할 줄 알았습니다. 그랬기 때문에 믿지 않는 이들에게 무시를 당하는 그리스도인들의 모습이 몹시 마음 아팠던 것입니다.

안타깝게도 주님을 간절하게 믿으면서도 마음이 약하고 현실의 삶에서 무기력한 그리스도인들은 아주 많이 있습니다.

직장에서 무기력하여 사람들에게 인정을 받지 못하고 무시를 당하고 가정에서 무기력하여 아이들을 바르게 순종시키고 다루지 못하는 등.. 이와 같이 삶에서 무력하고 약한 그리스도인들이 정말 많이 있는 것입니다.

이러한 이들은 사역을 하고 전도를 하기 전에 먼저 영적인 권능을 받아야 합니다. 그리하여 자신의 삶에서 먼저 승리를 경험해야 합니다.

자신의 삶에서 승리하지 못하는 이들은 복음의 도구가 되기 어렵습니다. 자신의 문제도 해결하지 못하는 이들은 남의 문제를 해결해줄 수 없습니다. 남의 문제에 관심을 기울일 여력도 없을 것입니다.

사람의 영혼을 그리스도께 인도하기 위해서는 먼저 사람을 사로잡을 수 있는 영적 권세가 있어야 합니다. 무기력하여 사람들에게 비웃음을 받고 무시를 당하는 사람이 사람들을 인도하는 것은 쉬운 일이 아닐 것입니다.

그리스도인들은 사역을 하기 전에 먼저 강한 용사가 되어야 합니다. 강한 용사로서 무장하고 훈련을 받아야 합니다.

부르짖어 기도하며 발성으로 기도하고 소리쳐 선포하고 외치는 것이 그 훈련의 중요한 요소입니다. 그것은 전쟁터에 나가기 전에 받아야 하는 중요한 군사훈련입니다.

부르짖어 기도하는 것은 하늘 문을 여는 것입니다. 이 땅에서 부르짖는 기도를 함으로 이 땅의 하늘 문을 열 줄 아는 사람들은 해외로 떠나도 좋습니다. 이 땅의 하늘 문을 여는 사람은 다른 땅에 가서도 그 땅의 하늘 문을 열 수 있기 때문입니다.

이 땅의 하늘 문이나 다른 땅의 하늘 문이나 같은 것일까요? 그렇지는 않습니다. 어떤 지역에서는 하늘 문이 잘 열리며 어떤 지역에서는 하늘 문이 잘 열리지 않습니다.

예를 들어 우상 숭배가 심한 지역에서는 그 하늘을 악한 영들이 점령을 하고 있기 때문에 웬만큼 부르짖어도 공중 권세를 잡고 있는 영들이 떠나지 않으려고 합니다.

그러한 지역에서는 복음을 전해도 결신자를 얻기 어려우며 고생은 많이 하지만 핍박과 시련만 많을 뿐입니다. 그러므로 먼저 그 땅의 하늘을 정복해야 합니다.

"**칠십 인이 기뻐하며 돌아와 이르되 주여 주의 이름이면 귀신들도 우리에게 항복하더이다**

예수께서 이르시되 사탄이 하늘로부터 번개 같이 떨어지는 것을 내가 보았노라

내가 너희에게 뱀과 전갈을 밟으며 원수의 모든 능력을 제어할 권능을 주었으니 **너희를 해칠 자가 결코 없으리라**

그러나 귀신들이 너희에게 항복하는 것으로 기뻐하지 말고 너희 이름이 하늘에 기록된 것으로 기뻐하라 하시니라" (눅10:17-20)

이 말씀은 땅과 하늘의 영적 전쟁에 대한 중요한 원리를 우리에게 가르쳐줍니다. 복음을 전하고 돌아온 제자들이 주님께 귀신들에게 이겼다고 기뻐하면서 보고를 드리자 주님은 그들을 격려하시면서 사단이 하늘에서 떨어지는 것을 보았다고 말씀하십니다. 여기서의 하늘은 물리적인 하늘이나 천국에 속한 하늘이 아니라 공중의 하늘을 말하는 것입니다.

공중의 권세를 잡고 있는 악령들은 그들이 있는 지역에서 복음의 역사를 방해하는데 그 공중의 악령들이 무너지자 땅에서는 귀신들이 쫓겨나가며 복음의 승리가 나타나게 되었던 것입니다.

이처럼 땅과 하늘은 영적인 면에서 관련이 있습니다. 땅에서 승리를 하면 하늘에서도 승리합니다.

하늘에서 승리가 있으면 땅에도 승리가 옵니다. 땅과 하늘은 서로 관련을 가지고 있으며 서로에게 영향을 끼칩니다.

사역자들이 이 원리를 알면 그들은 그 지역에 역사하고 있는 영들을 결박하고 부술 것입니다. 그 지역의 하늘에 있는 악한 영들, 그 지역의 공중권세를 잡고 있는 영들을 먼저 떨어뜨릴 것입니다.

그렇게 되면 그 지역에 부흥의 역사가 오게 됩니다. 그러나 그 지역을 잡고 있는 영들과 그 지역의 하늘에 있는 악한 영들이 멀쩡해있다면 많이 선교를 하고 복음을 전해도 그들은 열매를 얻기 어려울 것입니다.

이 땅의 하늘과 다른 땅의 하늘은 다릅니다. 한국의 땅은 지금 비록 많이 영들이 약해지고 교회가 약해졌지만 그래도 여전히 아직은 이 땅에는 부르짖어 기도하는 사람들이 있으며 과거에 부르짖어 기도함으로 하늘 문이 많이 열렸던 곳입니다. 그러므로 지금 부분적으로 하늘이 조금 막혔다고 하더라도 조금만 합심하여 부르짖으면 이 땅의 하늘은 다시 활짝 열리고 부흥과 역사가 오게 됩니다.

　그러나 다른 나라의 하늘에서는 그 땅의 하늘 문을 여는 것이 쉬운 일이 아닙니다. 거기에는 좀 더 강한 능력과 기도의 힘이 필요합니다.

　그러나 어렵기는 하더라도 이 땅에서 하늘 문을 여는 훈련이 되어 있는 사람들은 다른 땅에서도 역시 전쟁이 있기는 하지만 그 땅의 하늘 문을 열게 될 것입니다. 그리하여 그 땅에 귀신들이 쫓겨나고 복음과 능력의 역사가 임하게 할 수 있을 것입니다.

　그렇기 때문에 어떤 사람이 해외에 나가서 선교를 하기 전에 가장 중요한 것은 그가 하늘 문을 여는 방법을 아는 사람인가, 그가 부르짖어 하늘을 열고 하늘의 천사를 부르며 그 땅의 악령들을 패주시키는 능력을 가지고 있는 사람인가 하는 것입니다.

　오늘날 많은 가르침과 훈련들이 있습니다. 오늘날 많은 사역들이 있으며 선교사역이 있습니다. 그러나 능력과 역사가 일어나고 하늘의 영광이 임하는 사역이나 열매들은 별로 볼 수가 없습니다. 그것은 사람들이 많은 것을 배우고 많은 것을 훈련하지만 하늘을 여는 법을 훈련하지 않기 때문이며 배우지 않기 때문입니다. 이들이 그것을 배우게 되면 그들은 이 땅에 역사하는 많은 흑암의 권세를 초토화시키게 될 것이며 다른 나라에서도 역시 같은 역사를 이루게 될 것입니다.

이 땅에 가득한 음란과 더러움과 쾌락주의와 폭력과 많은 악들은 이 땅의 하늘이 정화되지 않았음을 보여줍니다. 교회가 힘을 얻고 회복되며 부르짖기를 시작하고 성도들에게 그것을 가르칠 때 이 땅의 하늘은 정화될 것입니다. 그리하여 악령들은 힘을 잃고 떠나며 복음의 놀라운 역사가 임하게 될 것입니다.

오늘날 적지 않은 사역자들은 성령님의 실재하시는 능력을 비웃으며 단순히 지적으로 많은 것을 가르치고 이해를 시키며 그것으로 만족합니다.

지적이고 고상한 기독교를 가르치며 하나님께 대한 갈망을 가진 이들을 무식하다고 비웃으며 그들의 심령에서 일어나는 불을 끄려고 노력합니다. 하나님의 능력과 실재를 추구하는 스타일의 신앙을 공격하고 조롱하며 변화되지 않는 성도들을 비난하며 꾸짖습니다.

하지만 그러한 사역은 언젠가 한계에 이르게 됩니다.

메마른 심령으로 주님의 임재와 권능이 따르지 않는 지적인 사역을 몇 십 년 동안 한 후에 사역자들은 지독한 탈진에 빠지게 되며 인생의 말년에 이르러서야 비로소 하나님의 실재하시는 권능과 능력을 구하며 매달립니다.

그러나 그것은 비극적인 일입니다. 많은 세월이 흐르면서 그들의 사역을 통하여 이미 많은 성도들의 영혼들이 억압되었고 망가졌기 때문입니다.

알면서 주님을 제한하는 이들은 없지만 무지한 가운데 했다고 해서 모든 것이 용서되는 것은 아닙니다. 사역자는 오직 실제적인 하나님과 하늘의 통로가 되어야 합니다.

그렇지 않다면 사역을 하는 것은 비극입니다. 이 땅에서 사람들이 알아주고 성공한 것으로 여긴다고 해서 주님이 알아주시는 것은 아닙니다. 학벌이나 지위와 평판은 오직 이 땅에서만 통하는 것입니다.

사역자는 오직 하늘에 속한 사람이 되어야 합니다.

오늘날 진정 절실한 것은 하늘에 속한 사람입니다.

지식과 이론으로 무장한 사람이 아니라 실제로 하나님을 알고 하나님의 말씀을 체험하며 하늘의 권능을 알고 있는 사람입니다. 그리고 그 시작은 바로 소리에 있습니다. 부르짖는 기도에 있습니다.

제자 훈련은 중요한 것입니다. 해외 선교도 필요합니다. 그러나 먼저 중요한 것은 소리로 무장하는 것이며 하늘 문을 여는 하늘의 용사가 되는 것입니다.

이러한 기초와 전제 위에서 가르침과 사역이 전개될 때 우리는 하늘의 임함, 천국 영광의 임함을 좀 더 많이 볼 수 있게 될 것입니다. 할렐루야.

35. 발성이 결여된 깨달음에는 영적인 실제가 없다

발성기도의 훈련이 별로 없는 상태에서 말씀을 깊이 묵상하고 깨닫는 것을 좋아하는 사람들이 있습니다. 이들은 부르짖어 기도하는 것을 싫어합니다. 그러한 것은 낮은 신앙이라고 생각합니다. 그렇게 많이 배우기 때문입니다.

어떤 이들은 '기도보다 말씀이 더 중요하다'고 말하기도 합니다. 기도에는 인간적인 소원이나 인간적인 열정이 들어갈 수도 있지만 말씀은 순수한 것이며 오직 하나님께 속한 것이라는 것입니다.

그러한 말은 어리석은 것입니다. 말씀과 기도는 둘 다 주님께 속한 것입니다. 그것은 어린아이들이 '슈퍼맨하고 배트맨이 싸우면 누가 이겨?' 하는 것과 비슷한 말입니다.

아무튼 기질적으로 생각하는 것을 좋아하는 사람이 있고 이와 반대로 말하고 행동하고 표현하는 것을 좋아하는 사람들이 있습니다. 이와 같이 행동적이거나 사색적이거나 감상적이거나 하는 것은 그 사람의 기질적인 특성이며 어느 것이 더 우월하다고 할 수 있는 것이 아닙니다.

바울은 지적인 스타일의 사람인데 그가 베드로 같이 행동적인 기질의 사람을 유치하다고 볼 수는 없을 것입니다. 이러한 기질은 상호 보완적인 것이며 어느 쪽이 더 좋은 것이 아닙니다. 아무튼 사색적인 기질은 발성으로 기도하지 않으며 소리내어서 기도하는 것보다는 말씀을 묵상하는 것을 좋아합니다. 말씀도 소리치고 외치며 선포하고 크게 읽는 것보다는 조용히 앉아서 그 말씀을 깊이 연구하는 것을 좋아합니다.

이들은 말씀을 조용히 묵상하며 말씀을 통해서 많은 것을 깨달으려고 합니다. 관찰을 하고 연구를 합니다.

문장의 앞 뒤 문맥을 꼼꼼히 살펴보며 당시의 배경과 상황들, 등장인물의 심리나 본문이 가르치고 말하려고 하는 것을 찾습니다. 어떤 심오한 깊은 진리가 내포되어있는지 열심히 연구합니다.

그리고 이러한 관찰과 연구를 통해서 얻어진 인식이나 깨달음을 구체적으로 어떻게 적용할 것인가를 생각합니다.

그리고 그렇게 적용할 것을 다짐하고 결단하며 말씀 묵상을 마칩니다. 이러한 과정을 통해서 자신이 얻은 깨달음들을 동료들과 나누기도 합니다.

대체로 이런 식으로 사람들은 말씀을 묵상하며 삶 속에 적용합니다. 그리고 이러한 과정을 반복하면서 영적으로 변화되고 성장한다고 생각합니다. 이들은 말씀을 읽으면서, 묵상하면서 얻은 통찰력과 깨달음을 몹시 기뻐하며 긍지를 가집니다. 세상에! 내가 이 놀라운 것을 깨닫다니! 하면서 감격에 빠지기도 합니다.

이러한 말씀 연구의 방식은 머리에 속한 것이며 심령적인 방법이 아닙니다. 하지만 이런 방식이 일반화되어있습니다.

이해하고 깨닫고 그 다음에 적용하고.. 이것은 뇌가 움직이는 대로 몸과 행동이 따라가는 방식입니다.

뇌 중심의 신앙과 심령 중심의 신앙이 다르다는 것은 다음에 좀 더 자세하게 다룰 기회가 있을 것입니다. 심령의 감동과 뇌의 깨달음은 다르며 심령에 속하지 않은 것에는 열매가 없습니다.

뇌에서 오는 깨달음은 그림자와 같아서 당시에는 대단해 보이지만 거기에는 실상이 없습니다. 그것은 허상입니다.

그것은 배고픈 자가 공상 속에서 음식을 많이 먹은 후에 여전히 배가 고픈 것과 같습니다. 그들은 잠시 자신이 배부르다고 생각하지만 정신이 돌아오면 자신이 여전히 굶주려 있었다는 것을 알게 됩니다.

뇌가 가지고 있는 허상과 심령의 차이를 말로 설명하는 것은 어려운 일입니다. 많은 그리스도인들이 이 차이를 알지 못하며 심령의 느낌과 감각이 무엇인지 모릅니다. 그저 감정적으로 흥분하면 그것이 심령의 세계인 줄 압니다.

하지만 감정적인 흥분도 역시 뇌에 속한 것입니다. 이러한 분별은 실제로 영혼의 감각이 깨어나고 구체적으로 활동할 때에야 비로소 가능한 것입니다. 영혼이 깨어날 때 뇌에서 오는 착각과 환상을 감지할 수 있는 것입니다. 이 차이를 알지 못하기 때문에 많은 이들이 수많은 책을 읽고 훈련을 받고 배우지만 변화되지 않으며 영적 실제를 분별하지 못하는 것입니다. 이것은 다음에 좀 더 자세하게 다루고 싶습니다.

아무튼 말씀의 묵상에는 매혹적인 요소가 있습니다. 빠지게 하는 요소가 있습니다.

나도 그러한 경향을 많이 가지고 있었습니다. 신학 대학을 다니던 청년 시절에 나는 도서관에서 공부를 할 때는 항상 성경을 먼저 읽고 시작하곤 했습니다. 처음에는 성경을 1-2장정도 읽고 나서 공부를 하려는 생각이었습니다. 그러나 그러한 계획은 번번이 좌절되었습니다. 성경을 읽다보면 어느 새 여러 시간이 지나버린 때가 많았던 것입니다.

성경은 분명히 매력적인 책입니다. 생명력과 영감으로 가득 찬 책입니다. 그러므로 말씀을 읽고 묵상하는 과정에서 얼마든지 도취되고 거기에 사로잡힐 수가 있습니다.

그러나 분명히 알아두어야 할 사실이 있습니다. 그것은 발성기도, 발성의 훈련이 부족한 사람은 성경을 많이 읽고 많이 묵상하며 많은 것을 깨닫고 결단해도 실상이 아닌 하나의 관념에 그칠 수 있다는 것입니다.

실제로 깨닫고 실제로 느끼고 실제로 결단하고 실제의 삶에서 적용할 수 있을 것 같지만 사실은 그게 잘 되지 않습니다. 말씀을 깨닫고 적용을 하려고 하지만 오히려 더 복잡해지는 경향이 있는 것입니다.

자, 어떤 사람이 말씀을 묵상합니다. 그는 말씀을 연구하고 깨닫습니다. 그리고 그 말씀을 적용하여 결단합니다. 그는 이제 삶의 사소한 것에서 순종을 해야겠다고 다짐을 합니다.

그런데 이게 웬일입니까? 그가 순종을 하려고 하니 일상의 사소한 일에서 거스르는 마음이 올라옵니다. 그렇게 하지 않으려고 결단했는데도 말입니다.

자, 어떤 사람이 말씀을 읽고 깨달으며 결단합니다. 넓은 마음을 품고 사람들의 잘못을 너그러이 대해주어야겠다고 결심합니다. 그런데 이게 웬일입니까? 그가 결단한지 얼마 되지 않아서 어떤 가까운 사람이 그에게 무례한 태도를 취하는데 그 순간 분노가 치밀어 올라옵니다. 그의 얼굴을 보는 순간 그 결단이 무너지고 마는 것입니다.

어떤 이는 말씀을 보며 온유한 마음을 품어야겠다고 결심합니다. 그러나 오히려 성질이 더 올라오는 것 같습니다. 결심하고 결단했는데 오히려 상황이 더 어렵고 복잡해지는 것입니다.

잘 이해하고 깨닫는 이들은 자신의 그러한 명석함에 대해서 자부심을 가집니다. 그리고 아무 생각 없이 단순하게 믿는 것 같아 보이는 이들을 판단합니다. 자신의 믿음이 더 지적이고 인격적이며 성숙한 것이라고 생각합니다.

그러나 현실의 삶에서 계속적인 실패를 경험하고 나서 그는 자신도 그들보다 나을 것이 없음을 발견하게 됩니다. 말씀 묵상과 함께 지식은 늘어나고 깨달은 것은 증가하지만 기대했던 것만큼 삶이 변화되지 않으며 삶에서 별다른 승리도 경험하지 못하는 것입니다.

그것이 초기의 한 두 번의 실패라면 하나의 과정이라고 여기겠지만 그러한 비참한 실패가 반복될 때 그는 자신감을 잃어버리게 됩니다. 이제 그는 심각한 자기 정죄에 빠지게 됩니다. 그는 자신을 자책합니다. 그는 자신을 위선자라고 여기게 됩니다.

분명히 무엇인가를 깨달았고 이제 알았다고 생각하는데 그 깨달은 것을 실제의 삶에 적용을 하려면 그게 제대로 되지를 않으며 그는 더 마음이 혼란스럽고 복잡해지게 되는 것입니다.

그는 자신의 삶에 문제가 있으며 자신이 승리하는 삶을 살지 못하고 있다는 사실을 인정하기는 하지만 여전히 자신의 신앙 방식에는 문제가 없다고 생각합니다. 그들은 자신의 신앙과 지성에 대해서는 여전히 긍지를 가집니다.

도대체 무엇이 문제일까요? 문제는 그의 영력이 약한 것입니다. 영력이란 자신이 원하는 삶을 살 수 있는 능력입니다. 영력이 약한 사람은 자신이 원하는 삶을 살 수 없습니다.

그들은 수없이 결단하지만 실제의 삶에서 자신의 결단을 실천하지 못합니다. 그들은 노력에 비해서 열매가 부족합니다. 그들은 많은 것을 갈망하지만 많은 경우에 그의 육체는 엉뚱한 것을 행합니다.

그들은 무엇을 결정할 때 그것을 방해하는 영들의 작용이 있다는 것을 알지 못합니다. 어느 정도 피상적으로 안다 해도 그 영들을 물리치지 못합니다. 그들은 그러한 전쟁에서 이길 힘이 없는 것입니다.

아무리 깨달음이 많아도 힘이 없으면 그게 무슨 소용이 있겠습니까? 문제는 바로 그의 영력에 있는 것입니다.

그가 아무리 말씀을 깊이 관찰하고 연구해도 그가 소리 내어 표현하는 데에 익숙하지 않다면 그에게는 영력이 없습니다. 그는 많이 생각하고 많이 계획하고 많이 결단하지만 그것을 이행할 힘이 없습니다. 그에게 설계도는 있지만 그 설계도대로 집을 건축할 힘은 없습니다.

그 실제적인 힘은 소리에서 나오는 것입니다. 외치고 부르짖고 시인하고 선언하는 데서부터 나오는 것입니다.

그러므로 그의 두뇌가 아무리 활발하게 움직여도 그의 입이 잠잠하다면 그는 실제의 삶에서 무기력하게 됩니다. 결단은 많으나 삶은 무기력합니다. 영력이 오고 영권이 올 때에야만이 그는 외치는 것을 행할 수 있게 됩니다.

그렇다고 아무런 깨달음이 없이 무조건 외치고 소리만 지른다고 해서 모든 것이 된다고 생각하지는 마십시오. 외치는 사람들은 힘이 있습니다. 그러나 깨달음이 없다면 그는 그 힘을 어떻게 사용해야 하는지 모릅니다. 그 힘을 가지고 어디로 가야 하는지 모릅니다. 그것은 인부가 아무리 힘이 세더라도 설계도가 없으면 집을 지을 수 없는 것과 같습니다.

이것은 어느 쪽이 더 우월한가의 문제가 아닙니다. 설계도도 필요하고 힘도 필요합니다. 힘도 있어야 하고 방향을 아는 지혜도 필요합니다. 다만 한 가지만으로는 열매를 맺을 수 없다는 것입니다. 그것은 남성이나 여성 혼자서 아이를 낳을 수 없는 것과 같습니다. 묵상과 깨달음만으로 영적인 실제를 얻으며 열매를 얻을 수 있다고 생각하는 것은 오해입니다. 발성이 부족한 상태에서 많은 묵상을 하고 깨달음을 얻을 때 그것은 그야말로 허상에 지나지 않습니다.

어떤 이들은 깨닫는 것을 아주 좋아합니다. 그들은 툭하면 '비췸을 받았다'고 말합니다. 성경을 연구하다가 무엇인가 새로운 것을 깨달았다면 그들은 그것을 '비췸 받았다'고 표현합니다. 사실 머리에 '번쩍!' 하고 아이디어가 떠오르는 것이니까 그것은 적절한 표현일 것입니다.

문제는 그러한 사람들이 그러한 아이디어의 반짝임, 이른바 '비췸'을 절대시하는 것입니다. 그들은 그러한 깨달음을 아주 대단한 것으로 여깁니다.

어떤 이는 로마서의 말씀을 묵상하다가 자신의 겉 사람이 이미 십자가에서 주님과 함께 2천년 전에 죽었음을 깨달았다고 합니다. 그 동안 자신의 겉 사람, 육신을 죽이기 위해서 무진 애를 썼는데 깨닫고 보니 이미 자신은 과거에 죽었다는 것입니다. 그러므로 그것을 깨닫고 인정할 때 진정한 승리와 해방이 온다는 것입니다. 그는 그 사실을 깨닫고 어찌나 기쁜지 바깥에 뛰어나가 그 사실을 외치고 싶었다고 합니다. 모든 사람들에게 자신이 이미 2천년 전에 죽었다는 사실을 알고 있느냐고 외치고 싶었다는 것입니다.

아마 실제로 그렇게 하지는 않았을 것입니다. 만약 그렇게 했다면 사람들은 그가 미친 줄 알았을 테니까요.

그렇게 깨달은 그는 과연 온전히 겉 사람인 육신이 죽었을까요? 아마 며칠이 되지 않아서 그는 자신의 육신이 생생하게 살아있다는 것을 깨닫게 되었을 것입니다. 여전히 분노와 낙심과 두려움과 육신에서 올라오는 여러 갈등과 연약함이 그를 사로잡았겠지요.

사람들은 이런 식으로 이른바 '빛'을 받곤 합니다. 그렇게 무엇인가를 깨달았을 때 그것은 놀라운 느낌입니다. 깊은 진리를 깨달았다는 희열감, 기쁨, 만족.. 많은 충격이 올 수 있습니다.

하지만 사람의 느낌이나 감동은 그리 오래 가는 것이 아닙니다. 며칠이 지나지 않아 그는 다시 공허하게 되는 것입니다. 전에 깨달았던 놀라운 진리가 조금 시간이 지나면 이제는 시큰둥해지기 때문에 그들은 다시 새로운 깨달음을 얻어야 합니다.

하지만 그 새로운 깨달음도 다시 시시해지고.. 그런 식으로 그들은 날마다 새롭게 깨닫습니다. 그것은 실제적으로는 그 영혼이 어두움과 혼란 속에 있는 것입니다.

나는 자신이 무엇인가 굉장한 진리를 깨달았으며 그 진리를 들어보라고, 가르치고 설명하고 싶어 하는 사람들을 많이 만났었습니다.

처음에 나는 순진해서 열심히 그들의 이야기들을 들어주었습니다. 하지만 조금 지나면 그들의 주장은 다시 바뀐다는 것, 그리고 그들이 이야기하는 것들은 실제가 아니라는 것을 알게 되었습니다. 그런 일을 많이 겪은 후에 나는 비슷한 이야기를 들으면 건성으로 넘어가게 되었습니다. 그러한 사람들은 대부분의 경우 뇌가 일으키는 허상, 환각에 일시적으로 빠져있는 것이었기 때문입니다.

정말 그들은 진리를 깨달았을까요? 우주를 꿰뚫는 놀라운 사실을 발견했을까요? 그러나 그들의 깨달음에도 불구하고 그들의 삶은 그리 나아 보이지 않았습니다. 대인 관계와 직장에서의 삶, 가정에서의 삶에서 그다지 열매를 얻지 못하고 있었으며 참된 기쁨과 자유를 누리고 있다고 보기도 어려웠습니다.

뉴에이지를 신봉하는 이들 중에 어떤 이들은 깊은 명상 속에 있다가 이른 바 '우주 의식'을 경험했다는 이야기를 하곤 합니다. 자신이 우주와 하나 되는 경험을 했으며 초월적인 평화와 기쁨을 경험했다는 것입니다.

불교의 어떤 신자들은 자신이 해탈을 했으며 깨달음을 얻었다고 주장을 하기도 합니다. 자신이 도사라고 주장하는 사람들은 자신이 신을 만났으며 인류를 위한 사명을 받았고 빛을 받았다고 말을 하기도 합니다.

물론 그러한 일들은 그들의 뇌가 잠시 허황된 망상에 사로잡힌 것입니다. 잠시 취해있는 것입니다.

말씀 중의 깨달음에 대해서 그런 류의 경험과 비교하는 것은 모욕적일지도 모르겠습니다. 그러나 뇌의 허상이라는 측면에서 그것은 일맥상통하는 면이 있습니다.

나는 말끝마다 '하나님이 말씀하시는데,' '하나님이 감동을 주셨어.' 이런 식의 말을 하지만 그의 심령은 어둡고 눌리고 답답한 이들을 많이 보았습니다. 그들은 자신이 하나님의 인도를 받고 감동을 받는다고 확신하고 있었지만 그들의 영은 막히고 어둡고 혼란스러운 상태에 있는 경우를 많이 접해 보았습니다.

하지만 문제는 그러한 이들이 자신은 몹시 영적이고 신령하며 수준이 높다고 생각하는 것입니다. 그것은 어처구니없는 환상이며 착각입니다.

그러한 것들은 뇌가 일으키는 허상입니다. 거기에는 기쁨이 없습니다. 우울하고 어둡고 불안합니다. 자신이 눌려있다는 것을 자신만 모를 뿐입니다.

오늘날 복잡한 기질을 가지고 있는 많은 이들이 말씀을 묵상하며 무엇인가를 깨달았다고 하면서 그 영이 혼란한 상태에 있습니다.

뇌에서도 기쁨이 오지만 그것은 허상이고 그림자입니다. 그것은 조금만 시간이 지나면 곧 허무해집니다. 심령에서 오는 기쁨은 순간적인 것이 아니며 지속적인 열매를 맺습니다.

경험하면 할수록 머리에 속한 것과 심령에 속한 것을 분별하기가 쉬워집니다. 백인들은 기본적으로 머리에 속한 체질이기 때문에 분별이 어렵습니다.

그러나 한국인들은 기본적으로 심령적인 면이 많기 때문에 조금만 기도하고 훈련하면 심령의 열림을 경험하게 됩니다.

그리고 나면 뇌에 속한 허상과 심령에 속한 실상의 차이가 어떤 것인지 알게 됩니다.

깊은 진리 같아 보이는 것도 기본적인 발성이 되면 그것이 실제가 아니라는 것을 느끼게 됩니다. 그러나 발성이 부족한 사람은 영감이 부족하여 뇌의 허상에 속기 쉽습니다.

그들은 계속 깨달으며 날마다 비췸을 받지만 그 심령은 우울하고 어두우며 실제적인 승리를 누리지 못합니다. 외치고, 선포하며 입으로 발성하는 것이 익숙하지 않은 이들은 많은 깨달음들이 허상에 그칠 가능성이 아주 많습니다.

왜 하나님께서는 그러한 메커니즘을 만드신 것일까요?

왜 묵상과 깨달음으로 충분하게 하시지 꼭 입으로 말해야 하고 시인하고 선포하고 부르짖는 것을 통해서만 열매가 맺어지게 하셨을까요?

그것은 사람이 보이지 않는 영혼과 보이는 몸을 가지고 있기 때문입니다. 그리고 이 땅에서 보이는 열매가 맺어지려면 보이는 육체를 통해서, 보이는 입을 통해서 들리는 소리를 내어야만 그 물리적인 요소가 이 물리적인 세계에 작용을 미치도록 그렇게 인간과 세상을 지으셨기 때문입니다.

아무리 지성이 깊은 사람이라도 여성을 바라보기만 해서 상대방을 임신시키고 아기의 아빠가 될 수는 없습니다. 그는 아무리 육적이고 비교양적으로 느껴질지라도 행위를 통해서만 아이를 잉태시킬 수 있습니다.

보이는 열매를 위해서는 보이는 행위가 필요한 것입니다. 이처럼 물질세계의 열매를 원한다면 당신의 소리가 이 물질계에 퍼져가야 합니다. 그것이 영계의 법칙입니다.

깨달음은 좋은 것입니다. 그것은 아름다운 것입니다. 하지만 그것은 온전하지 않습니다. 거기에서 멈추면 그것은 실제가 되지 않습니다.

실제적인 열매를 위하여 부디 당신의 소리를 훈련하십시오.

충분히 발성을 하십시오.

부르짖어 외쳐서 당신의 심령을 채우십시오.

그러면 당신의 영은 움직이기 시작하며 뇌에 속한 것과 심령적인 것의 차이를 조금씩 느껴가게 됩니다.

어떤 것은 듣기에 좋으나 그 속에 생명이 없으며 어떤 것은 겉보기에는 단순하지만 그 속에 생명이 가득한 것임을 느낄 수가 있게 됩니다. 대형교회 앞에서 심령의 서늘함을 느끼기도 하며 작고 초라해 보이는 교회에서 심령의 달콤함을 느끼게도 됩니다.

많이 알려지고 칭찬 받는 신앙인 앞에서 심령이 답답해지고 숨이 막히는 것을 느끼게도 되며 보잘 것이 없어 보이는 사람들의 심령 속에서 의외로 감춰진 향기가 충만한 것을 느끼기도 하게 됩니다. 그것이 겉 사람에 속한 뇌가 느끼고 깨닫는 것과는 다른 심령 고유의 감각입니다.

부디 이 사실을 깨달으십시오. 소리를 사용하지 않고 묵상만 하며 뇌만을 사용하기를 원할 때 당신은 속임과 혼란에 빠질 수 있습니다. 자신이 항상 하나님의 음성을 듣는다고 착각하는 사람들처럼 말입니다.

영적인 실제를 경험하고 삶의 승리와 자유를 원한다면 부르짖으십시오. 외치십시오. 소리를 표현하십시오. 물론 그렇게 소리를 낸다고 모든 문제가 갑자기 해결되며 당신이 갑자기 변화되고 영적인 사람이 되는 것은 아닙니다.

그러나 분명한 것은 당신은 날마다 조금씩 실제적인 자유를 경험하게 된다는 것입니다. 실패도 있겠지만 다시 일어나 싸우며 승리하는 것을 경험하게 될 것입니다.

영의 성장은 갑자기 빛을 받고 도사가 되며 순식간에 모든 것이 이루어지는 것이 아닙니다. 날마다 주님을 붙잡고 함께 걸으며 믿음으로 한 걸음씩 나아가는 자들에게 조금씩 서서히 이루어져가게 되는 것입니다.

부디 표현하십시오.

소리를 내십시오.

말씀을 외치십시오.

부르짖으십시오.

당신은 실상을 향해서 나아가게 될 것입니다.

당신의 영감은 발전하여 당신은 실제적인 말씀의 진리를 경험하고 승리를 맛보게 될 것입니다.

할렐루야!

36. 발성이 충만할 때 응답이 선명하다

머리가 좋고 생각이 많은 사람들은 대체로 영의 감각이 발달하지 않았기 때문에 하나님의 음성을 정확하게 듣기 어려우며 응답을 정확하게 받기 어렵습니다.

그러한 사람들은 일반적으로 발성이 부족한 것이 보통입니다. 생각이 많은 사람들은 행동이 적으며 소리를 내는 것에 익숙하지 않아서 소리가 부족합니다.

그러한 이들은 항상 행동하기 전에 많이 생각을 합니다. 그들은 단순하지 않고 복잡합니다. 그들은 충분한 결론에 이르지 않고는 잘 움직이려고 하지 않습니다.

그들은 베드로를 보면 이해가 가지 않을 것입니다. 베드로는 이와는 정 반대로 생각보다 행동이 앞서는 사람이었습니다. 그는 무슨 생각이 떠오르면 그것을 바로 말했습니다. 그리고 바로 행동에 옮기는 사람이었습니다.

주님이 바다 위를 걸어 제자들에게 오시는 것을 보고 베드로는 불쑥 말했습니다.

"주여, 만일 주시어든 나를 명하사 물 위로 오라 하소서"

지성적인 사람이라면 그런 황당한 생각을 하지도 않을뿐더러 그러한 생각이 떠오른다고 해도 그러한 말을 입에 올리지도 않았을 것입니다.

주님이 오라고 말씀하시자 그는 즉시로 배에서 내려 물 위를 걸어갑니다. 나중에 두려워하는 바람에 물 속에 빠져 들어가게 되어서 살려달라고 난리를 치고 주님이 건져주셔서 간신히 살아나는 해프닝이 있기는 했지만 그는 일단 물 위를 걷는 데에 성공합니다.

지성적인 사람들이라면 이것이 가능했을까요? 그들이라면 물에 뛰어들기 전에 먼저 수없이 많은 상념이 떠올랐을 것입니다.

내가 미쳤나? 이것은 바른 행동일까? 그러다 죽으면 어떡하지? 이것은 믿음의 행동일까? 이것은 나를 드러내기 위한 치기는 아닐까? 등등.. 그렇게 많은 생각에 빠지다가 상황이 다 지나가 버렸을 것입니다.

이러한 것이 지성적인 사람들의 특성입니다. 즉 생각은 많지만 행동은 많지 않은 것입니다. 그들은 무엇을 결정하기 전에 수없이 많이 생각하고 고민하며 결정을 내리고 행동에 옮긴 후에는 또 다시 수없이 후회합니다.

그들은 어느 길을 가기 전에 고민하고 그 길을 간 후에는 열심히 후회하고 고민합니다. 그들은 무엇을 선택해도 후회하는 것이 보통입니다.

그러한 이들은 베드로와 같이 단순한 사람들을 보면 유치하게 여기며 비웃을 것입니다. 그들의 의식과 사고 수준이 낮다고 한심하게 여길 것입니다.

그러나 베드로와 같은 사람들이 예수님께서 주로 사용하신 사람들이었습니다. 예수님의 제자 중에서 사색적이고 깊이가 있고 영리한 이들은 별로 없었습니다.

단순한 사람들은 단순하게 생각하고 단순하게 결정하고 단순하게 행동합니다. 그리고 지나간 것에 대해서 별로 생각하거나 후회하지 않습니다.

그들은 어린 아이와 같습니다. 어린 아이는 열심히 울지만 5분쯤 지나면 잊어버리고 놉니다. 아빠가 회사에 나갈 때 어린 아이는 아빠, 가지 말라고 다리를 붙잡고 웁니다.

아빠는 달래며 아이를 떼어놓고 한숨을 쉬며 직장으로 나갑니다. 아빠는 하루 종일 아이의 우는 모습이 뇌리 속에서 왔다갔다합니다. 그러나 아이는 5분이 지나면 자기가 울던 것을 잊어버리고 친구들과 장난감을 가지고 놉니다.

아이들의 의식은 단순하여 아주 심한 충격이 아니면 슬픔을 오래 동안 간직하지 않습니다. 하긴 아이들이 슬픔을 깊이 간직하게 되면 문제가 복잡해질 것입니다.

지성인들은 어린아이와 달라서 기본적으로 생각이 복잡합니다. 그들의 머리는 항상 수없이 많은 생각들이 움직입니다. 하나의 행동이 있기 전에 먼저 수많은 상념들이 오고갑니다. 그들은 생각을 떨치려고 하지만 그것이 쉽지 않습니다.

그들의 생각이 그렇게 복잡한 이유는 발성이 부족하기 때문입니다. 소리를 통해서 의식이 배출되지 않기 때문입니다.

그러므로 이들은 하나로 통일된 생각을 가지기 어려우며 생각이 수시로 바뀌게 됩니다.

이들은 어떤 것을 결정하면서 그것을 결정하게 된 수없이 많은 이유와 논리를 제시합니다. 그러나 조금 시간이 지나면 더 많은 이유와 논리로 그것이 잘못되었다고 말합니다.

예를 들어서 어떤 사람이 좋다고 이야기하면 그 사람의 수많은 장점을 이야기하는 것입니다. 그러나 나중에 마음이 바뀌면 그 사람의 잘못된 행동을 수없이 많이 찾아내고 이야기합니다. 이들의 논리는 당시에 들으면 옳은 것 같지만 시간이 흐르면 정반대의 논리로 바뀌곤 합니다.

이러한 사람들은 결단에 어려움을 갖게 됩니다. 무엇을 결정할 때 이들은 아주 어려움을 느낍니다.

심지어 쇼핑을 할 때에도 이들은 고민하고 고뇌합니다. 이것을 선택할지, 저것을 선택할지 이들은 괴로워합니다. 이러한 증상이 심한 사람은 스스로 선택을 하는 것이 점점 더 힘들어져서 나중에는 남들에게 결정해줄 것을 요구하게 되기도 합니다.

이들은 베드로와 같이 단순한 사람들을 우습게 여기면서도 그들의 단순한 결정과 단순한 삶을 또한 부러워하는 것입니다.

이러한 사람들이 갈등하는 또 하나의 문제는 이들에게는 하나님의 음성이나 응답이 선명하지 않다는 것입니다.

지적이고 생각이 많은 이들이 하나님의 음성을 정확하게

듣거나 응답을 정확하게 받았다고 고백하는 것을 보기란 어려운 일입니다.

이들에게 있어서 하나님의 음성이나 응답은 선명하지 않습니다. 그것은 아주 희미하고 또 희미합니다. 그런 것 같기도 하고 아닌 것 같기도 합니다.

이들은 환상을 본 것 같기도 하고 안 본 것 같기도 합니다. 어떤 체험을 했어도 그것이 맞는 체험인지 자기 생각인지 헷갈립니다. 음성을 들어도 그들은 그것이 주님의 음성인지 자기 음성인지 헷갈립니다.

이러한 사람들은 분명한 영적인 실체를 가지고 있지 못합니다. 그러므로 그들은 하나님의 음성을 들었다고 주장해도 사실은 실제가 아닌 경우가 많이 있습니다. 그러한 것은 대부분 자기 생각이며 잠재의식에서 나온 것입니다.

대부분의 사람들이 많이 주장하는 하나님의 음성은 그들이 소속한 단체나 교회나 함께 있는 무리들에 의한 영향이 많이 있습니다.

예를 들어서 선교 단체에 속한 이들은 주로 '너는 어느 곳에 가서 해외 선교를 하라'는 음성을 듣게 됩니다.

구제를 중시하는 사람은 '누구에게 얼마를 갖다 주어라'는 음성을 듣게 됩니다. 전도를 강조하는 단체나 교회에 속한 사람은 '누구에게 가서 말씀을 전하라'는 음성을 듣게 됩니다.

교회 건축에 매달리고 있는 교회에 다니고 있는 성도들은

'믿음으로 얼마를 바쳐라' 는 음성을 듣게 됩니다.

그러한 음성들이 다 잘못되었다고 주장하는 것은 아닙니다. 다만 그러한 성향이 있으며 그렇게 될 수 있다는 것입니다.

하나님께서는 한 단체나 교회나 사역을 통해서 비슷한 감동을 주실 수 있습니다.

다만 발성이 부족하고 영의 실제를 잘 알지 못하는 이들은 수동적으로 그러한 영적 흐름에 일방적으로 끌려가게 됩니다. 그러므로 그러한 음성을 좀 더 많이 듣게 되며 음성 비슷한 것을 음성으로 여기고 끌려갈 수도 있습니다.

원리는 아주 간단합니다. 평소에 분명하게 소리 내어서 기도하지 않는 사람은 하나님의 음성을 잘 듣지 못합니다. 응답을 잘 받지 못합니다. 그리고 받는다고 해도 그것이 확실하지 않습니다.

그것이 바로 뇌의 특성입니다. 뇌의 특성은 보기에 따라서 이런 것 같기도 하고 저런 것 같기도 한 것입니다. 이렇게 생각하면 이렇지만 다르게 생각하면 또 전혀 다릅니다. 그것이 뇌의 특성이며 생명이 아닌 것의 특성입니다.

어떤 선택이 필요한 시점에서 하나님의 말씀을 통해서 응답을 받고자 하는 사람이 있습니다. 그는 성경을 읽으면서 그가 읽는 말씀을 통해서 하나님께서 말씀해주시기를 기대합니다. 그러면서 말씀을 읽습니다.

이 때 그 사람이 평소에 발성으로 기도하며 부르짖는 기도에 익숙한 사람이라면 그는 얼마 되지 않아서 하나님의 선명한 인도하심과 감동을 느끼게 될 것입니다.

그러나 평소에 별로 부르짖거나 발성으로 기도하는 것에 익숙하지 않은 사람이라면? 그는 선명한 답을 얻지 못할 것입니다.

그는 어떤 말씀에 멈추고 그 말씀이 눈에 들어옵니다. 그것이 그 상황에서 주님이 인도하시는 것 같이 느껴집니다. 그는 '아, 이렇게 해야 겠다' 하고 생각할 것입니다.

그러나 조금 더 읽으면 그는 반대되는 말씀을 보게 될 것입니다. 그는 다시 '이 말씀이 나의 상황에 맞는 것이 아닐까?' 하고 생각하게 될 것입니다. 이것이 반복되면서 그는 결국 뭐가 뭔지 모르게 됩니다.

그는 답답한 나머지 아예 눈을 감고 성경 한 군데를 펴서 읽을 지도 모릅니다. 그리고 '아! 맞다' 할지도 모릅니다. 그러나 조금 있으면 다시 성경을 펴 볼 것입니다. 그리고는 결론을 내리지 못하고 방황할 것입니다. 발성이 부족한 사람은 이런 식으로 결론을 쉽게 내리지 못합니다. 그에게는 모든 것이 희미한 것입니다.

그가 이렇게 모든 것이 불확실한 이유는 영의 감각이 둔하기 때문입니다. 영혼의 감각을 깨우는 기본적인 원리는 소리를 내는 것, 곧 발성입니다. 그러므로 발성이 충분한 사람은 응답이 되는 말씀 앞에서 충격을 받고 사로잡힙니다. 그것은 논리에 속한 것이 아닙니다.

그러나 발성이 부족한 사람은 영감이 없으며 영적인 분별력이 거의 없기 때문에 성경을 읽을 때나 기도를 할 때 자기를 향한 하나님의 메시지가 있어도 그것을 감지하지 못하고 그냥 지나가게 됩니다.

하나님이 말씀하시지 않는 것이 아니라 말씀하셔도 그가 듣지 못하고 느끼지 못하는 것입니다. 이는 그의 영적 감각이 마비되어 있고 선명하지 않기 때문입니다.

충분히 부르짖으며 발성 기도를 하는 사람은 그렇지 않습니다. 점점 더 모든 것이 선명해집니다. 주님이 응답하시는 것도 희미하지 않습니다. 선명합니다. 말씀을 읽어도 들어도 그것은 마치 우레처럼 그의 심령을 사로잡습니다.

이는 그의 영적인 안테나가 분명하게 서있기 때문입니다. 그리하여 아주 작은 전파라도 분명하게 수신할 수 있기 때문입니다.

충분히 발성을 하면 자기에게 주신 말씀을 읽을 때 가슴이 뜨거워집니다. 하나님께서 말씀하실 때 그것이 우레처럼 들립니다. 그러므로 의심을 하고 자시고 할 것이 없습니다. 그 말씀에 사로잡혀 버리기 때문입니다.

부르짖으면 분명하고 정확하게 응답을 받게 됩니다. 그러나 부르짖지 않고 생각만 하는 사람은 자기가 응답을 받은 것인지, 기도가 상달이 되고 있는 것인지, 자기가 잘못하고 있는 것인지, 잘하고 있는 것인지 생각할 때마다 헷갈립니다. 그러므로 그는 남들이 응답을 받았다고 하면 다 의심스럽고 이상하게 여겨지는 것입니다.

한번 부르짖었다고 그 순간 모든 것이 선명해지는 것은 아닙니다. 다만 원리가 그렇다는 것입니다. 부르짖는 것도 분량이 필요하지만 그 분량이 채워지면 정확하고 분명한 하나님의 응답과 감동이 오는 것이 보통입니다.

나는 청년 시절에 내가 신학교에 가야하는지에 대해서 간절하게 하나님의 뜻을 구한 적이 있었습니다.

애당초 나는 신학대학에 가고 목사가 되는 것에 전혀 관심이 없었습니다. 나는 단지 하나님 자신에 대한 갈망을 가지고 있었을 뿐입니다. 그런데 우연히 참석한 어떤 집회에서 내가 신학교에 가야한다고, 그것을 하나님이 원하신다는 이야기를 듣게 되었습니다.

나는 그것이 아주 싫었습니다. 목사가 되는 것은 나의 스타일과 성향과 비전에 맞지 않는다고 생각했습니다.

하지만 혹시 그것이 정말 하나님의 뜻이면 어떡하나 싶어서 예언기도를 한다는 이들 여럿에게 조언을 구하고 그들의 이야기를 들었습니다. 그런데 그들의 이야기가 다 동일하자 나는 걱정이 되었습니다.

나는 기도를 시작했습니다. 내가 신학교에 가야하는 것이 사실이라면 그것은 내가 직접 하나님의 음성을 듣고 결정해야 하는 것이지 다른 사람의 말을 듣고 갈 수는 없는 것이기 때문입니다. 다른 사람들의 이야기는 다만 참고하기 위해서 정보를 구한 것이었으니까요.

이 문제에 대한 하나님의 뜻을 구하는 기도를 시작했을 때 나는 정말 신학교에 가고 싶지 않았습니다.

나는 너무나 싫었습니다. 하지만 하나님의 뜻을 알기 위해서 나는 계속 부르짖으며 기도했습니다.

그런데 이상한 일이 생겼습니다. 기도를 하면 할수록 마음이 정반대로 바뀌는 것이었습니다. 나는 마음이 없었지만 단지 하나님의 뜻이 무엇인지 확인하기 위해서 기도한 것이었습니다.

그런데 이상하게도 기도를 하면 할수록 마음속의 감동과 소원이 바뀌어 가는 것이었습니다. 신학교에 가고 싶은 생각이 일어나기 시작했습니다. 영혼을 구하고 건지는 일이 세상에서 가장 고귀한 일이라는 감동과 충격이 강렬하게 일어나기 시작했습니다.

그 갈망과 소원이 얼마나 큰지 나중에는 하나님이 신학교에 가지 말라고 하시면 어떡하나.. 만일 그렇다면 차라리 죽는 것이 낫겠다.. 하는 마음이 들 정도였습니다.

나는 과연 내가 정상인지 궁금했습니다. 사람의 생각이나 감동이 이렇게 갑자기 바뀔 수 있는 것인지 궁금했습니다.

이 기도를 한 달 정도 했었는데 마지막 한 주일은 기도원에서 금식을 하면서 하고 있었습니다. 그러한 감동이 미친 듯이 일어나던 것도 그 기도원에서였습니다.

나는 마지막으로 확인을 하기 위한 기도를 드렸습니다. 나는 이렇게 기도했습니다.

"주님. 저의 마음속에 신학을 하고 목사가 되고 싶은 소원이 강력하게 일어납니다. 그런데 저는 알고 싶은 것이 있습니다. 이 마음속의 강렬한 소원이 하나님께서 저에게 주시는 응답인지, 아니면 이 기도원의 뜨거운 분위기 때문에 제가 영향을 받아서 잠깐 흥분 상태에 있는 것인지.. 그것을 확인하고 싶습니다."

그렇게 간절하게 부르짖고 있는 데 선명한 성경 구절이 떠올랐습니다. 그것은 빌립보서 2장 13절이었습니다.

내가 기도하던 장소는 캄캄한 곳이었기 때문에 나는 그 말씀을 확인할 수 없었습니다. 그래서 나는 밝은 불이 있는 곳으로 나왔습니다. 그리고 성경의 그 부분을 찾아서 읽었습니다.

"너희 안에서 행하시는 이는 하나님이시니 자기의 기쁘신 뜻을 위하여 너희에게 소원을 두고 행하게 하시나니" (빌2:13)

이 말씀을 읽고 내가 할 수 있는 일은 우는 것 밖에 없었습니다. 이 말씀은 나에게 너무나 강하고 선명한 말씀이었습니다. 그것은 마치 우레 소리 같았습니다. 그것은 결코 속삭이는 음성이 아니었습니다.

이 후에 나는 신학교에 갔습니다. 그리고 과정을 마치고 목사가 되었습니다. 그 이후 몇 십 년이 지났지만 나는 그 때의 결정을 후회한 적이 없습니다. 영적으로 떨어질 때마다 주님께서 나를 사역자로 부르신 것을 생각하면 위로와 힘을 얻곤 했습니다.

목회를 그만 두고 글을 쓰고 있는 지금도 마찬가지입니다. 나는 영성에 대한 글을 쓰고 있는 것도 넓게 생각하면 목회라고 생각합니다.

나는 기질적으로 부르짖고 발성을 하는 쪽이 아니었습니다. 생각이 많고 책을 좋아하고 조용히 기도하는 쪽이었습니다.

그랬기 때문에 성령의 은사나 권능을 받는 데에 많은 시간이 걸렸으며 많은 실패를 했었습니다. 주님의 음성과 응답은 나에게 아주 모호한 것이었습니다.

그러나 부르짖는 기도, 발성으로 기도하는 것을 배우고 시도하기 시작한 후에는 나에게 응답은 아주 선명하게 오기 시작했습니다.

나는 지금의 아내와 오래 동안 교제를 해왔습니다. 나는 우리의 만남을 하나님께서 기뻐하신다고 생각하고 결혼을 약속했지만 그러나 일은 잘 풀리지 않았습니다.

아내의 부모님으로부터 반대가 심했고 아내는 흔들리고 있었습니다. 나는 돈도 학벌도 모든 것이 보잘 것이 없었고 이러한 기간이 길어지자 아내는 몹시 힘들어했습니다.

나는 그녀가 몹시 안쓰러워서 내심 아내와 헤어져야겠다고 결심을 했습니다. 그러면서 하나님의 뜻을 구했습니다. 그런데 간절히 기도하는 가운데 마음속에 선명하게 떠오르는 성경 구절이 있었습니다. 그것은 마태복음 19장 6절이었습니다.

나는 무릎을 꿇은 자세에서 일어나 성경을 찾았습니다. 그리고 그 부분을 찾아서 읽었습니다.

"그런즉 이제 둘이 아니요 한 몸이니 그러므로 하나님이 짝지어 주신 것을 사람이 나누지 못할지니라 하시니" (마19:6)

나는 이 말씀을 읽고 울었습니다. 그리고 우리의 만남을 하나님께서 계획하시고 인도하신 것을 알게 되었습니다.

그 후 우리의 결혼은 기적이라고 밖에 말할 수 없는 하나님의 역사로 쉽게 이루어지게 되었습니다.

아내는 아침을 금식하면서 40일 작정 기도를 시작했는데 기도를 시작할 즈음만 하더라도 결사 반대하시던 아내의 부모님이 기도를 하기 시작한지 28일째 되는 날에 갑자기 결혼을 허락하시고 오히려 결혼을 서두르셨던 것입니다.

그래서 작정 기도 40일을 마치고 2일이 지나서 약혼식을 했으며 다시 2주일이 지난 후에 결혼식을 올리게 되었습니다.

나는 준비된 것도 없고 가난하여 결혼식을 치를 돈도 없는 형편이었는데 아내의 집에서 모든 필요한 것을 거의 다 준비하였고 우리의 보금자리도 장인어른이 마련해주셨습니다.

전혀 예상하지 못하던 일이었습니다. 아내가 40일 작정 기도를 시작하던 때만 하더라도 그 작정기도가 끝난 지 16일 만에 우리가 결혼식을 올리리라고는 생각하지 못했던 것입니다.

이런 식의 기도 응답을 나는 수도 없이 경험하였습니다. 그 이전에도 기도의 응답을 경험한 적은 많이 있었습니다. 그러나 부르짖어 기도하기 시작한 후부터 분명하게 달라진 것이 있었습니다.

그것은 하나님의 음성과 응답이 아주 선명해졌다는 것입니다. 그 응답은 모호한 것이 아니었습니다. 애매한 것이 아니었습니다. 그것은 우레처럼 크고 강하고 선명하게 왔습니다. 그러니 의심하고 말고 할 것이 없었습니다.

나는 청년 시절, 어떤 기도원에서 안면이 있는 단순한 자매가 기도하는 중에 방언 통역의 은사가 임하는 것을 보았습니다. 그런데 그것은 정말 단순했습니다. 그리고 선명했습니다.

그녀는 방언을 한 마디 하고 다시 우리말로 한 마디 하고.. 이런 식으로 방언을 통역하였습니다. 그녀는 통역을 하면서 아주 힘차고 강력하게 외치고 있었습니다.

"내가 너에게 역사하고 있다! 내가 너를 붙들리라! 왜 두려워하느냐! 왜 의심하느냐! 왜! 왜! 왜!"

그녀는 자신이 방언을 하고 자신이 통역하면서 울고 있었습니다. 자신이 하는 언어에 자신이 감격하여 고꾸라진 것입니다.

그녀는 기도를 마친 후에 나와 대화를 하면서 몹시 놀란 표정이었습니다.

"이런 경험은 처음이에요. 손이 저절로 움직이는데, 마치 누가 마구 잡아당기는 것 같아요. 그리고 방언의 내용을 제가 알겠더라구요. 그리고 말이 갑자기 마구 쏟아지는데 마음이 뜨거워지면서 눈물이 마구 나는 거예요.."

나는 방언 통역이 임하는 모습을 많이 보았었습니다. 내 경우에도 어느 순간부터 통역이 되기 시작했는데 그 때는 확실하게 알 수 없었습니다.

경험자들의 말에 의하면 처음에 통역이 떠오를 때에는 이것이 자기 생각인지, 정말 하나님이 주신 것인지 애매하고 자신이 없을 때가 많다고 합니다.

그러나 이 자매의 경우에는 의심하고 자시고 할 것이 없었습니다. 자기가 통제할 수 없도록 폭포수처럼 말이 쏟아지는데 그 말에서 감동과 기쁨과 충격이 동반되었기 때문입니다.

어떻게 이 자매에게는 그렇게 선명하게 은사가 임한 것이었을까? 그 대답은 아주 간단합니다. 이 자매는 아주 단순한 자매였습니다. 별로 생각이 복잡하지 않았습니다. 그리고 부르짖어 기도하는 자매였습니다.

그러한 이들에게 음성과 은사는 아주 선명하게 임하는 것입니다. 생각이 많고 복잡한 사람들은 영적인 세계가 아주 흐리고 모호하지만 단순한 사람들은 영계가 아주 선명하고 쉽게 열립니다. 이는 그들이 어린아이와 같기 때문입니다.

나는 여러 번 집회에서 성령님의 임하심을 구하며 초청하였습니다. 나는 그 자리에 있는 성도들에게 성령의 능력과 은사를 구하도록 격려하였습니다.

방언이 임하는 원리를 설명하며 첫째, 회개하고 둘째, 이 시간에 성령께서 임하실 것을 간절하게 구하며 셋째, 내가 신호를 하면 더 이상 우리말로 기도하지 말고 속에서 터져 나오는 언어로 기도하라고 했습니다.

순서를 따라 준비시키면 그 공간은 강력한 성령님의 임재와 역사로 사로잡히는 것이 보통입니다. 그 자리에 서서 방언이 임하기를 기다리는 이들은 대부분 방언을 받습니다. 사람들은 울고 쓰러지고 몸부림치며 그 공간은 강한 바람이 휘몰아치는 것같이 거룩한 열정과 희열로 가득하게 됩니다.

나는 그러한 상태에서 돌아다니며 그들에게 안수를 하거나 예언을 해줍니다. 또는 방언이 지금 막 터지려고 하는 이들에게는 통역을 해줍니다.

평소에 발성으로 기도해본 적이 있는 사람들은 아주 쉽게 방언이 터집니다. 그러나 소리 내어서 기도를 해 본적이 없는 사람들은 방언이 터지는 것이 아주 힘듭니다.

그들은 성령님이 임재하셨지만 아직 그 영을 풀어놓는 것에 익숙하지 않기 때문에 낑낑거리며 간신히 한 마디, 한 음절을 힘들게 내고 있는 것입니다.

이러한 경우에 나는 그들의 입에서 나오는 단음절의 방언을 통역해주었습니다. 방언은 영의 기도인데 그의 영이 지금 무슨 기도를 하고 있는지 내가 큰 소리로 통역을 해줍니다.

대부분 그러한 경우에 그의 영혼이 하나님을 갈구하는 기도를 드리거나 자신을 주님께 드리기를 원하는 내용의 기도를 하고 있는 경우가 많았습니다. 더러 감사함으로 가득해서 하나님을 찬양하는 방언을 하는 이들도 있습니다. 그것을 그대로 통역하는 것입니다.

그렇게 큰 소리로 통역을 하면 비슷한 일이 일어나곤 했습니다. 간신히 한 음절씩 끙끙대며 표현하던 이들은 내가 강하고 힘찬 소리로 그들의 방언을 통역하면 그 순간에 소리를 지르거나 비명을 지르면서 울음바다가 됩니다. 그리고 방언이 갑자기 힘차게 터지면서 그 자리에 쓰러지거나 구르기 시작합니다.

그 이유는 무엇일까요? 영의 언어를 강력한 소리로 통역할 때 자기 마음에 있는 것을 그대로 해석하고 통역하는 것을 듣고 그의 영혼이 감동과 충격을 받기 때문입니다.

집회를 마친 후에 담임 목사님이 처음으로 방언을 받은 이들에게 소감을 말하도록 시켰습니다. 기쁨으로 얼굴이 환해진 청년들은 대부분 비슷한 이야기를 하는데, 목사님이 통역을 하시는데 갑자기 가슴속에서 무엇인가가 폭발을 하는 것 같더니 그만 그 영에 사로잡혀버렸다는 것입니다.

이것은 무엇일까요? 강력한 소리, 강력한 외침이 사람의 안에 묶여있는 영을 해방시키고 풀어놓는 역사를 일으킨 것입니다.

어떤 사람이 언어를 우물쭈물한다면 그에게 강력한 성령님의 역사가 임하는 것은 어렵습니다. 그러나 경험이 있는 사역자가 강하게 방언으로 기도하고 강하게 외치고 강하게 통역을 하면 그 소리는 그 사람을 사로잡습니다.

그의 영혼은 고양되며 충만해집니다. 그의 영혼은 활짝 열려서 영계가 선명해지게 됩니다. 그러므로 하나님의 응답도 음성도 선명하게 들리고 느껴지게 되는 것입니다.

예전에는 하나님의 음성을 듣는다.. 하면 무슨 이단이 아닌가 하고 생각하는 사람들이 많았습니다. 그러나 지금 이 시대는 하나님의 음성을 듣는 세미나라든지, 사역들이 아주 많이 있습니다. 그런 류의 책들도 아주 많습니다.

하지만 솔직히 말하자면 나는 그런 류의 사역이나 책에 회의를 가지고 있는 편입니다. 왜냐하면 그러한 사역이나 책을 통해서 그러한 흐름을 주도하는 이들이 주로 백인들이기 때문입니다. 예외가 있기는 하지만 백인들은 대체로 발성에 대해서 알지 못하고 경험이 없습니다.

그들은 기본적인 발성이나 부르짖음이 되어 있지 않은 상태에서 듣는 기도를 훈련시킵니다. 그리고 떠오르는 느낌이나 생각을 붙잡으라고 합니다. 그런데 이러한 것은 아주 위험한 것입니다. 조금 심하게 말하자면 귀신들이 들어올 수 있는 통로를 개방하고 있는 것과 같습니다.

나는 그런 식으로 듣는 기도를 좋아하다가 귀신이 들려서 미치거나 정신병원에 간 사람들을 많이 보고 접했습니다.

듣는 기도를 통하여 심하게 정신이 이상해지지는 않았어도 우울하고 무기력하며 연약해진 사람들을 나는 많이 보았습니다. 그러한 이들은 영적으로 눌려 있으면서도 자신이 주님의 음성을 들으며 주님과 교통한다고 믿고 있고 영적인 우월감을 가지고 있습니다. 영은 형편없이 눌려 있으면서도 어디서 무슨 훈련을 받았고, 어디를 다녀왔고 하면서 자기 착각에 빠져 있는 것입니다.

이러한 이들은 교회를 분열시키며 공동체를 해롭게 합니다. 하지만 어디에서 무엇이 문제가 되었는지 이들은 전혀 깨닫지 못합니다.

왜 이들은 지적이고 헌신된 사람들인데도 악한 영들에게 속임을 당하는 것일까요? 그것은 악한 영들이 뱀처럼 지혜롭고 교활한 존재이기 때문입니다. 그 영들은 그럴 듯한 말로 속이며 그들이 속을 수 있도록 거룩하고 깊은 것으로 보이게 말을 하곤 하는 것입니다.

그들은 주를 위하여 죽으라고 말하며 희생하고 헌신하라고 말하며 전도를 위해서 목숨을 버리라고 말하며 구제를 위하여 네 모든 것을 바치라고 말합니다. 그것은 아주 그럴듯한 말입니다.

그러므로 영을 분별하지 못하고 희생적인 성향을 가지고 있는 연약한 성도들은 그러한 영들에게 속으며 비참하게 눌려 있으면서도 자신이 주를 위하여 십자가를 지고 있는 것으로 생각하는 것입니다.

내가 목회를 하고 있을 때 어떤 자매가 집회 중에 강력한 성령님의 역사를 경험하였습니다. 처음으로 하나님의 영이 자매에게 임했을 때 자매는 바람결에 떨어진 낙엽처럼 바닥에서 떼굴떼굴 굴렀습니다.

이 자매는 마음이 아주 맑고 선했습니다. 그녀는 몸도 마음도 아름다웠으며 강력한 주님의 임재에 사로잡혀 있었기 때문에 자매가 손을 잡아주거나 기도를 해주면 사람들은 울고 감동을 받으며 은혜 가운데 사로잡히곤 했습니다.

그런데 어느 날 나는 자매를 보고 이상한 느낌을 받았습니다. 그녀의 영이 눌리고 뭔가 혼미한 기운이 있는 것을 느꼈습니다. 그녀에게 기도를 해주자 그녀는 어지러움을 느끼고 구역질을 하였습니다.

나는 그녀에게 무슨 일이 있었는지 물어보았습니다.

그녀는 대답하기를 자기가 기도를 하는 중에 천사가 나타나서 말하기를 너에게 모든 사람을 치유할 수 있는 능력을 주겠다고 하더니 붉은 빛을 그에게 비춰주더라는 것입니다. 그래서 자신은 너무 기뻐서 그 빛을 계속 받아들였다고 하는 것이었습니다.

나는 한숨을 쉬고 나서 그녀에게 들어온 영들을 다 쫓아내 주었습니다. 그러자 그녀의 몸과 영은 다시 가벼워졌습니다. 나는 그녀에게 영들을 다 믿지 말라고 주의를 주었습니다.

그녀는 맑고 순결한 영혼의 소유자였지만 그러한 성향을 속이는 영들이 이용한다는 것을 알지 못했습니다.

그녀는 사람들을 돕고 싶은 마음이 많이 있었고 아픈 사람들을 아주 불쌍하게 여겼는데 악한 영들이 그녀의 그러한 성향을 알고 속인 것입니다. 영적 경험의 초보자는 너무나 순진해서 영들이 장난치는 것을 쉽게 다 믿어버리는 경향이 있습니다.

열등감이 있는 사람은 속이는 영들이 와서 '내가 너를 세계적인 종이 되게 해주겠다' 하면 그냥 넘어갑니다. 이 자매처럼 약한 사람들에 대한 동정심이 많고 희생정신이 많은 사람에게는 '너에게 능력을 주어 그들을 치유해줄 것이다' 하면 그냥 넘어갑니다.

이처럼 마귀는 교활한 존재이기 때문에 영적 경험이 많지 않고 분별력이 적은 이들은 조심해야 합니다.

어떤 이들은 성경을 많이 암송하고 있으면 분별이 되는 줄로 알지만 말씀을 논리적으로 이해하고 알고 있는 것은 실제적인 영의 전쟁에 별로 도움이 되지 않습니다.

영의 싸움은 지식의 많음이나 영리함으로 인하여 승리할 수 있는 싸움이 아닙니다. 중요한 것은 실제적인 영의 성장이며 깨어남이며 영적 감각의 발전입니다.

영의 경험이 쌓이면 쌓일수록 초기의 느낌으로도 이것이 주님으로부터 왔는지 속이는 영의 장난인지 느끼게 됩니다. 속이는 영들도 성경을 잘 알고 있기 때문에 단순한 지적인 지식으로 그들의 궤계를 알 수 있는 것은 아닙니다. 영적인 분별력과 통찰력은 영혼의 종합적인 성장에서 나오는 것입니다.

또한 발성이 분명하지 않으며 충분하지 않은 이들에게는

혼미한 영들이 많이 옵니다. 그들의 기도와 영은 강하지 않기 때문에 악한 영들이 별로 위협을 느끼지 않고 접근해오는 것입니다.

아무튼 이런 식으로 미혹의 영들에게 속는 이들이 많이 있습니다. 그들은 모두 선한 말을 하는 영들에게 속습니다. '누구에게 복수해라', '누구를 미워해라' .. 이런 음성에 속는 이들은 드뭅니다. 종교적이고 신앙적이고 헌신적으로 들리는 메시지에 속는 것입니다.

나는 그런 음성에 속아서 의미 없는 고생을 하는 이들을 많이 보았습니다. 그리고 그러한 속임에 대해서 경고했을 때 그들이 묶임과 눌림에서 벗어나 자유롭게 되는 것을 많이 보았습니다.

영적 무지는 악은 아닐지 모르지만 우리의 삶을 비참한 것으로 만듭니다. 그리고 그 세계에서 벗어날 때 사람은 비로소 자신이 얼마나 속고 살았는가를 알게 됩니다.

백인들은 기질적으로 심령의 감각이 별로 없습니다. 그들은 논리적인 사람들입니다. 그러므로 영의 흡수력이 많지 않습니다. 그러므로 그들은 뇌 중심으로 사역을 해도 그다지 피해가 크지 않습니다. 그들의 영은 둔하기 때문입니다.

그러나 한국 사람은 그렇지 않습니다. 한국 사람은 영감이 병들게 되면 모든 것이 망하고 힘들어집니다. 아주 고통스러운 상태가 됩니다. 그것은 한국 사람은 심령적인 기질을 가지고 있기 때문입니다. 그러므로 한국 교회에 백인스타일의 신앙이 심겨졌을 때 영적 마비와 혼돈이 오기 시작한 것입니다.

솔직하게 말하자면 나는 수시로 주님의 음성이 이렇다, 저렇다 하고 말하는 사람들의 말을 별로 신뢰하지 않습니다. 그러한 이들이 발성기도의 기초가 충실히 쌓여지지 않았다면 나는 그들의 말을 별로 믿지 않습니다.

'저 병은 반드시 낫는다. 하나님이 말씀하셨다!' 하고 어떤 이들이 말할 때 나는 그대로 받아들이지 않습니다. '나는 어디에 가야 돼.. 주님이 인도하셨어..' 그렇게 말하면 속으로 웃습니다. 조금만 시간이 지나면 그들이 말이 잘못되었다는 것은 입증이 되기 때문입니다.

그런데 그와 같이 자신의 말이 틀린 후에도 여전히 자신을 반성하지 않고 비슷한 선언을 하는 이들도 적지 않은데 그러한 이들은 미혹의 영들에게서 벗어나기 어렵습니다.

나는 사람의 말보다는 그 사람의 영을 보고 그 영의 상태를 감지합니다. 내가 느끼기에는 많은 경우에 사람들은 그저 자기 생각과 감동에 잡혀 있는 것이며 순수한 주님의 감동을 받는 경우는 그리 많지 않았습니다. 가끔 그러한 영의 상태에 있는 이들을 보기는 했지만 그러한 사례는 비교적 적었습니다.

이러한 음성의 오류와 착각에는 여러 요인들이 있지만 그 중에서 가장 중요한 것은 발성의 부족입니다. 즉 기초가 없이 높은 곳으로 가려고 하는 것입니다.

그러므로 듣는 기도는 조심해야 할 필요가 있습니다. 발성

기도를 모르고 부르짖는 훈련이 부족한 이들은 듣는 기도가 아주 위험할 수 있는 것입니다.

마음이 착하고 순진하기만 한 것으로는 마귀를 이길 수 없습니다. 그들은 깊은 곳으로 나아가기 전에 먼저 기초를 익혀야 합니다. 영의 강건함을 가지고 있지 않은 이들에게 미혹의 영들은 두려워하지 않고 와서 속일 수 있습니다.

당신이 분명하고 확실한 하나님의 응답을 받기 원한다면, 당신은 부르짖어야 합니다. 선명한 하나님의 음성을 듣기 원한다면 당신은 소리내서 간절하게 기도해야 합니다.

그렇지 않으면 음성 같기도 하고 아닌 것 같기도 한 그러한 모호함에서 벗어나기 힘들 것입니다.

모호함과 희미함에서 벗어나기 위해서 부디 소리내어 부르짖으십시오. 통제가 되지 않은 머리의 생각을 극복하기 위하여 부르짖으십시오. 부르짖지 않는 이들은 생각이 많아지고 복잡해져서 그 생각에 사로잡혀 자유로운 삶을 살수가 없습니다.

계속 이리 저리 바뀌는 혼미한 생각 속에서 오늘은 이것을 좇고 내일은 저것을 좇게 될 것입니다. 그러나 당신이 부르짖고 발성으로 분명하게 기도하기 시작한다면 그 혼미하고 불확실한 것들은 점점 분명한 것으로 바뀌게 될 것입니다.

하늘의 바람은 잠시도 쉬지 않고 이리 저리 움직입니다.

생각은 마치 바람과 같습니다. 그것은 이리 저리 움직이며 정함이 없습니다.

그러나 산과 땅은 다릅니다. 그것은 어제도 내일도 산과 땅입니다. 그것은 선명하게 보이는 것이며 움직이지 않는 것입니다.

소리는 물질입니다. 그것은 분명한 것입니다.

물질은 선명하며 눈에 보이고 느끼고 만질 수 있습니다.

그것은 깊은 것이 아닙니다. 그러나 분명한 것입니다.

그러므로 영계의 깊은 곳에 가기 전에 먼저 기본적인 것을 통과해야 합니다.

부디 부르짖으십시오.

분명하게 소리를 내어서 당신의 원하는 것을 구하십시오.

당신은 분명한 응답을 얻게 될 것입니다.

하나님은 선명하게 당신에게 길을 보여주실 것이며

당신은 남은 평생 그 선명한 응답과 음성과 인도하심을

기뻐하며 감사하며 찬양하게 될 것입니다.

발성이 부족하면 모든 것이 모호하지만

발성이 충만하면 응답이 선명합니다.

37. 발성의 기초 위에서 다른 것들이 풍성함의 도구가 된다

저는 영성과 기도에 대하여 지금까지 30여권의 책을 썼습니다. 그 중에서 최근에 쓴 [대적기도 시리즈]는 독자들의 큰 반향을 일으켰습니다. 저의 책들은 일체의 광고를 하지 않는데도 말입니다.

많은 독자들이 이 책을 읽고 구체적인 삶의 현장에서 자유함을 얻게 되었으며 승리를 경험하게 되었다는 고백을 하였습니다. 여태껏 알지 못하고 속아서 눌려 있었던 많은 부분들을 이해하게 되었고 승리의 비결을 알게 되었다는 고백을 해왔습니다.

그러나 어려움을 호소하는 이들도 일부 있었습니다. 대적기도의 의미와 능력에 대해서는 알겠지만 직접 해보면 잘 안 된다는 것입니다.

대적기도를 아주 잠시만 시도해도 놀라운 자유를 경험하는 이들도 많이 있었지만 여러 번 반복해서 시도해도 별 효과를 보지 못한다는 이들도 소수 있었습니다.

그 차이는 무엇일까요?

왜 어떤 이들은 동일한 기도를 통해서 승리와 자유를 얻으며 어떤 이들은 얻지 못하는 것일까요? 그것은 충분히 진리를 이해하지 못한데서 기인하는 것일까요?

그런 면도 있을 것입니다. 그러나 나는 이 경우에도 기본적인 차이는 발성에 대한 것이라고 생각합니다.

평소에 충분히 발성으로 기도하며 발성기도에 익숙해있는 사람들은 대적기도를 조금만 시도해도 능력과 자유와 승리를 경험할 것입니다.

어느 정도만 소리를 내었던 사람들도 그러한 역사를 경험할 것입니다. 그러나 거의 소리를 내어서 기도하는 훈련이 되어 있지 않은 사람들은 역시 이 대적기도를 통해서도 충분한 효과를 보기 어려울 것입니다.

그들은 악한 영들은 아무 것도 아니라고 배우고 그렇게 생각하려고 애쓰고 대적을 해도 여전히 속에서는 두려운 마음이 들거나 과연 이 기도가 효과가 있을까.. 하는 생각이 떠오르게 될 것입니다.

마음속에 '내가 괜히 대적기도를 했다가 오히려 악한 영들에게 눌리고 피해를 보게 되는 것은 아닐까.' 하는 생각이 떠오를 것입니다.

그것은 소리의 훈련이 되지 않은 이들에게 악한 영들이 쉽게 두려움의 생각이나 마음을 넣을 수 있기 때문입니다.

이들은 그러한 생각을 물리칠 힘이 부족합니다. 그리고 그렇게 확신이 부족한 어설픈 상태에서 혹시나 하고 대적기도를 하지만 별 변화를 느끼지 못하게 되는 것입니다.

부르짖는 기도, 발성 기도는 기도의 가장 기본적인 것이며 영성의 가장 기본적인 것입니다. 그러므로 이 기도의 훈련과 경험이 거의 없는 이들은 영적 감각이 아주 약하고 둔합니다.

그래서 이러한 사람들은 이해도 많고 지식도 많을지라도 그것을 실제로 적용하면 잘 되지 않는 경우가 많이 있습니다.

씨름에 대한 동영상이나 비디오를 많이 보았어도 실제로 씨름을 해본 적이 없는 사람은 막상 씨름을 해보면 자신이 본 것처럼 잘 되지 않을 것입니다.

수영도 직접 해보지 않는다면 아무리 많은 강의를 듣더라도 실제로 물에서 수영을 하기는 어려울 것입니다. 보고 듣고 이해하는 것과 실제로 경험하는 것은 다르기 때문입니다.

나의 책 중에 [예수 호흡기도]가 있습니다. 이 기도도 주님의 임재에 이르는 문을 열며 영적인 감각을 새롭게 하는 중요하고 아름다운 기도입니다. 이 기도를 통하여 전에 알지 못했던 깊은 행복감과 은혜에 이르게 되었다고 고백하는 이들도 아주 많이 있습니다.

그러나 소수의 사람들은 역시 이 기도도 힘들다고 고백합니다. 그들은 전화와 메일로 질문을 합니다.

'도대체 호흡기도는 어떻게 하는 것인지요? 저는 해도 잘 모르겠습니다.' 라고 말입니다. 책에 아주 자세하게 그 원리와 방법에 대해서 써놓았지만 그들은 여전히 감이 잡히지 않는 것입니다.

이 두 그룹의 차이는 무엇일까요? 여러 요인이 있겠지만 나는 가장 중요한 요인은 역시 발성기도의 차이라고 생각합니다.

부르짖는 기도와 발성의 훈련과 경험이 있는 이들은 호흡기도를 통하여 주님의 놀라운 임재에 들어가며 영혼의 풍성함과 충만함을 쉽게 맛볼 것입니다.

그러나 그러한 경험과 훈련이 부족한 이들은 역시 호흡을 해도 느낌과 감동을 잘 받지 못할 수 있습니다. 소리의 사용에 익숙한 사람과 그렇지 않은 사람들과는 이처럼 큰 차이가 있는 것입니다.

나는 다음 기회에 '상상하는 기도'나 '명령하는 기도'에 대해서 쓸 계획을 가지고 있습니다. 그리고 이 책에 대한 사람들의 반응에 대해서도 역시 비슷하게 두 그룹으로 나뉠 것이라고 예상하고 있습니다.

즉 발성이 어느 정도 훈련된 사람들은 상상하는 기도를 통해서 주님께서 얼마나 놀라운 역사를 일으키시는지 경험하게 될 것입니다. 명령하는 기도를 통해서 우리가 얼마나 우리에게 주어진 능력과 권세를 사용하지 않았는지 그리고 그 명령의 능력과 권세가 얼마나 놀라운 것인지를 경험하게 될 것입니다.

그러나 발성의 훈련이 전혀 되지 않은 이들은 역시 말할 것입니다. '상상.. 그것을 해도 내 생각인지.. 주님의 역사인지.. 잘 모르겠습니다. 명령. 아이고.. 저는 아무리 명령해도 되는 것이 없네요. 제가 뭔가를 잘못하고 있는 것일까요?

논점은 명백합니다. 부르짖는 기도, 발성기도는 모든 것의 기초라는 것입니다. 그 어떠한 풍성함도 이것이 없이는 누리기 어렵다는 것입니다. 대적기도도, 호흡기도도, 상상기도도, 명령기도도, 묵상기도도.. 그 어떤 것을 해도 발성의 훈련이 부족한 사람들은 그것의 효능을 제대로 경험하지 못할 것입니다.

그들은 두세 번 시도하다가 포기할 것이며 그 풍성함의 역사를 누리지 못하고 계속 다른 것을 찾고 시도할 것입니다. 그러나 이 기초가 충분한 사람들은 한두 번 시도를 하기만 해도 그 풍성함을 경험하게 될 것입니다. 발성의 훈련은 모든 은혜의 도구를 풍성하게 하는 것입니다.

발성이 되어 있는 사람들은 찬양을 할 때에도 놀라운 은혜와 감동에 접하게 됩니다. 그러나 그렇지 않은 이들은 예배의 찬송시간을 별로 좋아하지 않을 것이며 억지로 입을 벌리고 찬양을 할 것이며 4절까지 있는 찬송가를 싫어하게 될 것입니다.

발성이 된 사람들은 힘차게 입을 벌려 악한 영을 대적할 때 그 세력이 부서지며 초토화되는 것을 느끼게 될 것입니다.

발성이 된 사람들은 속으로 주를 부르며 조용히 호흡을 마실 때 그 호흡을 통해서 주님이 역사하시며 그것이 얼마나 놀랍고 달콤한 것인지 경험하게 될 것입니다.

발성이 된 사람들은 상상하는 기도를 해도 그 상상이 그에게 실제가 될 것입니다. 그들은 묵상으로 말씀을 먹어도 그 말씀이 그들 안에서 생생하고 놀라운 역사를 일으키는 것을 경험하게 될 것입니다. 발성은 이처럼 모든 은혜의 도구가 역사할 수 있는 기초인 것입니다.

발성이 충만하면 조용하게 드리는 묵상기도도 얼마나 달콤한지 모릅니다.

그러나 발성이 부족하면 묵상기도는 졸음과 눌림을 가져옵니다. 묵상으로 인하여 잠시는 즐거울지 모르지만 그는 얼마 되지 않아 무기력과 침체에 빠지게 됩니다.

그가 묵상을 통하여 달콤함과 즐거움을 누린다면 그것은 발성의 기초가 있었기 때문입니다. 하지만 잠시의 묵상이 즐겁다고 해서 계속 묵상에만 빠지게 되면 그의 즐거움은 결코 오래 가지 않습니다. 그러므로 지속적으로 말씀의 묵상이나 묵상기도에서 즐거움을 얻으려면 그는 다시 발성으로 가야 합니다.

지금의 달콤함에 빠져서 묵상에 머물러 있으면 곧 그의 영혼은 나락으로 떨어지게 됩니다. 그것은 풍년 때에 흉년을 준비하지 않는 것과 같습니다.

왜 이처럼 소리를 내는 것이 모든 은혜의 기초가 되는 것일까요? 왜 은혜는 소리에서 시작될까요?

그것은 섭리적인 것입니다. 하나님께서 그렇게 세상을 창조하시고 사람을 지으셨기 때문입니다.

입은 가장 기본적인 것입니다. 사람의 얼굴을 보면 가장 아래에 입이 있습니다. 그 위에 코가 있고 그 위에 눈이 있습니다.

아이들을 보아도 가장 먼저 발달하는 것이 입입니다. 아이가 태어나면 가장 먼저 활동하는 것이 입이며 입의 감각입니다.

아이들은 태어나는 순간부터 소리를 질러서 울기 시작합니다. 물론 간호원이 엉덩이를 때리기 때문에 우는 것이지만 그렇게 입을 사용하면서 생명의 탄생을 알리고 삶을 시작하는 것입니다. 그리고 눈을 뜨기도 전에 입으로 먹을 것을 찾습니다. 엄마의 젖을 찾아서 빨거나 엄마가 입에 물려주는 우유통의 꼭지를 빱니다.

아이들은 감각의 발달에 있어서 가장 먼저 입 쪽으로 발달합니다. 무엇을 만져도 일단 그것을 입으로 가져가려고 합니다.

아이들은 입으로 소리를 내어 말을 하면서 두뇌가 발달합니다. 말을 하면서 인지능력이나 여러 감각들이 발달하게 되는 것입니다. 그러므로 대체로 언어의 발달이 빠른 아이들이 머리가 좋은 것이 보통이며 언어의 발달이 느린 아이들은 머리의 발달도 늦습니다. 이것은 상식적인 것입니다.

아이들은 입이 발달하면서 차츰 코와 눈이 발달합니다. 먼저 눈이 발달하고 나중에 입이 발달하는 것이 아닙니다.

입과 코와 눈은 독립적인 것이 아닙니다. 그것은 기능적으로 상징적으로 연결되어 있습니다.

눈은 정신, 의식과 연결되어 있습니다. 눈이 멍한 상태에 있다면 그것은 정신과 의식이 몽롱한 상태인 것입니다. 눈을 감으면 의식의 활동은 상당히 줄어듭니다.

코와 호흡은 정서적인 부분, 영적인 부분과 연결되어 있습니다. 사람은 마음이 평화로우면 호흡이 잔잔하며 화가 나면 씨근덕거리며 호흡이 거칠어지는 것이 보통입니다. 이처럼 코는 감정과 영감과도 관련이 있습니다.

입은 먹는 것을 통하여 몸을 만들며 말하는 것을 통하여 물질계에 영향을 미칩니다. 이렇게 눈은 의식계에, 코는 영계에, 입은 물질계에 관련을 맺으며 영향을 주고받는 것입니다.

눈과 코와 입은 의식계와 영계와 물질계를 대표하는 것이며 의식계와 영계와 물질계로 통하는 문과 같은 것입니다.

그런 면에서 아이들이 코와 눈보다 입이 먼저 발달하기 시작한다는 것은 인간의 발달 순서를 보여주는 것입니다.

즉 인간은 지식이나 영감의 발전보다 몸의 발전이 빠르며 우선적입니다. 먼저 몸이 자라고 그 다음에 지식과 지성이 자라고 마지막에 영혼이 자라게 되어 있습니다.

입의 소리는 물질계와 관련을 가지며 영적인 차원에서는 은사적인 것과 관련을 가집니다. 은사의 임함은 대체로 입과 관련이 있습니다. 입이 발달된 사람은 쉽게 은사가 임하며 입이 발달되지 않은 이들은 은사가 임하기 어렵습니다.

흔히 이 부분에 대해서 오해를 많이 하지만 은사의 발전과 영혼의 발전은 전혀 다른 것입니다.

은사가 임하면 능력적인 사람이 되며 영혼이 발전하면 성숙한 사람이 됩니다. 은사가 많다고 해서 성숙한 그리스도인인 것은 아닙니다. 사실은 그 반대인 경우가 더 많습니다.

아무튼 섭리적인 면에서 코나 눈보다 입이 먼저 발달하는 것이라는 것을 이해할 필요가 있습니다. 지식의 발달도 필요하며 영감의 발달도 필요하지만 그보다 먼저 입이 발달되어 은사가 발달하고 물질적인 영역에서 뿌리를 내려야 합니다. 이러한 기초가 없이는 사람의 영혼이 바르게 자라기 어렵습니다.

오늘날 많은 신자들이 무기력하고 약한 것은 입과 소리를 발달시키지 않고 내적인 성숙이나 깨달음을 추구하기 때문입니다. 그러므로 그들의 영혼은 약해지고 눌려서 주님께서 약속하신 풍성한 그리스도인의 삶을 누리지 못하는 것입니다.

코의 호흡도 입의 소리보다 먼저 있는 것은 아닙니다. 입은 몸을 대표하는 것이며 입으로 취하는 것을 통해서 몸을 만듭니다.

하나님께서 호흡을 주신 것은 먼저 흙으로 몸을 만드신 후였습니다. 몸을 먼저 창조하셨고 그 코에 호흡과 생기를 넣어주신 것입니다.

이것은 코의 호흡이 입보다 앞서지 않은 것을 보여주며 기도에 있어서도 호흡기도보다 입으로 소리를 내는 발성기도가 먼저인 것을 보여줍니다.

그러므로 그 무엇보다도 먼저 소리가 발전해야 하며 이것이 다른 모든 은혜의 도구들을 경험하고 누리는 것의 기초라는 것을 이해해야 합니다.

입이 발전하지 않으면, 그래서 소리를 훈련하고 표현하며 충분히 발전시키지 않는다면, 그가 가지고 있는 많은 지식과 열망과 기도들이 그림의 떡에 지나지 않으며 실제적인 열매와 풍성함을 주지 못한다는 사실을 알아야 하는 것입니다.

이것은 어떤 것이 가장 좋은 것이며 다른 것은 나쁘거나 틀렸다는 것을 의미하는 것이 아닙니다. 이것은 발전의 순서에 대한 이야기입니다. 발전의 순서에 있어서 먼저 입과 소리가 발달해야 합니다.

먼저 충분히 발성을 해야 합니다. 충분히 부르짖어 기도하며 소리를 내어서 기도해야 합니다. 그리고 그 다음에 다른 차원이 발달해야 합니다. 대적기도나 호흡기도가 발성기도가 부족한 상태에서는 충분히 열매 맺기가 어려운 이유도 기초가 부족한 상태에서 다음 단계로 나아갔기 때문입니다.

호흡기도는 코로 하는 것입니다. 그런데 입에서 시작하지 않고 코에서부터 시작한다면 그것은 순서가 틀린 것이며 기초가 부족한 것입니다.

대적기도는 깨달음에 속한 기도입니다. 그러므로 눈에 속한 것입니다. 그런데 입으로 시작하지 않고 눈부터 시작한다면 그것도 역시 섭리적인 면에서 옳지 않습니다.

묵상기도도 마찬가지입니다. 그것은 머리와 의식을 사용

하는 기도입니다. 눈에 관련되어 있는 것입니다. 그것 역시 입보다 먼저 시작하는 것은 좋지 않습니다. 순서가 틀린 것입니다. 그것은 아이가 태어나자마자 울기 전에 눈을 부릅뜨는 것과 같은 것입니다.

그러므로 기도는 입의 발성기도로부터 시작하여 그 다음에 코로 드리는 호흡기도, 눈과 의식으로 드리는 묵상기도나 대적기도, 의식과 마음을 사용하는 기도로 발전해가야 합니다.

그것이 바른 순서입니다. 그렇게 할 때 풍성하고 자연스러운 열매를 맺게 됩니다. 기초를 뛰어넘어 다른 단계로 가는 것은 좋지 않습니다.

그러므로 입의 발성이 기도 뿐만 아니라 모든 것의 기초라고 할 수 있습니다. 이 기초가 충분할 때 그는 모든 다른 도구를 통하여 깊은 은혜에 들어갈 수 있게 될 것입니다.

이 기초가 충분하다면 그는 모든 다른 은혜의 도구를 잘 사용할 수 있습니다.

그는 대적기도를 통해서 원수들의 진을 초토화시킬 수 있습니다. 또한 호흡기도를 통해서 주님의 깊은 임재와 풍성함을 경험할 수 있습니다. 또한 예배를 통해서도, 찬양을 통해서도 말씀의 묵상을 통해서도, 그 어떤 것을 통해서도 실제적인 주님의 은총 가운데 가까이 나아갈 수 있습니다.

이처럼 충만한 발성의 기초 위에서 우리는 모든 은혜의 도구들을 누릴 수 있으며 그 은혜의 진가를 경험할 수 있게 되는 것입니다.

38. 부흥이 있는 곳에는 소리가 있다

부흥은 소리에 있습니다. 부흥은 기도에서 오지만 침묵 기도로부터 오는 것은 아닙니다. 부흥은 부르짖는 기도의 강력한 소리에서 옵니다. 모든 부흥에는 항상 소리가 있었습니다. 성경에 나타난 부흥이든 교회사에 있었던 부흥이든 부흥의 현장에는 항상 소리가 있었습니다.

나는 고요한 묵상의 집회에서 부흥이 왔다는 이야기를 들어본 적이 없습니다. 기독교 역사에 있었던 부흥 중에서 한번이라도 묵상으로 인한 부흥이 있었습니까? 모든 부흥에는 항상 강력한 소리가 동반되는 것입니다.

나는 어렸을 때부터 많은 부흥집회에 따라다녔습니다. 부흥회의 찬송은 뜨거웠으며 기도의 열기도 대단했습니다. 집회 장소는 사람들로 인하여 인산인해였습니다. 어느 때는 강대상까지 사람들이 올라가 앉았습니다. 내가 어렸던 60년대에는 교회마다 이런 집회가 많았고 산에 있는 기도원에서 산상 집회도 많이 있었습니다. 사람들은 구름 떼처럼 집회에 몰려들었습니다.

그 많은 집회에서 나는 한번도 묵상기도를 하는 것을 본 적이 없습니다. 한번도 부흥회의 강사가 침묵기도회를 인도하는 것을 본 적이 없었습니다. 우리는 모두가 혼연 일체가 되어

손바닥이 불이 되도록 박수를 치면서 찬송을 불렀고 '주여!' 삼창을 외치고는 부르짖는 통성 기도를 합심하여 드렸습니다.

만일 그 분위기에서 강사가 "자, 지금부터 10분 동안만 마음속으로 묵상 기도를 드리십시다" 했으면 어떻게 될까요? 그 뜨거운 열기는 순식간에 식어버릴 것입니다.

오늘날의 일반적인 예배는 별로 뜨겁지 않기 때문에 묵상 기도를 한다고 해도 식고 말고 할 것도 없을 것입니다. 그러나 간절하고 뜨거운 분위기가 있다면 그러한 분위기는 묵상기도 한번에 순식간에 사라지게 될 것입니다. 소리의 소멸은 영의 소멸과 일맥상통하는 데가 있습니다.

부흥의 현장에는 항상 강렬하고 뜨거운 소리가 있습니다. 죄를 통회하고 회개하며 뜨겁게 울부짖는 기도가 있으며 주님의 영광과 은총을 뜨겁게 찬양하는 소리가 있으며 더 깊은 하늘의 은혜를 구하는 강렬한 부르짖음이 있습니다.

사람들은 성령의 불에 휩싸여 울고 웃으며 쓰러지고 난리를 꾸밉니다. 그것은 요란하고 정신 없지만 또한 거기에는 거룩한 아름다움이 있습니다. 그것은 생명이 가득한 요란함입니다.

1907년 한국을 뒤덮었던 부흥이 있었습니다. 이것이 조용했을까요? 물론 아닙니다. 이 부흥에도 간절한 눈물의 회개 기도소리가 있었고 울부짖음과 난리가 있었습니다.

사도행전 2장에 성령님이 임하시던 장면이 나옵니다. 이것이 조용한 분위기였을까요?

아닙니다. 그 곳은 시장바닥처럼 소란스러웠습니다. 사람들은 방언을 하며 큰 소리로 외쳤습니다. 하나님의 영광을 높이며 외쳤습니다. 그리고 그 소란스러움 때문에 많은 구경꾼들이 몰려들었습니다.

나는 어렸을 때 어머니로부터 이용도 목사님의 부흥회에 대한 이야기를 듣곤 했습니다. 어머니는 이용도 목사님의 집회에 직접 참석을 하시지는 않았지만 그 집회에 참석했던 이들의 이야기를 들려주었습니다.

그 집회는 뜨겁고 열정적이었으며 인산인해로 몰려든 사람들은 다 같이 통곡하고 부르짖으며 마음을 찢고 찬송을 불렀습니다.

목사님은 마치 피를 토하는 것 같이 중심의 간절함을 토하여 말씀을 외쳤고 얼마나 말이 빠른지 속사포처럼 쏟아 부었다고 합니다. 그것은 원고를 준비해서 할 수 있는 설교가 아니었습니다. 하나님의 영에 사로잡혀서 하는 설교인 것입니다. 부흥집회가 끝나면 사람들은 집회가 끝나는 것이 너무나 아쉬워서 전 교인이 어른 아이 할 것 없이 줄을 지어 다음 부흥 집회를 하는 장소로 따라갔다고 합니다.

그것은 흥분되는 이야기였습니다. 그 부흥집회의 분위기도 강력한 소리가 동반된 집회였던 것입니다.

강력한 부흥의 역사, 성령의 권능이 임하는 집회를 사모하며 그러한 집회를 인도하기 원하는 사역자들은 그러한 소리를 훈련해야 합니다. 간절하게 부르짖고 외치는 것을 기도하며 훈련해야 합니다. 그저 편안하게, 조용조용히 가르치고 전하기를 원하는 이들은 그러한 부흥의 주역이 되는 것을 포기해야 합니다.

과거 한국의 부흥회에는 피를 토하는 것 같이 진액을 쏟아내는 설교가 있었고 뜨겁고 강렬한 기도와 찬양이 있었습니다. 그러나 지금 그러한 열기는 찾아보기 어렵습니다. 오늘날에도 부흥집회가 있지만 과거의 그 열정을 찾아보기가 힘듭니다.

왜 그렇게 되었을까요? 왜 지금은 하늘 문이 열리고 하늘의 은총이 임하는 놀라운 일들이 일어나지 않는 것일까요? 그것은 바로 부르짖지 않기 때문입니다. 소리를 내지 않기 때문입니다.

오늘날에도 사람들은 부흥을 사모합니다. 하지만 말로만 사모하는 것은 소용이 없습니다. 간절히 심령의 중심을 다해서 부르짖어야 합니다. 그래야 부흥이 옵니다.

부흥에는 하나님의 영광의 임함이 있고 사람들이 그 하나님의 영에 사로잡히는 것이 있습니다. 그리하여 하나님의 사람이 되고 새롭게 변화되는 것이 있습니다.

하지만 오늘날 사람들이 말하는 부흥은 이와 다른 경향이 있습니다. 오늘날 많은 사람들이 교회 건물을 크게 짓고 많은 사람들이 모이며 그 교회가 유명해지면 그것을 부흥이라고 생각합니다. 하지만 외형이 크다고 해서 그것을 다 부흥이라고 할 수는 없습니다.

오늘날 부르짖지 않는 큰 교회가 많이 있습니다. 그러나 큰 것이 다 부흥은 아닙니다. 건물을 크게 짓고 시설이 좋으면 작은 교회에 다니던 사람들이 많이 몰려들 것입니다. 그것은 부흥이라고 할 수 없습니다. 큰 교회 입장에서는 부흥이겠지만 작은 교회 입장에서는 부흥이 아닙니다.

교회 성장을 연구하는 어떤 이가 건축과 교회 성장의 관계를 조사한 적이 있습니다. 그 결과 특히 최근에 빠른 속도로 성도들의 숫자가 늘어난 교회가 건축을 한 해에는 다른 해보다 몇 배나 성도들의 숫자가 증가된 것이 나타났습니다. 교회의 건축과 외적 성장이 밀접한 관계가 있음을 입증한 것입니다. 하지만 성도의 숫자가 늘어나는 것 자체가 부흥은 아닙니다.

교회의 시설이 좋으면 사람들은 좀 더 많이 올 것입니다. 주차 공간도 넉넉하고 식당의 분위기도 쾌적하고 아이들을 맡길 수 있는 공간도 있으며 여러 문화적인 시설이 있으면 사람들에게 좋은 평가를 받게 될 것입니다.

어떤 교회 성장 프로그램에서 부흥의 가장 중요한 요인이 주차장의 확보라고 하는 것을 읽은 적이 있습니다. 오래 전에 읽은 글인데 앞으로 사람들이 점점 더 차를 많이 가지게 되기 때문에 미래의 사역에 있어서 주차장이 없는 부흥은 기대할 수 없다고 했습니다.

그렇다면 부흥을 위해서는 주차장을 많이 늘리면 될 것입니다. 그것은 참으로 어처구니없는 생각입니다. 주차장이 없어도 부흥을 이룬 초대교회의 역사가 놀라울 뿐입니다.

교회에 좋은 강좌나 프로그램이 있으면 사람들은 더욱 더 많이 올 것입니다. 좋은 지역 교육 프로그램이 있고 가정 세미나가 있으며 취미나 교양을 위한 세련되고 수준 높은 강좌가 있다면 사람들이 더 모이게 될 것입니다.

그것은 부흥인가요? 아닙니다. 교회에서 그런 것을 하는 것이 나쁘다는 이야기는 아닙니다. 다만 그것은 사람의 필요를 채워주는 것이며

사람을 즐겁게 할 수는 있겠지만, 그리고 전도의 한 전략이라고 할 수는 있겠지만, 그렇게 해서 숫자가 늘어난 것을 가지고 부흥이라고 할 수는 없습니다. 그것은 영혼이 깨어나는 것이 아닙니다.

나는 어떤 사역자와의 만남을 기억합니다. 그가 영적인 많은 갈증이 있다고 생각했기 때문에 나는 그와 교제하는 시간을 가졌습니다.

나는 주님을 나누려고 하였고 영성의 원리와 흐름에 대한 것을 나누고 싶었습니다.

그러나 그는 계속 반복하여 어린이들의 영어 교육에 대해서 말할 뿐이었습니다. 교회에서 영어를 가르치니까 전도에 아주 도움이 되더라는 이야기를 끝도 없이 반복하였습니다.

아이를 데리러 온 불신자인 부모가 교회 안에서 영어를 배우는 것을 보고 한 시간이 넘게 바깥에서 기다리더라는 이야

기를 하면서 그의 얼굴에는 기쁨과 웃음이 가득하였습니다.

나는 더 이상 그를 만나지 않았습니다. 영어든, 꽃꽂이든 영혼을 얻기 위해 무엇인가 접촉점을 찾는 것을 나는 나쁘다고 생각하지 않습니다. 다만 나는 그러한 사명이 아니라고 생각합니다.

나는 진정한 부흥, 생명이 가득하고 하나님의 영광과 임재가 충만하게 나타나는 그래서 모든 사람들이 그 하나님의 영광에 사로잡히며 하나님을 향한 갈망을 가지게 되는 그러한 부흥을 보고 싶기 때문입니다.

진정한 부흥에는 심령의 폭발이 있습니다. 하늘 문이 열리고 하나님의 임재와 영광이 사람들의 영혼에 임하며 심령에서 생수가 쏟아집니다. 감사와 기쁨과 행복의 눈물이 그치지 않습니다. 죄를 고백하고 회개하는 눈물의 탄원이 그치지 않습니다.

밤이 새도록 찬송을 하고 또 찬송을 해도 그 심령의 달콤한 기쁨은 사라지지 않아 더욱 더욱 기도하고 찬송을 드리고 싶어집니다.

사람들의 심령에 주님을 사모하는 갈망이 끝없이 일어납니다. 주를 위하여 살고, 주를 위하여 목숨을 버리고 싶은 열망이 미칠 듯이 일어납니다. 더욱 더 기도하고 싶고 예배를 드리고 싶어서 난리가 납니다.

그것이 바로 부흥입니다. 실재하는 천국을 경험하는 것이 곧 부흥입니다.

그렇게 하늘의 영광을 경험하게 되면 아무도 더 이상 세상의 욕망이나 즐거움을 구하지 않게 됩니다. 천국의 영광에 사로잡힌 사람이 세상의 영광을 구하는 것은 불가능하기 때문입니다.

성경을 연구하고, 연구하고 또 깊이 연구해서 부흥이 온다고 생각하는 이들은 정말 착각을 하고 있는 것입니다.

어떤 이들은 '아, 이 말씀은 정말 깊다'고 말합니다. '나는 정말 깊은 것을 깨달았다'고 말합니다. 그들은 날마다 깨닫고 깨달으며 또 깨닫습니다.

도대체 무엇이 그리 깊을 것이 있습니까? 하나님의 말씀은 살았고 운동력이 있는 것입니다. 그 말씀 하나 하나 그 자체가 기가 막힌 것입니다. 문제는 그 말씀을 더 깊이 쪼개고 발견하고 깨닫는 것이 아니고 그 단순한 말씀을 직접 체험하는 것입니다. 그 말씀의 운동력이 살아서 내 가슴 심령을 사로잡으며 역사하는 것입니다.

큐티, 묵상, 깊은 깨달음.. 그것 자체로 만족하지 말고 그 깨달은 말씀을 큰 소리로 외쳐보십시오. 그러면 사람들의 심령이 부흥되기 시작합니다. 그 말씀은 살아서 움직이며 사람들은 통곡을 하게 됩니다. 왜냐하면 말씀의 능력이 살아서 역사하기 때문입니다.

굶주리고 목이 말라 죽어 가는 사람들은 밥을 먹고 물을 마시면 삽니다. 그러나 계속 음식을 연구하고 묵상하고 있으면 굶어죽게 됩니다.

나는 한국 교회가 새벽의 부르짖는 기도를 버리고 새벽의 큐티를 선택했을 때부터 영적 침체는 오기 시작했다고 생각합니다.

고요함에는 부흥이 없으며 침체가 있습니다. 사역자들이 시끄럽게 기도하는 것을 유치하고 천박하다고 가르치고 깊은 깨달음과 묵상에 잠기는 것이 깊고 수준 있는 신앙이라고 가르치면서 성도들의 심령은 약해지기 시작했습니다.

고요함에서는 침체가 옵니다. 기독교의 진리는 그리 복잡한 것이 아닙니다.

그렇다면 고요함과 침묵이 있는 곳은 다 침체만이 있습니까? 100% 그렇다고 할 수는 없습니다. 2권에서 좀 더 다루겠지만 하나님의 임재와 영광이 너무나 강렬하게 임했을 때 그때 그 영광에 사로잡혀서 적막 가운데 머무는 경우도 있습니다.

하나님의 현존하시는 임재가 너무나 충만하면 사람은 그 앞에서 입을 벌릴 수 없으며 몸도 꼼짝할 수 없습니다. 그분의 영광 앞에서 일종의 무기력 상태가 되는 것입니다.

다니엘도 기도하는 중에 그러한 상태를 경험하였습니다 (단 10:8-10) 나의 경우도 기도를 하거나 사역을 하는 중에 그와 비슷한 경험을 한 적이 있었습니다.

분명히 이 상태는 하나님의 영광이 충만한 상태이며 은혜의 상태입니다. 그러나 동시에 고요하고 잔잔한 상태입니다. 이러한 상태의 수동적인 특성 때문에 이 상태를 '성령의 능력에 의하여 죽임을 당했다' 고 표현하는 이들도 있습니다.

그러나 이러한 상태는 심오한 내적인 상태이기는 하지만 부흥과는 다른 것입니다. 이 상태에서는 하나님의 능력에 압도되어 깊은 내면의 고요함 속으로 사로잡히게 됩니다. 그러한 순간에 내면에서의 심오한 변화들이 일어나기도 합니다.

하지만 이러한 현상은 개인적으로는 심오한 경험이겠지만 직접적인 부흥과 관련이 있다고 볼 수는 없습니다.

그러한 고요한 사로잡힘은 개인적인 지성소의 경험입니다. 그리고 그것은 부르짖는 기도의 다음 단계에서 나타나는 것입니다. 그러나 그것은 직접적인 부흥의 역사와 다릅니다.

부흥에는 소리가 있으며 강렬함과 뜨거움과 요란함이 있는 것이 보통입니다. 그것이 일반적인 것입니다.

부흥에는 소리가 있으며 소리가 있는 곳에는 부흥이 온다 - 이것은 하나의 이론입니까? 입증하기 어려운 하나의 가설에 지나지 않습니까? 아닙니다. 그것은 5분이면 입증되는 것입니다.

우리 집에서는 자주 가정 예배를 드립니다. 나와 아내와 중학생, 고등학생인 자녀들이 같이 예배를 드립니다.

내가 조용히 예배를 인도하며 조용히 기도회를 인도하며 조용히 말씀을 전하면 그들은 즐거워하지만 평화로움을 느끼는 데서 그칩니다.

그러나 내가 그들로 하여금 큰 소리로 부르짖어 기도하게 하며 같이 큰 소리로 찬양을 하고 성경을 소리 내어 읽고 강력하게 말씀을 전하면 바로 난리가 납니다.

그들은 눈물범벅이 됩니다. 아이들은 쓰러져 울며 통곡을 합니다. 예수님이 너무 좋다고, 오직 주님만을 사랑하며 주님만을 위하여 살고 싶다고 눈물을 흘리며 이야기합니다. 그 즉시로 이런 반응이 나타나는 것이 보통입니다. 조용한 예배와 부르짖음으로 드리는 뜨거운 예배는 이처럼 전혀 다른 것입니다.

나는 집회를 그다지 많이 인도하지 않았습니다. 나의 사역은 글쓰기이며, 영성의 원리와 체계를 분명히 세우는 것이 나에게 주어진 일이기 때문입니다.

그러나 나의 책과 메시지가 단순히 이론이 아니라는 것을 입증하기 위해서 나는 수십 번 정도 집회를 인도했습니다.

집회는 집회를 위하여 특별히 준비된 메시지도 없이 주로 기도와 찬양을 중심으로 드려집니다. 주로 주님의 이름을 높이 외치고 찬양하는 시간을 많이 가집니다. 그리고 주님의 임재가 사람들에게 부어지도록 기다립니다.

나는 집회를 인도할 때 마음과 중심을 쏟아 붓는 편입니다. 심장이 터질 것 같이 찬양을 드리며 중심을 다해서 기도를 쏟아 붓습니다. 집회를 인도하다보면 7시간이 넘는 경우도 흔합니다.

그러나 그 오랜 시간을 부르짖고 외치고 찬양할 때 자리에서 움직이는 사람들은 거의 없습니다. 대부분의 사람들이 울고 웃고 또 울면서 주님께 사로잡힙니다. 대부분의 사람들은

7시간이 지난 후에 그 시간이 5분과 같았다고 말합니다.

집회는 끝났지만 사람들은 계속 그 집회에 대하여 이야기합니다. 집회에서의 추억을 이야기합니다. 계속 그 때의 일을 이야기하며 언제 다시 집회가 있느냐고 묻고 또 묻습니다.

나는 문서 사역에 전념하기 위하여 집회를 더 이상 하지 않는다고 선언을 했습니다. 써야할 책이 너무나 많고 나의 체력으로는 도저히 두 가지를 병행할 수 없기 때문입니다.

몇 백 명이나 몇 천 명이 모여서 강력한 집회를 하고 통곡의 바다를 이루며 불을 받으며 주님의 은총에 사로잡히는 것은 행복한 일입니다.

하지만 영혼의 발전과 성장은 한 순간의 집회나 한 두 번의 체험을 통해서 이루어지는 것이 아닙니다. 이들은 일시적으로 충만해지지만 그러한 영적 충만함을 지속적으로 유지하는 것이 쉽지 않을 것입니다.

그러므로 한 순간의 집회나 충만함보다 더 중요한 것은 영의 흐름과 원리에 대한 체계를 세우는 것입니다. 그래서 영의 흐름과 방향과 과정을 이해하게 되어 지속적으로 영성의 길, 은혜의 길을 걸어가게 됩니다. 그래서 나는 집회를 포기하고 영성의 체계를 세우는 쪽에 몰두하게 되었습니다.

그러나 집회 중단을 선언한 지 몇 년이 지난 지금에도 날마다 집회에 대한 문의와 요청이 끊이지 않습니다. 해외에서도 많은 집회 초청이 있고 국내에서도 요청이 있습니다. 계속 거절해도 집회 요청은 계속되며 어떤 교회에서는 전 목회자와 교인이 한 달 반을 나를 초청하기 위하여 밤마다 교회에 와서 기도하기도 했다고 합니다.

나는 사람들의 그러한 반응을 보면서 놀랍니다. 분명한 것은 오늘날 영적인 열정이 다 식어가고 있는 듯이 보이는 이 시대에도 성도들은 간절하고 뜨겁게 드려지는 예배를 사모하고 있다는 것입니다.

사역자들은 큰 교회를 세우고 큰 건물을 짓기 원하지만 성도들은 그들의 심령이 하늘의 영광에 사로잡히게 할 예배를 사모하고 사모합니다. 그들은 진정 은혜에 굶주려 있는 것입니다.

이 시대에도 하늘의 은혜에 대한 갈망을 가지고 있는 성도들은 아주 많습니다. 나는 수많은 성도들에게서 어느 교회에 가야 하느냐는 질문을 받습니다. 정말 주님을 알고 싶은데 어느 교회에 가야 하느냐고 추천해 달라고 하는 성도들을 많이 봅니다.

나는 진정 이 땅에 그러한 교회, 성도들의 심령, 그 속의 갈망을 충족시켜주는 교회들이 많이 일어나기를 사모하며 기다리고 있습니다.

화려한 건물과 멋진 시설이 있는 교회가 아닌, 심령에 하나님의 임재와 영광이 충만하게 부어지는, 천국의 실상이 어떤 것인가를 보여주는 교회 말입니다.

성도들은 그러한 교회를 발견하게 될 때 결코 그 곳을 떠나려고 하지 않으며 그들의 목숨을 다해 그러한 교회와 그러한 신앙을 사수하려고 할 것입니다.

오늘날 그러한 간절한 예배와 집회가 필요합니다. 오늘날 이 시대에도 영적으로 굶주려 있는 이들이 너무 많이 있습니다.

그러므로 그러한 집회를 찾아다니는 사람들을 비난해서는 안 됩니다. 그런 곳은 이단이니까 가지 말라고, 우리 교인들은 절대로 다른 교회나 단체의 집회에 가서는 안 된다고 열심히 막아도 소용이 없습니다.

영적으로 굶주려 죽더라도 내가 사역하는 교회에서 죽어야 하며 이 교회에서 떠나는 것은 배반이라고 가르쳐야 한다면 이는 얼마나 비참한 일이겠습니까? 사역자는 성도를 위하여 존재하는 것이지 성도가 사역자를 위해서 존재하는 것이 아닙니다.

그러므로 사역자는 은혜를 찾아 헤매는 성도들을 비난하기보다는 자신이 그러한 천국의 통로가 되기를 힘써야 할 것입니다. 자신의 입장이나 위치에 불리하다고 하나님을 대적하는 자가 되어서는 안 됩니다.

어떤 사역자는 신유에 대해서 항상 강력하게 비난하며 공격을 해왔습니다. 그러다가 그는 난처한 지경에 빠지게 되었습니다. 자신이 성도에게 기도를 해주었는데 자신을 통해서 신유의 역사가 나타나게 되었던 것입니다.

물론 그는 태도를 바꾸어서 오늘날에도 신유는 존재하며 믿음을 통해서, 하나님의 사역자들을 통해서 하나님은 역사하신다고 가르치기 시작했습니다. 아무튼 자신의 처지와 입장에 따라 가르치는 내용이 달라진다면 그것은 비극적인 일입니다.

아무도 자신의 미래를 알 수 없는 것입니다. 그러므로 자신이 알지 못하고 경험하지 않은 분야라고 해서 함부로 말해서는 안 됩니다.

나는 유명하게 알려진 지적인 사역자가 자신이 거의 알지 못하는 영적인 문제에 대해서 함부로 비방하는 것을 많이 보았습니다. 그러다가 몇 십 년이 지난 후에 그러한 사역자들이 다시 입장을 바꾸어서 자신이 예전에 비방하던 사역을 하는 것을 보았습니다.

사람의 미래는 알 수 없는 것입니다. 자신의 입장이나 생각이 언제 어떻게 바뀔지도 알 수 없는 것입니다. 그러므로 사역자는 조심해야 합니다. 나중에 태도를 바꾼다고 해서 과거의 모든 말과 행동이 다 사라지고 없어지는 것은 아닙니다.

진정한 회개 없이는 그러한 행동은 주님께 용서를 받지 못할 것입니다. 어떤 씨앗이든 심은 것에는 반드시 결과가 나타나게 됩니다. 주님은 우리가 심은 씨앗과 열매에 대하여 우리를 판단하실 것입니다.

사역자는 둘 중의 하나를 선택해야 합니다.

당신의 사역에 간절한 부르짖음이 있고 열정이 있으며 예배 가운데 당신의 심장을 쏟아 붓고 충만한 집회를 인도한다면 성도들은 당신에게 몰려들 것이며 다른 사역자들은 당신을 시기하며 비난할 것입니다.

많은 성도들은 당신을 사랑하며 따르겠지만 당신은 다른 사역자들이나 교회를 지배하고 있는 소수의 권력자들에게 비난과 공격을 받을 것입니다.

오늘날의 교회 안에는 사역자가 순수하게 주님을 추구하고 열정적으로 사역하려고 할 때 그것을 거스르고 대적하는 권력과 힘이 많이 존재합니다. 당신이 강력한 사람이라면 그것을 이길 수 있겠지만 당신이 목숨을 아까워하는 사람이라면 그것을 넘는 것은 쉽지 않을 것입니다. 그것은 사람의 문제가 아니라 영적인 전쟁에 속하는 문제입니다.

당신이 조용하고 점잖게 사역하면 교양 없고 무식하다고 비난을 받는 일은 없겠지만 사람들의 영혼을 주의 영으로 충만하게 채워주지 못할 것입니다.

그러나 당신이 간절하고 뜨거운 사역을 한다면 많은 이들은 당신을 따르겠지만 또한 적지 않은 세력을 가진 이들이 당신을 비난할 것입니다. 당신이 사역자라면 어느 쪽을 선택할 것인지 결정을 해야 합니다.

예수님과 제자들, 그리고 주님의 사역자들은 성도들에게는 항상 끌림을 받았고 다른 사역자들이나 일부의 사람들에게는 비난을 받았습니다. 할 수 있다면 우리는 이쪽을 선택하는 것이 좋을 것입니다.

부흥은 고요하게 이루어지지 않습니다.

아이는 조용히 세상으로 나오지 않습니다.

우아하고 교양 있게 묵상하면서 해산의 수고를 하는 어머니는 없습니다.

악을 쓸 때 생명은 탄생하는 것이며 목숨을 걸고 중심을 토할 때 우리 안의 생명도 같이 일어나게 됩니다.

오늘날 점잖고 얌전한 사역자들이 많이 있습니다. 그들은 부흥을 보기 어려울 것입니다. 실재하는 천국의 권능을 맛보지 못할 것입니다. 주님은 그렇게 임하시지 않습니다. 그러한 사역자에게는 비슷하게 교양 있는 사람들이 많이 몰려오겠지만 그것은 부흥이 아닙니다.

그 놀라운 천국의 역사를 보기 원한다면 간절하게 마음을 쏟고 부르짖으십시오. 어떤 이들은 당신을 이상하게 볼지 모르지만 하나님은 당신에게 임하실 것입니다.

부흥에는 소리가 있으며 소리가 있는 곳에는 부흥이 임할 수 있습니다.

고요한 부흥을 기대하지 마십시오.
당신이 진정 부흥을 사모한다면,
당신의 부흥을 원하며 당신 교회의 부흥을 원하며
이 나라의 부흥을 원한다면
강력한 소리로 주님께 나아가십시오.
간절한 소리로 당신의 중심을 주님께 토하십시오.
당신의 중심을 토하는 그 강력한 소리에서부터
부흥의 역사는 임하기 시작할 것입니다.
할렐루야.

39. 악한 영들은 소리를 빼앗아간다

오늘날 교회는 조용하며 그리스도인들은 조용합니다. 예배도 조용하며 기도도 조용합니다. 그리스도인들은 처음에는 묵상으로 기도를 하지만 나중에는 그나마 하지 않게 됩니다. 묵상으로만 드리는 기도는 실제가 없고 재미가 없고 감동이 없기 때문입니다.

소리는 능력의 비결이며 풍성함의 비결이며 권능의 비결인데 왜 교회는 소리를 잃어버렸을까요? 왜 하늘 문을 여는 그 중요한 열쇠를 잃어버렸을까요? 그것은 단지 우연일까요?

물론 아닙니다. 기독교가 소리를 잃어버린 것은 그것을 빼앗아간 존재가 있기 때문입니다.

어떤 사람이 귀한 물건을 가지고 있었는데 어느 날 그것이 사라졌다면 그것은 그 물건이 알아서 도망을 간 것일까요?

아닙니다. 어떤 숨어있는 존재가 그 보물을 훔쳐간 것입니다. 그 보물의 가치와 위력을 잘 알고 있는 존재가 말입니다.

오늘날의 많은 그리스도인들은 생명이 소리에서 시작되며 소리에서 창조가 시작되며 소리가 능력과 영광의 비밀이라는 사실을 잘 모릅니다. 그러나 그 사실을 아주 잘 아는 존재가 있습니다.

그는 사탄입니다. 악령들입니다. 그들은 소리의 권세와 능력과 비밀을 잘 알고 있습니다. 마귀는 여리고성이 소리로 인하여 무너진 것을 잘 알고 있습니다. 마귀는 기드온이 미디안을 공격할 때 삼 백 명의 용사가 나팔을 불고 항아리를 깨뜨려 그 소리로 인하여 미디안의 군대가 멸망하고 깨진 것을 잘 알고 있습니다.

기드온을 따르는 용사는 불과 300명이었고 그들의 무기는 나팔과 항아리였습니다. 그러나 그 단순한 작전, 힘차게 나팔을 부는 것과 항아리가 깨지는 소리를 내는 것으로 인하여 미디안의 막강한 군대는 패퇴하였습니다.

항아리가 깨지는 소리는 본래 요란한 것입니다. 그런데 모든 사람들이 깊이 잠든 적막한 밤에 그 적막을 깨고 갑자기 나팔 소리와 함께 항아리가 요란한 소리를 내며 깨지니 그들은 너무나도 놀랐을 것입니다.

그들은 나팔 소리와 항아리 깨지는 소리에 놀라서 정신이 혼란스럽게 되어 자기들끼리 칼로 치고 받으며 멸망해버리고 말았습니다. 세상에 이렇게 쉬운 전쟁은 없을 것입니다. (삿 7:19-23)

기드온이 나팔을 불며 항아리를 깨뜨린 시간은 한밤중에 파수꾼들을 교대하는 때였습니다. (삿 7:19)

즉 보초가 교대할 시간이었던 것입니다. 보초 근무를 마치고 들어가는 병사는 졸려 죽을 지경의 상태에 있었고 새로 보초를 교대하러 나온 병사는 아직 잠이 덜 깨서 부스스한 상태였습니다. 그렇게 정신이 몽롱한 상태에서 갑자기 굉음이 요란하게 울려 퍼지니 그들은 다 혼비백산했던 것입니다.

마귀는 소리가 그들의 진영을 파괴한다는 사실을 잘 알고 있습니다. 귀신들은 본능적으로 큰 소리에 벌벌 떱니다. 그러므로 악한 영들은 치밀한 계략을 세워서 어떻게 하든지 교회에서, 기독교에서, 그리스도인들의 삶에서 소리를 빼앗아 가려고 했던 것입니다.

기독교에서 소리를 빼앗아가기 위한 공격은 여러 방면에서 여러 가지 형태로 옵니다. 그것은 사회 문화적인 측면에서도 오며 교리, 신학, 신앙 스타일의 측면에서도 옵니다. 교회는 어느 한 순간에 소리와 외침을 빼앗긴 것이 아닙니다.

예전에는 산에서 기도하는 이들이 많았습니다. 삼각산에 오르면 여기저기서 "주여! 주여~!' 하고 외치는 쩌렁쩌렁한 함성 소리가 울려 퍼졌습니다. 그렇게 부르짖는 기도의 소리를 들을 때 나는 온 산을 천국의 영광이 가득 두르고 있는 것 같은 감격에 잠기기도 했습니다.

하지만 이제는 그런 모습을 보기 어렵습니다. 산기도하는 이들도 드물고 아예 기도를 하기 위한 입산 자체가 금지되기도 합니다. 올라가지 못하게 막고 있는 것입니다.

지금은 교회에서 뜨겁게 기도하고 찬송을 하는 것도 쉬운 일이 아닙니다. 이 시대의 사람들은 예전의 소박하고 가난하고 순진한 사람들이 아닙니다. 경제적으로 발전하고 민주화가 이루어지면서 사람들은 권리의식에 아주 민감합니다.

가난하고 부족할 때는 서로 나눠먹고 이웃과 교제가 있으며 넉넉한 모습이 있지만 이제는 물질 숭배와 개인주의가 팽배해서 이웃도 없고 넉넉함도 없습니다.

교회에서 요란한 소리가 나면 사람들은 바로 경찰에 신고를 합니다. 그리고 집값이 떨어진다고 아우성을 칩니다.

세상 사람들은 교회가 구제를 하고 장학 사업을 하고 지역을 위해서 봉사를 하면 좋아하지만 교회에서 뜨거운 예배를 드리며 부르짖으면 온갖 오명을 뒤집어씌우며 광신자니 뭐니 하며 비난을 퍼부어 댈 것입니다.

그것이 이 시대의 분위기입니다. 또한 그러한 시각은 믿는 자도 마찬가지입니다.

한 여인이 예수님의 발에 옥합을 깨뜨리고 향유를 부을 때 제자들은 이렇게 반응했습니다.

"제자들이 보고 분개하여 이르되 무슨 의도로 이것을 허비하느냐 이것을 비싼 값에 팔아 가난한 자들에게 줄 수 있었겠도다 하거늘" (마 26:8,9)

이에 대하여 주님은 이렇게 말씀하셨습니다.

"예수께서 아시고 저희에게 이르시되 너희가 어찌하여 이 여자를 괴롭게 하느냐 그가 내게 좋은 일을 하였느니라 가난한 자들은 항상 너희와 함께 있거니와 나는 항상 함께 있지 아니하리라" (마 26:10,11)

오늘날 그리스도인들은 구제를 하고 가난한 이들을 도우며 정의로운 일을 하는 것을 주님 자신을 사랑하고 섬기는 것보다 중요하고 대단한 일로 여깁니다. 배고픈 자를 먹이고 아픈 자를 섬기는 것을 주님을 사랑하는 것보다 더 중요한 것으로 생각합니다.

불신자들이 그렇게 생각하는 것은 당연한 일이지만 적지 않은 그리스도인들도 그렇게 생각합니다.

그러나 본문에서 주님은 어떤 것이 더 중요하고 우선적이며 근원적인 것인지 분명히 말씀하셨습니다. 선한 일을 하는 것보다 더 중요한 것은 바로 주님을 사랑하고 사모하며 따르는 일인 것입니다.

오늘날의 교회는 휴머니즘으로 가득합니다. 주님 자신에 굶주리고 주님을 그리워하는 이들은 찾아보기 어렵습니다.

교회가 장학생을 키우고 양로원을 도울 때 교회는 세상으로부터 칭송을 받을 것입니다. 그러나 교회가 주님을 간절히 사모하고 소리 지르고 부르짖어 기도한다면 교회는 핍박과 미움을 받게 될 것입니다.

교회가 지역 사회를 위하여 선한 일을 하면 많은 이들에게 칭찬을 들을 것입니다. 그러나 주님을 갈망하며 그에게 미치고 그에게 생명을 드리라고 한다면 많은 이들이 미쳤다고 할 것입니다. 그것이 이 시대의 상황입니다. 그리고 그 배후에는 악령들이 있습니다.

소리를 빼앗아가기 위한 악한 영들의 공격은 그리스도인들로부터도 많이 행해졌습니다. 오늘날 현대의 세련된 그리스도인들은 소리 지르는 예배를 싫어합니다. 그것은 교양이 없고 무식한 짓이라고 배우며 인식합니다. 부흥사들은 많이 공격받으며 비난을 받아왔습니다.

그들의 무식함, 뻔뻔함, 유치한 설교, 군림하는 자세 등 많은 부분들에 대한 공격이 가해졌습니다. 나도 교회에서 그와 같은 가르침을 많이 들으며 자랐습니다. 부흥집회를 주도하던 부흥사들 중에서 실족하는 이들도 있었고 영광을 하나님께 돌리지 않고 자기의 것으로 하는 미숙한 부흥사들도 있었습니다. 하지만 모든 부흥사들이 다 잘못되었다고 할 수는 없습니다.

부흥회와 부흥 집회가 한순간에 성도들을 영적으로 성숙한 사람으로 만드는 것은 아닙니다. 영적 성숙은 1, 2년에 되는 것이 아니며 한 평생에 걸쳐서 조금씩 이루어지는 것이기 때문입니다.

그렇기 때문에 부흥회와 집회의 열기가 뜨겁고 거기에서 사람들이 주님의 은총을 경험한다고 해도 그것은 이제 시작일 뿐입니다. 바로 온전해지고 성숙해지는 것은 아닙니다. 그러므로 그 과정에서 처음에는 많은 연약함들이 드러날 수도 있는 것입니다.

신앙은 처음에는 이기심으로부터 시작되는 것입니다. 태어날 때부터 성숙한 아기는 없습니다. 모두가 제멋대로 울고 필요할 때마다 엄마를 찾으며 이기적이지만 그렇게 서서히 자라갑니다. 신앙도 마찬가지입니다. 사람들은 처음에 급한 문제 때문에 주님께 나아옵니다. 그리하여 처음에는 기도의 응답과 문제 해결과 복을 받기 위해서 주님께 나옵니다.

그러나 그러는 과정에서 주님의 임재를 경험하고 은혜를 받게 되면 차츰 가치관이 바뀌게 됩니다. 즉 주님의 선물보다 주님 자신을 구하게 되는 것이며 주님께 사로잡히고 주님의 사람이 되고 싶어지는 것입니다.

부흥회와 부르짖는 집회는 뜨거운 것입니다. 그러나 그것은 완성이 아니라 시작일 뿐입니다. 이제 하나님의 실제를 접하고 좀 더 깊은 세계로 나아가기 위한 시작일 뿐입니다.

이스라엘 백성도 애굽에서, 광야에서 많은 하나님의 기적과 응답을 경험하였지만 쉽게 변화되지 않았습니다.

그것은 오늘날의 우리들도 마찬가지입니다. 하나님의 음성을 듣고 하나님의 응답을 받고 하나님의 기적을 경험한다고 해서 사람은 그리 쉽게 변화되는 것이 아닙니다. 천국, 지옥을 보고 경험하고 다녀왔다고 해도 사람은 그리 순식간에 성장하는 것이 아닙니다.

사람들은 부르짖는 집회나 그러한 신앙 스타일을 몹시 비판하였습니다. 신앙이 어린 것이 마치 그런 집회를 사모하고 그렇게 유치하게 믿기 때문이라는 식으로 강력한 집회를 공격하였습니다.

그리하여 뜨거운 집회는 서서히 사라지고 교회에서 소리가 사라지게 되었습니다.

통성 기도, 부르짖는 기도, 눈물의 기도는 대화와 가르침과 토론과 묵상으로 바뀌어졌습니다. 그 결과 그리스도인들의 영은 점점 더 약해지고 마비되어갔습니다. 전반적으로 그리스도인들의 이성은 발달했지만 심령은 병들게 되었습니다.

이것은 속은 것이었습니다. 사람들이 부르짖고 외치고 집회 가운데 울고불고 했을 때, 그것은 깊은 단계가 아니었고 유치한 단계였지만 거기에는 실제가 있었습니다.

거기에는 하나님의 임재하시는 역사가 있었습니다. 그것은 초보적이었지만 실제였습니다. 거기에는 천국의 임함이 있었습니다.

그러나 소리가 사라지고 부르짖음이 사라지면서 겉보기에는 고상하고 교양 있고 깊어진 것 같지만 교회는 실제를 잃어버렸습니다. 개념과 착각과 환상에 잠겨 있을 뿐 하나님의 영광과 실제를 잃어버린 것입니다.

오늘날의 많은 그리스도인들은 많이 교육받고 많은 단계를 떼고 많은 것을 머리로 이해하고 있지만 그들의 심령은 비어 있습니다. 곤고하고 허무합니다. 그들은 실제의 주님에 대해서 잘 모릅니다.

멋지게 기도할 수 있고 멋지게 말씀을 해석할 수 있지만 그들의 심령에는 기쁨이 없습니다.

시끄럽고 요란하며 뜨거운 스타일의 신앙에 대한 공격은 오늘날 불신자들에 못지 않게 신자들에게서 많이 행해집니다. 교회는 덕을 세워야 한다고 주장합니다. 소리 지르는 신앙을 보고는 아직도 그 단계에 있느냐고 유치하다고 비웃습니다.

오늘날 점잖고 교양 있는 신자를 세상은 환영합니다. 그러나 그리스도인이 소리를 지를 때 세상은 그를 가만히 놔두지 않을 것입니다. 교회는 고요하면 세상에 눌리겠지만 핍박은 없을 것입니다.

사역자가 뜨겁게 기도할 때 점잖은 신도들은 사역자를 위협할 것입니다. 계속 이런 식으로 하면 교회를 떠나겠다고 할 것입니다. 그들은 여전히 고요한 교회로 남아있도록 사역자에게 압박을 가할 것입니다.

교회에 소리가 충만하게 하여 하나님의 임재와 영광으로 가득하게 하는 것은 결코 쉬운 일이 아닙니다. 조용한 교회를 갑자기 소리가 충만한 교회로 바꾸는 것은 간단한 일이 아닙니다. 거기에는 담대함과 간절함과 함께 지혜와 주님의 은총이 필요합니다.

악한 영들은 많은 전략을 사용하여 교회와 그리스도인들의 삶에서 소리를 빼앗아갔습니다.

소리를 잃어버린 교회와 신앙은 허전하고 약하며 무기력합니다. 심령의 갈증이 채워지지 않기 때문에 교회에 세상의 심리학이나 의학이나 여러 가지 기법들이 들어오게 됩니다.

교회에 하나님의 임재가 충만하면 사람들은 영적으로 만족하며 아무 것도 더 이상 필요하지 않습니다. 구하지도 않습니다.

그러나 교회에 하나님의 임재와 영광이 없으면 사람들은 그 허무함을 많은 것으로 대치하려고 합니다.

전도를 위해 세상에서 마케팅 방법을 배우며 교회의 외적 성장을 위하여 기업의 조직과 성장의 원리를 도입합니다. 치유를 위하여 각종 심리학과 의학과 테크닉을 도입합니다. 상담학을 도입하고 가정사역을 도입합니다.

오늘날 주님의 영으로 충만한 것보다 프로이드와 칼 융의 가르침에 익숙해지려고 하는 사역자들이 많이 있습니다. 하지만 그런 식으로는 결코 그리스도의 교회, 그리스도의 사람들을 일으키고 세울 수 없습니다.

오늘날 교회 안에 수없이 많은 세미나와 사역이 있습니다. 수많은 사역들이 행해집니다.

만일 사람들이 주님 한 분께 굶주리며 주님께 사로잡히게 된다면 그러한 많은 사역들은 더 이상 필요하지 않을 것입니다. 주님이 우리에게 실제적으로 임하실 때 그분은 우리의 모든 부분을 채워주시기 때문입니다.

심령이 공허한 자는 이것저것을 찾고 끝없이 이것저것을 구하고 갈망하지만 그 심령이 주님으로 채워지고 만족한 사람은 배가 고프지 않으며 주님 외의 다른 것에는 갈망이 생기지 않습니다.

사탄은 교회와 신앙에서 소리를 빼앗아 갔으며 아직도 남아있는 소리를 여전히 빼앗아가려고 합니다. 그들은 소리에 생명이 있는 것을 알고 있기 때문입니다. 어떤 사람이 지나가

다가 죽을 것 같이 길가에 쓰러진 사람을 발견합니다. 그는 놀라서 달려갑니다.

그 사람은 살아있을까요? 죽었을까요? "물... 물을.. 좀.." 하는 소리가 난다면 그는 살아있는 것입니다.

아무 소리가 들리지 않는다면 그는 죽었을 확률이 높습니다. 살아있는 사람은 말을 하고 죽은 사람은 말이 없습니다. 그러므로 사탄은 우리의 소리를 빼앗아 가려고 합니다. 우리의 영혼을 병들게 하고 죽이기 위해서입니다.

'기가 죽어있는' 사람들이 있습니다. 기가 죽어있다는 것은 '소리가 죽어있다' 는 것과 비슷한 것입니다. 기가 죽은 사람은 소리를 잘 내지 못합니다. 무엇을 물어 보아도 주저하고 망설이며 모기소리 만한 소리로 잘 들리지도 않게 대답합니다.

이러한 사람들은 대체로 야단을 많이 맞고 자란 사람들입니다. 악한 영들은 건강하지 못한 가정의 분위기를 사용하여 사람들의 기를 죽이며 소리를 빼앗아갑니다.

무슨 말을 해도 지적을 받고 야단을 맞으며 분노가 담긴 꾸지람을 많이 듣고 자라면 사람은 기가 죽으며 소리를 빼앗기게 되며 자신감을 잃어버리게 됩니다. 큰 소리로 호통을 치는 것은 소리를 빼앗는 것이며 소리를 죽이는 것이며 결과적으로 그 영혼을 죽이는 것입니다. 그렇게 자란 사람은 평생을 자신감이 없이 소심하게 눌리고 고민하고 근심하며 살아가게 됩니다.

그러한 사람도 소리의 생명적인 의미를 알고 소리를 토하고 소리를 지르며 소리를 회복하게 되면 그의 영도, 마음도, 성격도, 환경도 다 변화되어 행복하고 승리하는 삶을 살 수 있습니다. 그의 과거가 아무리 비참한 것이라 해도 말입니다.

사단은 교회와 그리스도인들에게서 소리를 빼앗아갑니다. 주의 이름을 부르지 못하게 하며 주의 말씀을 선포하지 못하게 합니다. 그들은 실제로 그리스도인들의 입을 사로잡고 말을 하지 못하게 합니다.

실제로 조용하고 내성적인 이들 중에서 입에 어떤 묶임이 있어서 소리를 내는 것이 아주 힘든 경우가 많이 있습니다.

발성기도에 익숙하지 않은 이들이 듣는 기도를 하는 것은 아주 위험합니다. 큐티와 묵상을 가르치며 음성을 기다리라고 가르치는 곳이 많이 있습니다. 그러한 상태에서 영이 예민한 사람들은 음성을 듣습니다.

그러나 대부분 그러한 경우는 악한 영들의 속이는 음성입니다. 그 음성은 헌신을 요구하고 구제를 요구하고 세계 선교에 나갈 것을 요구하고 직장을 그만 두고 신학교에 들어가라고 말합니다. 나는 그러한 음성에 속아서 삶이 엉망이 되고 영혼이 피폐해진 이들을 많이 보았습니다.

어떤 분은 발성 기도를 거의 하지 않은 상태에서 듣는 기도를 가르치는 영성 훈련 단체에서 그렇게 내적인 기도를 하고 내적인 음성을 듣는 훈련을 해왔습니다. 그녀는 어떤 음성을 듣게 되었습니다. 그 음성은 그녀에게 깊은 헌신을 요구하였으며 구제에 힘쓸 것을 명령하였습니다. 심지어 그 음성은 구체적이 되어서 어떤 사람에게 얼마의 액수를 갖다 주라는 식으로 계속되었습니다.

그 음성이 주님으로부터 왔다고 절대적으로 믿고 있었던 그녀는 어려움에도 불구하고 항상 그 음성에 순종하였습니다. 그녀는 그러면서 점점 더 말을 하고 소리를 내는 것이 힘들어지는 것을 느꼈습니다. 그녀는 말을 하려고 하면 어떤 힘이 입을 사로잡아서 꼼짝 못하게 하는 것을 느끼며 그 증상이 점점 더 심해지는 것을 알게 되었습니다.

나중에야 비로소 그녀는 악한 영들에게 속은 것을 알고 그 음성을 물리치고 소리를 되찾게 되었습니다. 소리를 표현하기 시작하면서 그녀의 입을 붙잡고 있던 악한 영들의 세력도 점점 약해지게 되었습니다.

오늘날 그녀와 같이 그런 식의 음성을 듣고 해외 선교를 떠나거나 신학교에 가는 이들이 많이 있습니다.

발성기도가 부족한 백인들이 가르치는 단체에서 주도하는 듣는 기도는 이러한 위험성이 아주 많습니다. 하지만 혼란스러운 영들에게 속으면서도 오랜 세월이 지나도록 그 음성이 주님의 것이라고 믿는 이들은 아주 많습니다. 그것은 그 음성이 영적으로 들리는 이야기를 하며 거룩하게 느껴지는 희생과 헌신을 요구하기 때문입니다.

그러한 음성에 빠지면 빠질수록 그러한 이들은 발성기도가 약해집니다. 소리를 내는 것이 점점 더 힘들어집니다. 입을 무엇인가가 잡고 있는 것을 느끼게 되며 소리를 내어서 기도하려고 하면 혼란스럽고 정신이 없어서 무엇을 기도하는지 모르게 됩니다. 그렇게 소리를 잃어버린 후 그들은 이것저것이 하나 둘씩 무너져 가게 됩니다. 기쁨을 잃고 건강을 잃고 물질을 잃고 삶의 의욕을 잃어버리게 됩니다. 처음에는 소리를 잃지만 나중에는 모든 것을 잃게 됩니다.

이러한 이들은 대적의 정체를 알고 강력한 부르짖음을 시도할 때 그 영에게서 벗어나게 됩니다.

이 시대에 영의 분별처럼 중요한 것도 드물 것입니다. 그러나 소리를 내지 않고 속으로만 기도하는 사람은 아무 것도, 어떠한 영도 분별할 수 없습니다.

그들은 많은 관념과 판단을 가지고 있지만 적지 않은 경우 그것은 속고 있는 것입니다. 마귀는 소리를 내지 않는 사람을 결코 무서워하지 않으며 충분히 지혜롭고 놀랍고 그럴듯해 보이는 생각과 교리의 상념을 그리스도인들에게 심어줄 수 있습니다.

마귀는 그리스도인들에게서 주님께 속한 소리를 빼앗아갑니다. 그러나 그들은 단순히 소리를 빼앗는 데서 그치지 않습니다. 그들은 소리에 생명이 있다는 것을 잘 알고 있기 때문에 이번에는 반대로 그들의 소리를 사람들에게 심습니다.

그들은 그리스도인들에게서 주님께 속한 소리를 빼앗고 대신에 세상에 속한 소리를 넣어줍니다. 이것이 그들의 작전입니다.

지금 세상을 보십시오. 교회는 능력이 없으며 소리가 없고 조용합니다. 그러나 반대로 세상은 엄청나게 시끄럽습니다.

TV에서는 요란하고 흥겨운 소리가 나며 젊은이들은 하루 종일 컴퓨터 앞에 앉아서 컴퓨터의 소음을 받아들입니다.

젊은이들은 항상 귀에 이어폰을 꽂고 세상의 소리를 듣습니다. 차를 타고 있으면 스피커에서 듣기 싫어도 세상의 유행가 소리가 들립니다.

어느 집에 가도 TV 소리가 바깥에 울려 퍼집니다. 어느 거리를 걸어도 요란한 음악이 들립니다. 노래방, 비디오방, 컴퓨터 게임방 등 요란한 곳은 점점 더 늘어갑니다.

세상 사람들은 그러한 소리를 즐기며 그 소리에 파묻혀 삽니다. 세상의 소리와 세상의 영에 사로잡힌 사람들이 되어 가는 것입니다. 그러한 소리에 사로잡힐수록 사람의 영혼은 병들고 혼미하고 마비됩니다.

오늘날 교회는 점점 더 조용해지고 세상은 시끄러워집니다. 교회는 힘을 잃어가고 세상은 강력해집니다. 그것이 사탄의 작전입니다.

교회는 큐티를 한다고 조용해집니다. 그러면서 점점 더 어두워지고 약해집니다. 교회는 힘을 잃고 세상에 영향을 끼치지 못합니다. 오히려 세상을 흉내내며 따라갑니다. 그러나 세상은 점점 더 시끄러워지고 활기차게 되고 강력해집니다.

사탄은 이와 같이 교회를 찍소리도 내지 못하게 기를 죽여서 모든 소리가 사라지게 하고 세상은 소리로 충만하게 만듭니다. 그리하여 교회를 약하게 병들게 하고 세상을 강한 기운으로 충만하게 만듭니다. 이것이 오늘날의 영적 상태입니다.

교회가 시끄럽고 세상이 조용할 때 세상은 교회의 영향을 받게 될 것입니다. 그러나 교회가 조용하고 세상이 시끄러우면 세상의 기운이 교회 안에 들어오게 될 것입니다.

그리스도인들 중에는 조용하고 점잖고 선한 이들은 많지만 시끄럽고 요란하고 활동적인 사람은 많지 않습니다. 그러나 세상에는 활기가 넘치고 매력적인 사람들이 많습니다. 그것은 소리의 차이입니다. 소리가 약하면 약한 사람이 되고 소리가 강하면 강한 사람이 되는 것입니다.

소리는 공중에서 오는 것입니다. 교회와 그리스도인들이 권능을 얻고 하늘의 영광으로 가득할 때 그들의 소리는 더욱 창대해질 것입니다. 아름답게 될 것입니다.

그리고 세상은 숨을 죽일 것이며 잠잠하게 될 것입니다. 공중에서 주의 영이 임하여 주님과 천국에 속한 소리가 세상의 소리, 세상의 영들을 죽였기 때문입니다.

그러나 세상의 소리가 커지면 세상의 영들이 공중을 지배할 것이며 교회와 그리스도인들은 점점 더 위축되고 소리를 잃고 약해질 것입니다. 피곤하고 지쳐서 눌려 살며 주를 따르는 일이 십자가의 고통이되어 어서 저를 데려가 달라고 고백하며 살아가게 될 것입니다.

뜨겁게 소리를 지르며 기도하는 것이 쉬운 일이라고 생각하지 마십시오. 그것은 간단한 일이 아닙니다. 아무나 원한다고 해서 소리를 지를 수가 있는 것이 아닙니다.

조용한 교회에 가서 예배를 인도하며 "주여!" 3창을 시도해 보십시오. 따라할 수 있는 사람들이 거의 없을 것입니다.

자유롭고 풍성하게, 원하는 만큼 소리를 내고 소리를 지를 수 있는 사람은 영이 자유롭고 강하고 해방된 사람들입니다. 그리고 그러한 사람들은 별로 많지 않습니다.

사실 대부분의 사람들은 부르짖는 기도를 안 하는 것이 아니라 못하는 것입니다. 영이 충만하지 않으면 아무나 그렇게 부르짖어 기도할 수가 없습니다. 피를 토하듯이 간절하게 강력하게 설교하는 것도 하고 싶다고 되는 것이 아닙니다. 중요한 것은 영의 충만한 상태입니다.

은혜를 받고 시원하게 소리를 내서 기도할 수 있다고 해도 그 소리를 유지하는 것이 쉬운 일이 아닙니다. 지난주에 그렇게 기도할 수 있었다고 해서 이번 주에도 그렇게 기도할 수 있을 것이라고 생각하지 마십시오. 이상하게도 지난주에는 소리가 잘 되었는데 지금은 소리를 내려고 하니 목이 꽉 메고 가슴이 답답하고 아주 힘들고 어려울지도 모릅니다.

그것은 왜 그럴까요?

한 주일 동안 살면서 세상의 영, 세상의 소리가 이미 많이 침투했기 때문입니다. 교회에서 기도를 하고 은혜를 받은 후 아무런 조심이 없이 TV를 보고 세상 음악을 듣고 세상 사람의 소리를 듣고 그렇게 사는 사람이 맑은 영성을 유지하는 것은 불가능합니다. 그는 곧 소리가 막혀 버리게 됩니다.

잠시 은혜를 받고 맑고 강하게 소리를 지르는 것은 있을 수도 있지만 지속적으로 맑고 강하게 소리를 낼 수 있는 것은 쉬운 일이 아닙니다.

TV의 소리, 세상음악의 소리, 영화와 비디오를 볼 때 들어온 소리, 그러한 소리들이 영에 속한 소리, 기도에 속한 소리를 내는 것을 방해하는 것입니다. 그러므로 소리를 질러서 소리를 내는 것도 어렵지만 계속 부르짖는 기도의 소리를 유지할 수 있는 것도 결코 쉬운 일이 아닙니다. 소리를 관리하지 않으면 그것은 쉽게 막혀버리게 되는 것입니다.

영이 맑고 예민하며 깨어있는 사람은 항상 쉽게 소리를 내어서 기도할 수 있으며 그 맑은 소리를 지킬 수 있습니다. 그는 깨어 있기 때문에 세상에 속한 소리, 조금만 좋지 않은 소리를 들어도 고통을 느끼게 됩니다.

분노에 찬 소리나 남을 험담하거나 원망하는 소리, TV 소리들을 들으면 그는 속이 고통스러워서 견딜 수가 없습니다. 그래서 그는 그러한 소리가 들어오면 가슴이 답답해지므로 다시 부르짖어 그렇게 들어온 악한 소리의 기운을 토하게 됩니다.

이렇게 날마다 순간마다 속을 정화시키는 사람들만이 자신의 소리를 유지할 수 있고 지킬 수 있으며 항상 부르짖어 기도할 수 있는 것입니다.

그렇지 않고 감각이 둔하고 마비되어있으며 깨어있지 않은 이들은 언제 그의 안에 세상의 소리, 악한 소리가 들어왔는지

조차 모릅니다. 그저 소리를 내어서 기도하는 것은 힘들며 체질에 맞지 않는다고 불평할 뿐입니다. 그러나 그의 소리가 깨어나고 그의 영혼이 맑아지게 된다면 그는 소리의 생명성과 소리의 아름다운 풍성함을 깨닫게 될 것입니다.

소리를 내어서 기도할 수 있는 것은 매우 아름다운 일입니다. 사탄은 그리스도인들에게서 항상 소리를 빼앗아가려고 하기 때문에 자기의 소리를 지키는 것은 결코 쉬운 일이 아닙니다.

나는 청년 시절에 항상 밤마다 교회에 모여서 부르짖어 기도하는 습관을 가지고 있었습니다. 날마다 밤이 되면 같은 교회에 다니던 청년들과 부르짖어 기도하러 모였습니다.

우리들은 불을 끄고 한두 시간을 각자의 자리에 앉아서 부르짖고 기도를 하다가 시간이 지나서 차츰 기도 소리가 잦아들면 누군가 일어나 불을 켜고 서로 모여 앉아서 하루에 있었던 이야기를 하기도 하고 라면을 끓여먹기도 하면서 놀았습니다.

그때 기도하던 멤버 중에서 유난히 뜨겁고 간절하게 기도하던 청년이 있었습니다. 그의 기도는 듣기에 시원했고 다른 이들에게 같은 기도의 열정을 전염시키는 힘이 있었습니다.

어느 날 밤에도 우리는 기도하러 모였습니다. 특별하게 시간을 정해놓고 기도하는 것은 아니었지만 대체로 비슷한 시간에 모이게 되었습니다.

그런데 그 친구가 이상하게도 그 날은 기도가 시원치 않았습니다. 그는 내가 기도해 주어서 방언을 받게 된 친구였는데 내가 알기로는 그 이후에는 조용하게 기도한 적이 없었던 친구였습니다. 그런데 그 날은 그냥 의자에 조용히 머리를 떨구고 앉아서 맥없이 중얼거릴 뿐이었습니다.

기도가 끝나고 그에게 이유를 묻자 그가 그 날 학교에서 다른 학생과 싸움을 했던 것을 알게 되었습니다. 화를 내고 한참 동안을 심한 언쟁을 벌이고 싸웠는데 그리고 나서 밤에 기도를 하려니까 도저히 기도가 나오지가 않았던 것입니다. 죄책감에 눌려서 그의 영은 아주 약해진 것이었습니다.

나와 대화를 나눈 후 그는 다시 눈물을 뿌리며 그 날 자기의 마음을 다스리지 못한 것을 회개했습니다.

그리고 나서 조금 후에 그는 다시 이전의 기도를 회복하였습니다. 큰 소리로 주의 이름을 부르고 외치며 주님을 찬양하며 뜨겁고 간절하게 기도를 드릴 수 있었던 것입니다.

이와 비슷한 경험들은 어느 정도 누구에게나 있을 것입니다. 영이 가볍고 맑고 충만한 상태에 있다가 그만 그것을 잘 관리하지 못하고 엉망이 되어버린 실제 사례 말입니다.

아무렇게나 함부로 살면서 계속 소리를 유지할 수 있다고 생각하지 마십시오. 그것은 쉽지 않습니다.

한번 성질을 낸 후에 그 후에도 쉽게 부르짖어 기도할 수 있다고 생각하지 마십시오. 절대로 기도가 나오지 않습니다. 그가 건성으로 소리를 내는 것이 아니라 실제적으로 주님과 교통하는 기도를 드리는 사람이라면 그는 곧 자기의 기도가 막히고 소리가 막힌 것을 알게 될 것입니다.

챔피언이 되는 것도 쉬운 일이 아니지만 또한 챔피언의 자리를 지키는 것도 역시 쉬운 일은 아닙니다. 뜨겁고 강렬한 간절함으로 부르짖어 주님께 기도하는 것은 어렵지만 그러한 상태를 계속 유지하는 것도 역시 쉽지 않습니다.

적당히 마음을 놓고 세상을 즐기며 세상을 받아들이다 보면 어느 새 주님께 대한 간절함은 사라지고 기도의 영은 더럽고 둔하고 혼탁해집니다. 다시 소리를 낼 수 없게 되는 것입니다.

부디 기억하십시오. 소리를 지키는 것은 쉬운 일이 아닙니다. 소리를 지키는 것은 곧 영을 지키는 것입니다. 마귀는 소리를 빼앗으며 우리 영혼의 생명을 소멸하려고 합니다. 그들은 세상의 소리를 우리 안에 심어서 우리가 세상에 속한 사람이 되게 하려고 합니다.

그러므로 부디 깨어있으십시오. 당신의 영혼을 지키며 당신의 소리를 지키십시오.

당신이 이 원리를 잘 알고 마귀의 계략을 잘 알아서 주님께 대한 당신의 간절함과 간절한 부르짖음의 소리를 유지하고 간직할 수만 있다면 당신은 아무 것도 두려운 것이 없을 것입니다.

소리를 통하여 하늘 문을 열고 천국의 보화를, 천국의 무기를 가져올 수 있는데 무엇이 문제가 되겠습니까? 문제는 하늘이 닫힌 것에 있지 세상에 있는 것이 아닙니다.

이스라엘 백성은 앞에 홍해가 막고 있었고 뒤로는 애굽의 군대가 쫓아왔지만 하늘이 열려있었기 때문에 아무런 문제가 되지 않았습니다. 하늘이 열려 있는 사람은 아무리 세상에 환란이 와도 걱정할 문제가 없는 것입니다.

부디 당신의 소리를 유지하십시오.

당신의 소리를 마귀에게 빼앗기지 마십시오.

부르짖는 소리로 하늘 문이 열리게 하십시오.

당신은 승리할 것이며 천국의 아름다운 통로가 될 수 있을 것입니다. 할렐루야!

40. 부르짖는 기도는
훈련과 경험을 통해서 발전해간다

이미 많이 언급한 것처럼 발성기도와 부르짖는 기도는 이처럼 중요한 것이며 신앙의 기초이며 은혜의 도구입니다. 그러나 부르짖는 기도는 사실 그렇게 쉬운 것이 아닙니다.

경험이 없는 이들은 처음으로 부르짖는 기도를 시도해보려고 하면 그것이 생각처럼 간단하지 않은 것을 알게 될 것입니다.

통성 기도의 경험이 없는 사람이 예배에서 통성 기도를 하려면 몹시 어색하고 힘들게 느껴질 것입니다. 사회자가 '주여' 3창을 하자고 하면 그대로 따라하는 것이 정말 쉽지 않은 것임을 알게 될 것입니다. 억지로 '주여!' 소리를 내려고 해도 소리가 기어 들어가고 자신의 소리가 무척 어색하고 이상하게 느껴질 것입니다.

부르짖는 기도는 간단해 보이지만 그리 만만한 기도가 아닙니다. 그리고 무턱대고 소리만 지른다고 되는 것이 아닙니다. 목소리만 크게 낸다고 해서 기도가 무조건 하늘에 상달되는 것도 아닙니다.

이미 어느 정도는 이해했겠지만 부르짖는 기도에는 많은 영적 원리가 있습니다. 그러한 원리들에 대한 이해가 필요합니다. 무조건 악으로 깡으로 하는 기도가 아니라 원리에 의해서 차분하게 한 걸음씩 걸어가며 훈련하는 것이 필요합니다.

부르짖는 기도를 처음 시작하는 이들은 부르짖는 기도의 의미나 현상이나 발전 상황에 대해서 거의 모릅니다. 그들은 예상하지 못한 일이 생겼을 때 그 의미에 대해서 이해하지 못할 것입니다.

부르짖음의 결과로 영적 탈진이 올 수도 있습니다. 온 몸이 쑤시고 아플 수도 있습니다. 손가락 하나 움직이지 못할 정도로 힘이 빠질 수도 있습니다. 얼마 부르짖지도 않았는데도 말입니다.

이상하게 갑자기 허무한 마음이 올라올 수도 있습니다. 반대로 교만하고 방자한 마음이나 넘치는 자신감이 일어날 수도 있습니다. 그러한 것들이 왜 생기는지, 어떤 의미를 가지는지 알지 못하면 부르짖는 기도의 초보자는 실족할 수도 있으며 낙담할 수도 있습니다.

어떤 사람들은 발성으로 크게 소리를 내어서 기도하는데 그 소리가 몹시 듣기 싫은 사람들이 있습니다. 여럿이서 같이 통성 기도를 할 때 방언으로 기도를 해도 그 방언이 아주 듣기 싫은 사람이 있습니다.

그 경우에 그 사람이 받은 방언이 잘못된 것일까요? 그러한 경우는 드뭅니다. 그 경우 대부분은 방언에 문제가 있는 것이 아니라 부르짖어 기도하는 사람의 속에 정화되지 않은 어떤 요소가 있기 때문입니다.

그런 경우에 그 사람은 부르짖는 기도를 잠시 멈추어야 합니다. 그러한 경우에 통성 기도를 인도하는 사람은 그 사람으로 인하여 전체의 영적 분위기가 나쁘게 되지 않도록 그러한 느낌을 감지하고 발성기도를 조용한 기도의 분위기로 바꾸어야 하며 그 사람이 가지고 있는 정화되지 않은 기운을 정화시켜야 합니다.

인도자는 그러한 분별력과 영력이 있어야 부르짖는 기도회나 통성 기도회를 인도할 수 있습니다.

무턱대고 성도들에게 소리만 지르게 하는 것이 기도 훈련이 아닙니다. 인도자에게 필요한 가장 중요한 것은 분별력이며 그는 맑은 영을 소유하고 있어야 합니다.

이처럼 부르짖는 기도의 발전에는 알아야 할 것이 아주 많이 있습니다. 어떻게 부르짖고 어떤 과정을 통해서 어떻게 발전해가야 하는지 알고 경험하고 발전해가야 하는 것입니다.

부르짖는 기도는 한 순간의 만병통치약이 아닙니다. 그것은 사실 1,2년 안에 배울 수 있는 것이 아닙니다.

어떤 사람이 부르짖는 기도를 통해서 문제 해결을 받고 기도 응답을 받았다고 해서 부르짖는 기도를 다 알았다고 할 수는 없습니다. 그 사람은 이제 그 기도의 작은 일부분을 알기 시작한 것에 불과합니다. 부르짖는 기도는 오랜 훈련과 경험을 통해서 조금씩 발전해 가는 것이기 때문입니다.

많은 사람들이 부르짖어 기도해왔으며 부르짖는 기도에 대해서 잘 안다고 생각하지만 사실 부르짖는 기도의 초보를 벗어난 사람은 그리 많지 않습니다.

　나는 심지어 몇 십 년 동안 산에서 부르짖는 기도를 해왔다고 하는 이들도 영이 아주 거칠고 둔하며 부르짖는 기도의 깊은 곳에 들어가지 못한 것을 여러 번 보았습니다. 그것은 그들이 부르짖는 기도의 원리와 요령에 대하여 충분히 이해하지 못하고 그저 무턱대고 열심만을 가지고 기도를 해왔기 때문입니다.

　사실 대부분의 사람들이 부르짖는 기도에 대해서 가지고 있는 인상도 초보적인 수준의 부르짖는 기도에 지나지 않는 것입니다.

　부르짖는 기도의 초보는 그다지 아름답다고 할 수 없으며 그저 소란스럽고 거칠고 사납고 육성적인 모습이 많이 나타나는 미숙한 것입니다. 그러니 그러한 기도를 본 사람들은 부르짖는 기도란 모두 다 그와 같이 거칠고 소란스럽기만 한 기도라고 생각할 것입니다.

　그러나 초보를 벗어나 오랜 세월을 거쳐 훈련된 부르짖는 기도는 그와는 전혀 다릅니다.

　그것은 거룩함과 영광으로 가득 찬 기도입니다.

　그것은 압도하는 천국의 임함과 같은 기도입니다. 어느 정도만 영감이 있는 사람이라도 그러한 부르짖는 기도 앞에서 감동을 받고 사로잡힐 것이며 감히 숨도 쉬지 못할 것입니다.

　훈련되고 발전한 부르짖는 기도는 아름다움으로 가득한 것입니다. 강렬한 부르짖음은 포효하는 사자의 울음소리와 같으며 거기서는 악한 영들이 장난하고 방해할 수 없습니다. 그들은 비명을 지르며 초토화되고 무너집니다. 그러므로 그러한 기도의 자리는 해방과 기쁨, 천국의 영광과 승리로 가득한 것입니다.

부르짖는 기도는 아름다움과 거룩함과 천국의 능력과 영광으로 가득한 기도입니다.

그것은 문자 그대로 하늘 문을 여는 기도입니다. 하늘 문을 열면 바로 하늘의 권능이 그곳으로 쏟아지게 될 것입니다. 그 장엄한 기도의 장면을 볼 때 그 어느 누구도 그 기도를 거룩한 기도라고 하지 않을 수 없을 것입니다.

부르짖는 기도에는 훈련이 필요합니다. 먼저 사역자들이 그 세계를 경험해야 하며 그 거룩하고 아름답고 영광스러운 곳으로 성도들을 인도해야 합니다.

초보자는 그 길을 가면서 많은 걸림돌에 넘어질 것입니다. 그 길에 있는 많은 전쟁과 위험에 대해서 알지 못할 것입니다. 그러므로 기도의 선배가 그 길을 지도하고 가르치며 이끌어야 합니다. 그렇게 하면 좀 더 안전하고 쉽게 기도의 산을 오를 수 있습니다.

교회에서 이 부르짖는 기도를 훈련해야 합니다. 대예배에서 하기가 어렵다면 금요기도회에서든지 다른 시간을 내어서 훈련을 해야 합니다.

신학교에서 이 기도를 훈련해야 합니다. 사역자 훈련원에서 이 기도를 훈련해야 합니다. 사역자들은 반드시 이 훈련을 통과해야 합니다. 그래야 강력하고 힘있는 사역을 할 수 있습니다.

성도들도 반드시 이 훈련을 해야 합니다. 그렇게 할 때 하늘 문을 열고 공중 권세 잡은 악한 영들을 떨어뜨리며 구체적인 삶의 현장에서 능력과 승리를 경험할 수 있게 됩니다. 무엇보다 중요한 것은 성도들을 훈련시킬 수 있는 경험이 많은 사역자들이 일어나야 한다는 것입니다. 그들은 먼저 훈련을 시키기 전에 자신이 훈련되어야 합니다. 자신이 경험하고 영감이 깨어나며 분별력이 향상되어야 합니다.

교회에서 평범하게 부르짖는 기도 훈련을 시킬 수 있게 된다면, 부르짖는 기도의 능력을 아는 교회가 많이 일어난다면, 교회는 한국 사회에 놀라운 영향력을 행사할 수 있게 될 것입니다. 교회는 세상을 바꿀 것입니다.

소리를 내는 것은 깊은 것이 아닙니다. 깊은 신앙의 단계가 아닙니다. 이것은 기초입니다. 그러므로 여기에서 신앙이 시작되어야 하며 이것을 적용하고 경험해야 합니다.

여기서 영의 감각이 깨어나고 모든 것이 시작됩니다. 영성의 실제가 시작됩니다. 기초적인 실제가 시작되는 것입니다.

여기에서부터 영혼은 깨어나며 실제적인 감각이 시작됩니다.

점잖은 이들은 소리를 내는 것을 유치하다고 비웃지만 그러한 이들은 영성의 기초가 부족하며 영성의 실제에서 발전하기 어렵습니다.

유교적 전통과 점잖은 것을 극복하고 천국의 실상을 경험하는 영성의 세계로 나아가야 합니다.

그리하여 소리를 표현하고 훈련해야 하며 사역자들은 성도들에게 소리를 표출하도록 권면하고 용기를 주어야 합니다. 소리내어 기도하는 기쁨을 깨닫게 해주어야 하며 더욱 더 깊고 아름다운 기도의 세계로 갈 수 있도록 인도하고 권면해야 합니다.

오늘날 부르짖어 기도하는 교회나 성도를 발견하는 것은 점점 더 힘들어집니다. 또한 부르짖어 기도한다고 해도 부르짖는 기도의 기쁨과 영광과 달콤함과 거룩함을 아는 이들은 많지 않습니다.

부르짖어 기도할 때 권능과 영광과 아름다움이 흘러나오는 이들은 많지 않습니다. 부르짖는 기도의 초보에는 성급함과 천박함이 흘러나올 뿐입니다. 그러한 기도는 좀 더 깊은 곳으로 발전해가야 합니다.

부르짖는 기도는 아름답고 놀라운 기도입니다.

우리는 깊고 아름다우며 영광이 가득한 부르짖는 기도로 나아갈 수 있도록 발전하고 성장해가야 합니다.

기도의 초보에서 머물지 않고 더 깊은 곳으로 가야 합니다. 강렬하고 영광이 가득한 부르짖는 기도는 기쁨과 감동의 파도에 사로잡히는 것과 같은 것입니다. 그 거룩한 영광에 사로잡힌 이들은 그 경험을 평생 잊지 못할 것이며 계속 더욱 더 간절하게 주님께 부르짖어 기도하기를 원할 것입니다.

좀 더 이 기도에 대해서 배우십시오.

그 원리를 이해하십시오.

이 기도의 훈련을 시작하십시오.

꾸준히 이 기도를 훈련하며 경험하십시오.

단지 원리를 이해하고 아는 것으로 만족하지 마십시오.

포기하지 않고 계속적으로 이 기도를 훈련하고 나아간다면 당신은 반드시 그 아름다운 열매를 따먹을 수 있을 것입니다. 하늘의 은총과 거룩함과 영광이 가득한 부르짖는 기도의 열매를 말입니다. 할렐루야.

1권을 마치며

 [하늘의 권능이 임하는 부르짖는 기도] 1권에서는 부르짖는 기도의 능력과 중요성, 그리고 전반적인 원리를 다루었습니다.

 주의 깊게 읽으셨다면 어느 정도 부르짖는 기도의 흐름에 대해서 이해하셨을 것입니다.

 이제 2권에서는 실제적으로 부르짖는 기도를 배우고 적용할 수 있는 원리와 방법에 대해서 다룰 것입니다.

 2권에서 전하는 부르짖는 기도의 구체적인 방법과 원리를 배우고 꼭 훈련하여 시도해보십시오.

 새로운 풍성함의 세계가 열리게 될 것입니다.

 주님의 은총이 당신과 함께 하시기를 기원합니다.

 할렐루야!

도서구입신청

도서 구입을 원하시는 분들을 위한 안내입니다.

1. 도서 목록 확인

페이지를 넘기시면 정원 목사님의 도서 전권이 안내되어있습니다.
도서 목록을 참조하셔서 필요로 하시는 책을 선택하십시오.
각 도서의 자세한 목차와 내용을 원하시면 정원목사 독자 모임 카페의 [저자및
저서소개] 코너를 참조하십시오. (http://cafe.daum.net/garden500)

2. 책신청

구입하실 도서를 결정하신 후에, 영성의 숲 출판사로 전화를 주세요.
(02-355-7526 / 010-9176-7526, 통화시간: 월~금 오전 9시~저녁 7시)
신청 도서 목록을 알려주시면 입금하실 금액을 안내해 드립니다.
신청하실 때는 책을 받으실 주소와 전화번호를 함께 알려주세요.
책신청은 전화 외에도 영성의 숲 홈페이지의 [책신청] 코너,
출판사 이메일(spiritforest@hanmail.net)을 사용하실 수 있습니다.

3. 송금

안내 받으신 도서 대금을 아래 계좌로 입금해 주세요.
(국민은행: 461901-01-019724, 우체국: 013649-02-049367, 예금주: 이혜경)
신청자 성함과 입금자 성함이 일치하지 않는 경우에는 입금자 성함을
꼭 알려주셔야 확인이 가능합니다.

4. 배송

입금 확인 후에 바로 발송 작업을 하는데, 발송후 도착까지 보통 2-3일 정도가 소요 됩니다. 책을 급하게 필요로 하실 경우에는 일반 서점을 이용해 주세요. 해외 배송을 원하시는 분은 총판을 담당하고 있는 생명의 말씀사로 문의해주시기 바랍니다.
(생명의 말씀사 080-022-1211 www.lifebook.co.kr)

| 정원 목사님의 저서 |

〈기도 시리즈〉

1. 하늘의 권능이 임하는 부르짖는 기도 1   373쪽. 13,000원/핸디북 10,000원
2. 하늘의 권능이 임하는 부르짖는 기도 2   444쪽. 15,000원/핸디북 11,000원
3. 대적기도의 원리와 능력   400쪽. 14,000원/핸디북 11,000원
4. 대적기도의 적용 원리   424쪽. 14,000원/핸디북 11,000원
5. 대적기도를 통한 승리의 삶   452쪽. 15,000원/핸디북 12,000원
6. 대적기도의 근본적인 승리 비결   454쪽. 15,000원/핸디북 12,000원
7. 아름답고 행복한 기도의 세계   276쪽. 9,000원
8. 주님의 마음에 이르는 기도   309쪽. 10,000원
9. 주님의 임재를 경험하는 길   308쪽. 10,000원
10. 예수 호흡기도   460쪽. 15,000원/핸디북 11,000원
11. 방언기도의 은혜와 능력 1   459쪽. 16,000원/핸디북 12,000원
12. 방언기도의 은혜와 능력 2   403쪽. 14,000원/핸디북 11,000원
13. 방언기도의 은혜와 능력 3   489쪽. 15,000원/핸디북 12,000원

〈영성 시리즈〉

1. 영성의 실제를 경험하는 길   357쪽. 12,000원
2. 생각의 자유를 경험하는 길   228쪽. 8,000원
3. 영성의 중심은 사랑입니다   271쪽. 8,000원
4. 영성의 원리   319쪽. 11,000원
5. 문제는 주님의 음성입니다   227쪽. 9,000원
6. 영성의 발전은 어떻게 이루어지는가   254쪽. 8,000원
7. 지금 이 공간에 임하시는 주님   340쪽. 12,000원
8. 심령이 약한 자의 승리하는 삶   228쪽. 9,000원
9. 천국의 중심원리   452쪽. 14,000원
10. 행복한 신앙을 위한 28가지 조언   348쪽. 12,000원

11. 성숙한 신앙을 위한 30가지 조언	340쪽	12,000원
12. 의식의 깨어남을 사모하라	239쪽	9,000원
13. 주님의 마음, 주님의 임재 속으로	348쪽	11,000원
14. 영성의 발전을 갈망하라	292쪽	10,000원
15. 집회에서 흐르는 주님의 은혜	254쪽	8,000원
16. 삶을 변화시키는 생명의 원리	348쪽	12,000원
17. 낮아짐의 은혜1	308쪽	11,000원
18. 낮아짐의 은혜 2	388쪽	14,000원
19. 그리스도를 갈망하는 삶	268쪽	10,000원
20. 영이 깨어날수록 천국을 누린다	236쪽	8,000원

〈생활 영성 시리즈〉

1. 주님과 차 한잔을	220쪽	6,000원
2. 일상의 삶에서 주님을 의식하기	280쪽	8,000원
3. 일상에서 경험하는 주님의 사랑	277쪽	8,000원
4. 삶이 가르치는 지혜	212쪽	6,000원
5. 사랑의 나라로 가는 여행	156쪽	5,000원
6. 하나님의 뜻을 발견해 가는 여행	269쪽	8,000원
7. 일상에서 경험하는 주님의 은혜	253쪽	8,000원

〈묵상 시리즈〉

1. 맑고 깊은 영성의 세계를 향하여	140쪽	5,000원
2. 주님은 생수의 근원 입니다	196쪽	6,000원
3. 묻지 않는 자에게 해답을 던지지 말라	156쪽	5,000원
4. 영혼을 깨우는 지혜의 샘물	180쪽	6,000원

하늘의 권능이 임하는 부르짖는 기도 1 (핸디북)

1판 1쇄 발행	2009년 6월 15일
1판 7쇄 발행	2017년 2월 10일
지은이	정 원
펴낸이	이 혜경
펴낸곳	영성의 숲
등록번호	2001. 7. 19 제 8-341 호
전화	02 - 355 - 7526 (영성의숲)
핸드폰	010 - 9176 - 7526 (영성의숲)
E - mail	spiritforest@hanmail.net (영성의숲)
홈페이지	cafe.daum.net/garden500 (정원목사 독자 모임)
	cafe.naver.com/garden500 (정원목사 독자 모임)
국민은행	461901 - 01 - 019724
우체국	013649 - 02 - 049367
예금주	이 혜경
총판	생명의 말씀사
전화	02 - 3159 - 8211
팩스	080 - 022 - 8585,6

값 10,000원

ISBN 978 - 89 - 90200 - 72 - 3 04230
ISBN 978 - 89 - 90200 - 71 - 6 (세트)